À Julien et à Nicolas.

Conception graphique et maquette : Serge Bilous
Coordination éditoriale : Gaëlle Lassée
Relecture : Virginie Revault d'Allonnes
Fabrication : Murielle Meyer
Photogravure : IGS

Numéro d'édition : 01EBAN000194.N001
ISBN : 978-2-0812-4124-4
Dépôt légal : septembre 2010
www.editions.flammarion.com

Gilles **VERLANT** présente

Pascal et Annie **DELMOTTE**

BOURVIL

ÇA VA, ILS SONT CONTENTS

Lorsque le rideau se levait,
les comédiens s'avançaient pour saluer.
Bourvil écoutait l'intensité des bravos,
se retournait vers ses partenaires et leur disait :
« Ça va, ils sont contents. »

Flammarion

PRÉFACE

Ce qu'il y a de merveilleux dans la notoriété de Bourvil, c'est qu'il est connu de tous, sans pour autant être une star.

C'est un proche, un membre de la famille, nous l'aimons pour sa drôlerie, certes, mais aussi pour sa sensibilité, sa tendresse et sa profonde humanité. Il a su rester simple tout au long d'une magnifique carrière et donne le sentiment d'avoir toujours fait preuve d'une grande humilité face à son génie comique.

Musicien, chanteur, humoriste et acteur, Bourvil est de cette génération d'artistes de music-hall qui étaient doués pour tout. Son talent – son sens du rythme, l'intonation qui fait mouche à chaque fois – a traversé les époques et les générations avec une efficacité déconcertante. Un rire provoqué par Bourvil est toujours très riche, presque salvateur. C'est un rire profond, subtil, intense et enfantin.

Je n'ai pas tourné les pages d'un livre sur Bourvil : je me suis surpris à le lire comme on feuillette un album de famille, habité par l'émotion et la tendresse qui s'attachent à cet artiste.

Nous lui avons tous gardé une place de choix, non pas dans nos mémoires, mais dans nos cœurs.

DANY BOON

1ER JUILLET 2010

La **musique** du 24e R.I.

Lors de sa **communion solennelle**, le 8 juillet 1928.

DE PRÉTOT-VICQUEMARE À **BOURVILLE**

André et son **frère** René.

« Je suis né à un âge si modeste que ça ne vaut peut-être pas la peine de le préciser. Je ne savais pas encore que je m'appellerais Bourvil, ni d'ailleurs André Raimbourg. Dans les mains de la sage-femme, je pesais huit livres, à peine le poids d'un accordéon.
Je suis né dans une ferme, en face d'une meule de foin. Il m'en est toujours resté quelque chose. Il y en a qui poussent sur les pommiers ; moi, j'ai poussé dessous. »

À Prétot-Vicquemare, petit village de Seine-Maritime, le registre communal indique, à la date du 28 juillet 1917 :
« Naissance d'André Robert Raimbourg.
Le vingt-sept juillet mil neuf cent dix-sept, à onze heures et demie du matin, est né André Robert RAIMBOURG, de sexe masculin, de Albert René RAIMBOURG, vingt-sept ans, et de Eugénie Pascaline Hortense Marie Pesquet, vingt-cinq ans. Tous deux cultivateurs, domiciliés en cette commune.
Dressé par Nous le vingt-huit juillet mil neuf cent dix-sept, à onze heures du matin, sur présentation de l'enfant et déclaration faite par le père. En présence de Berthe Laigle, Institutrice demeurant à Prétot-Vicquemare et de Marguerite Dubois demeurant aussi à Prétot-Vicquemare qui, lecture faite, ont signé avec le déclarant et Nous François Horno, maire de Prétot-Vicquemare. »

JE SUIS NÉ À UN ÂGE SI **MODESTE** QUE ÇA NE VAUT PEUT-ÊTRE PAS LA PEINE DE LE **PRÉCISER**.

La ferme familiale, de 40 hectares, compte deux valets, quatre chevaux, douze vaches. André a un frère de trois ans son aîné, René.
Mais à peine son père, Albert Raimbourg, a-t-il déclaré l'enfant que le brave homme doit repartir à la guerre. Cette guerre qui a déjà fait des millions de morts et qui durera encore un an. Revenu quelque temps plus tard, Albert est atteint de la grippe espagnole, ce fléau terrible qui tua plus de gens que la bataille de Verdun. Et c'est à la veille de Noël 1918 que s'éteint ce cultivateur, laissant ses deux enfants et son épouse enceinte d'une petite fille, qui se prénommera Denise.

Albert Raimbourg, le **père**, décède le 21 décembre 1918.

La vie à la ferme n'est pas très facile pour Eugénie : seule avec ses trois enfants, elle a beaucoup de peine à assumer la gestion quotidienne de son exploitation. En 1921, elle repart dans le village de son enfance, à quelques kilomètres de là.
Ce village s'appelle Bourville. Les enfants grandissent entourés de l'affection de leur mère, qui se remarie en 1924 avec un de ses amis d'enfance, Joseph Ménard. De cette union naîtront deux autres enfants, Marcel et Thérèse.
Le couple exploite une ferme au hameau de Tonneville, sur la hauteur de Bourville. Le temps passe ; les enfants grandissent dans l'harmonie familiale, aucune distinction n'étant faite par Monsieur Ménard entre les enfants.

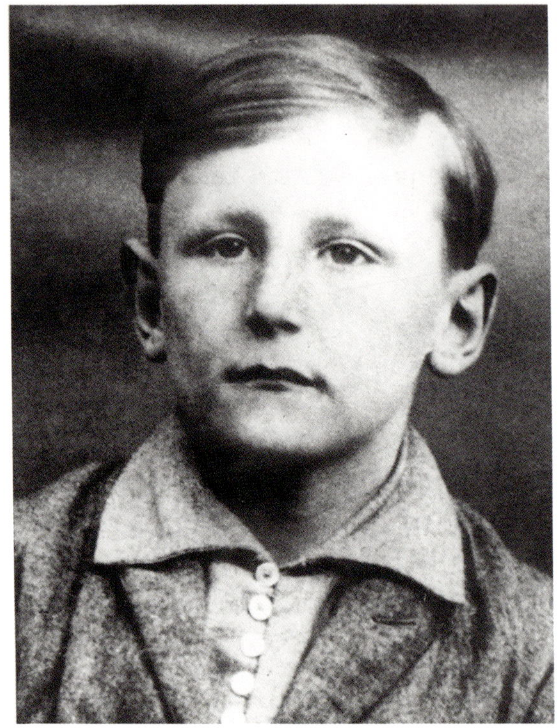

À l'**école** primaire de Bourville.

Voici le temps de l'école. Dans la classe de Monsieur Lemonnier, André découvre le calcul, le français, l'histoire et surtout la musique. Très bon élève, André est également un boute-en-train : il n'est jamais le dernier pour raconter des blagues et mettre une bonne ambiance dans la classe. Ceci le conduit sans encombre jusqu'au certificat d'études.
Bourvil s'en souviendra des années plus tard, en chantant *Bonjour, Monsieur le Maître d'école* :
« Monsieur le maître d'école
Je n'oublierai jamais le jour
C'était pendant le dernier cours
Dernier bagage
Quand j'ai senti posée sur moi
Votre main qui m'disait tout bas :
"Fais bon voyage…" »

Il n'est jamais le dernier pour raconter des **BLAGUES** et mettre une bonne ambiance dans **LA CLASSE**

Dans toutes les villes de France, dans les années 30, une certaine (gué)guerre scolaire oppose le réseau laïque et le réseau catholique. Néanmoins, dans la campagne cauchoise comme dans de nombreuses autres régions, beaucoup d'enfants fréquentent l'école laïque et suivent le catéchisme. Le jeune André est dans ce cas ; il est même enfant de chœur dans la petite église de Bourville. L'office est pour lui comme un spectacle qui lui remplit la tête, au point qu'un dimanche, rêvant de théâtre et de music-hall, il se met à applaudir à tout rompre à la fin d'un prêche particulièrement long de Monsieur le curé, devant les fidèles ébahis. Le curé, nommé Despéant, et l'instituteur Lemonnier, contrairement à Don Camillo et Peppone, s'entendent parfaitement. Si le premier a imaginé un instant le petit André revêtir la soutane, le maître d'école, lui, espère en faire un instituteur. Mais ce qui passionne surtout le jeune André, c'est le poste T.S.F. de Monsieur Lemonnier. Et c'est pendant

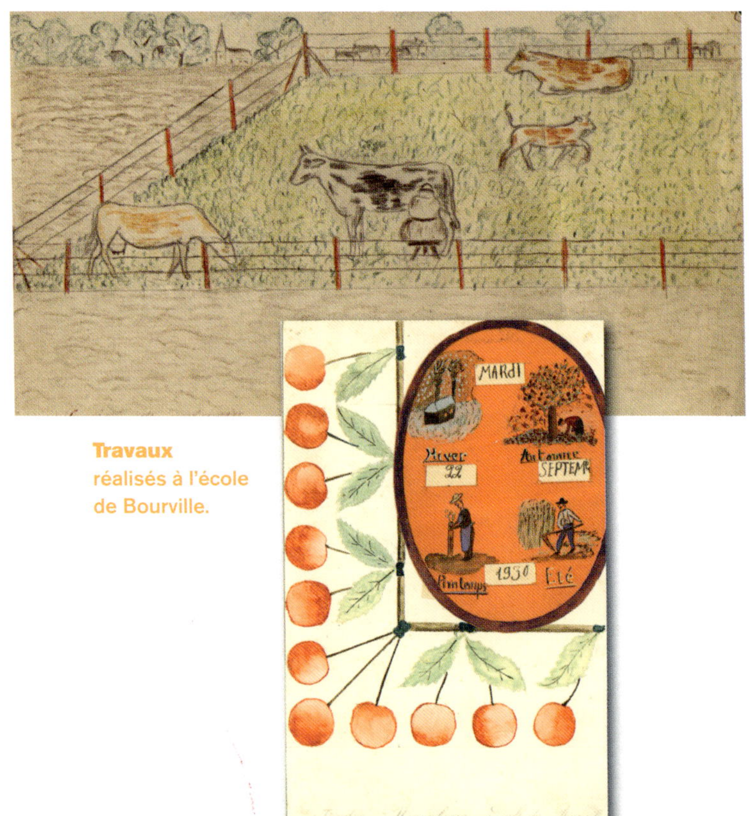

Travaux réalisés à l'école de Bourville.

des heures qu'il écoute, l'oreille collée au diffuseur, les chansons de Dranem, Mayol et Fernandel. Chansons qu'il essaie à son tour d'interpréter sur son harmonica, reçu lors d'un anniversaire. Monsieur Lemonnier n'hésite pas, lors de fêtes scolaires, à confier à André un tour de chant, quelquefois même avec des chansons qui ne sont pas tout à fait de son âge.
Le jeune André est également subjugué lorsqu'un cinéma ambulant plante son écran sur la place du village.
Ah ce qu'il aimerait un jour se retrouver sur la toile !
André est aussi doué pour le dessin et l'écriture. Comme le prouve le poème écrit à l'âge de dix ans et demi : *Mon hameau*.

Il est vrai que pour se rendre à l'école de Bourville, à pied depuis la ferme, André prend des chemins de traverse, les champs, les prés, le bon air. Il goûte à cette liberté : « Je croyais que cet apprentissage était indispensable pour devenir un homme. »
Le certificat d'études est obtenu avec la note de 48,5/50 et les félicitations du jury. Sur les conseils de l'instituteur, les parents d'André l'inscrivent au collège de Doudeville. Il y entre un matin de fin septembre et dira : « J'ignorais à quel point l'épithète "interne" est un terme redoutable quand il se met à sortir du dictionnaire. » Dès son arrivée, on lui donne son uniforme de gros drap bleu et on lui pose une casquette à gros rebords sur la tête. L'horaire est affiché sur un vieux tableau de bois :

7 h 00	lever lavabo petit-déjeuner
8 h 00 - 11 h 00	classe
11 h 00 - 11 h 15	récréation
11 h 15 - 11 h 45	déjeuner
11 h 45 - 12 h 15	récréation
12 h 15 - 14 h 00	étude
14 h 00 - 17 h 00	classe
17 h 00 - 17 h 30	récréation
17 h 30 - 19 h 00	étude
19 h 00 - 19 h 30	dîner
20 h 30	coucher

Presque la vie de caserne !

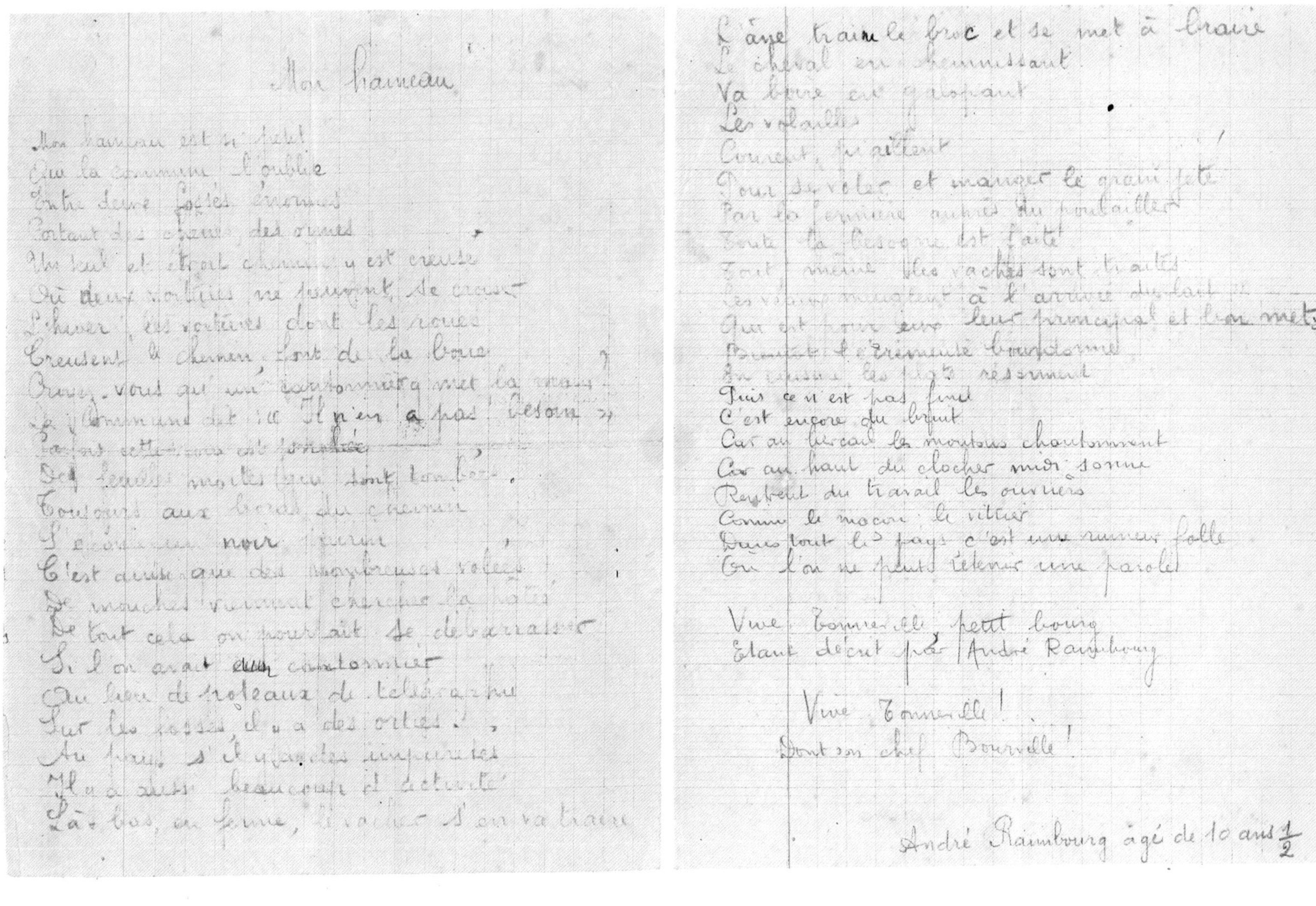
Mon hameau

Mon hameau est si petit
Que la commune l'oublie
Entre deux forêts énormes
Portant des chênes, des ormes
Un seul et étroit chemin y est creusé
Où deux voitures ne peuvent se croiser
L'hiver, les voitures dont les roues
Creusent le chemin, sont de la boue (?)
Croyez-vous qu'un cantonnier met la main ?
La commune dit : « Il n'en a pas besoin »
[illegible]
Des feuilles mortes y sont tombées.
Toujours aux bords du chemin
[illegible] noir [illegible]
C'est aussi que des nombreuses volées
De mouches viennent chercher la [illegible]
De tout cela on pourrait se débarrasser
Si l'on avait un cantonnier
Au lieu de poteaux de télégraphe
Sur les fossés il y a des orties !
[illegible]
Il y a aussi beaucoup d'activité
Là-bas, en ferme, les vaches s'en va traire (?)
L'âne traîne le broc et se met à braire
Le cheval en hennissant
Va boire en galopant
Les volailles
Courent, se pressent
Pour se voler et manger le grain jeté
Par la fermière auprès du poulailler
Toute la besogne est faite
Tout même les vaches sont traites
Les veaux meuglent à l'arrivée du lait
Qui est pour eux leur principal et bon mets
[illegible]
[illegible]
Puis ce n'est pas fini
C'est encore du bruit
Car au bercail les moutons chantonnent
Car au haut du clocher midi sonne
Reviennent du travail les ouvriers
Comme le maçon, le vitrier
Dans tout le pays c'est une rumeur folle
Où l'on ne peut retenir une parole

Vive Bourville petit bourg
Étant décrit par André Raimbourg

Vive Bourville !
Dont son chef Bourville !

André Raimbourg âgé de 10 ans 1/2

Manuscrit
du poème
Mon hameau.

Parlant de son directeur, Monsieur Belanger, André dira : « Les pieds qu'il avait à sa disposition, il se bornait à les faire rimer avec notre derrière, heureusement que ce n'était pas en alexandrins ! C'était un homme violent qui regardait tout avec fureur, même les portemanteaux. Ses mains n'avaient jamais su que donner des gifles, mais elles les donnaient comme un appareil distributeur automatique. Le plus grand chagrin que Monsieur Belanger aurait éprouvé aurait été de devenir manchot. »
Heureusement, les cours de musique passionnent le gamin et lui donnent de bonnes bases pour plus tard.
Au bout de deux ans, l'enfermement lui est insupportable et l'adolescent rentre à la ferme.
Le directeur du collège tente en vain de le récupérer.
Âgé maintenant de quinze ans, le jeune André donne un coup de main à la ferme familiale. « Après tout, les parents sont agriculteurs, pourquoi pas moi ? » Le travail est dur, bien loin de ce que s'imaginent les gens de la ville.
De temps en temps, il va se distraire en allant prendre une bolée de cidre dans un des trois cafés de Bourville. André apprend à jouer du cornet à pistons, afin d'entrer dans la fanfare de Fontaine-le-Dun, chef-lieu du canton, distant de deux kilomètres de Bourville. Bientôt, il y joue de la trompette et anime les bals de la région avec ses amis musiciens.
Aussi souvent qu'il le peut, André se rend au cinéma de Saint-Laurent-en-Caux pour aller voir les films de son idole, Fernandel.
Durant l'année 1934, il rencontre régulièrement Jeanne Lefrique, l'une des filles du contremaître de la sucrerie de Fontaine-le-Dun. Lors d'un bal, il l'invite à guincher, malgré ses médiocres qualités de danseur. Elle accepte, il lui propose un one-step et la jeune fille rit de sa maladresse.
Leurs rendez-vous vont se succéder, mais André veut obtenir une meilleure situation professionnelle pour débuter une vie commune avec Jeanne. Leurs parents respectifs les trouvent de toute façon trop jeunes pour convoler.
Après deux ans de travail à la ferme, il décide de changer d'orientation : le mardi 10 avril 1934, il entre dans la vie active comme apprenti boulanger à Saint-Laurent-en-Caux, à huit kilomètres de Bourville. Les horaires sont contraignants : six jours sur sept, il travaille de trois heures du matin à quatorze heures. Il est logé, nourri et touche dix francs par jour. L'ambiance est bonne.

Avec un **ami**, en septembre 1932.

J'en ai pétri des **GALETTES**
Pour ceux qui faisaient
LA FÊTE

Ils sont quatre commis. « Dans la boulange, le travail se fait en tandem : le brigadier conduit le feu et surveille le four, tandis que le commis pédale des bras dans la pâte, sans pétrin mécanique. »
Son brigadier s'appelle Henri Lange. L'après-midi, André va se coucher, en partageant le lit avec ce même brigadier.
Jeanne est amoureuse : elle effectue quotidiennement huit kilomètres à vélo – en passant devant onze boulangeries – pour acheter son pain à Saint-Laurent et voir André quelques minutes. Quant à lui, il file à Fontaine-le-Dun aussi souvent que possible.

« J'en ai pétri des galettes
Pour ceux qui faisaient la fête
C'est comme ça qu'j'ai gagné des pépettes
Pour m'acheter une belle trompette. »

Pendant que le pain cuit, il souffle dans sa trompette ou déplie son accordéon, comme un éventail à touches, et le fait gémir sur ses genoux.

Au printemps 1935, le jeune homme décide de quitter Bourville : il veut trouver un métier « qui [lui] laisserait travailler la musique et le chant et qui [lui] permettrait de réussir pour revenir se marier avec Jeanne. »

Apprenti **boulanger** à Saint-Laurent-en-Caux.

LE PISTON
LE SORT DU PÉTRIN

Croqué par le colonel Hémelot.

En août 1936, André part travailler comme boulanger à Rouen. Il reçoit toujours dix francs par jour. Son patron, Monsieur Aubé, le fait entrer dans l'Harmonie municipale dont il est membre. André y joue du piston et de la trompette.
Après ses journées de travail, quand l'argent le permet, notre jeune boulanger fréquente les trois théâtres de Rouen. C'est ainsi qu'en 1937, il voit Fernandel – en vrai cette fois – au Cirque de Rouen.
Son patron reconnaît enfin ses qualités professionnelles et augmente son salaire à quinze francs. Plein d'ambition, notre artiste en herbe rêve désormais d'aller à Paris.

À l'époque il dévore les romans de Marcel Aymé – qui à cette date a déjà publié *La Table aux crevés*, *La Rue sans nom* et *La Jument verte*, que Claude Autant-Lara portera à l'écran en 1959… avec Bourvil dans le rôle principal –, ainsi que ceux de deux auteurs lyonnais dont la truculence le met en joie : Gabriel Chevallier (*Clochemerle*) et Marcel E. Grancher (*Au Mal-Assis*). Mais il lit aussi *Le Bulletin de l'Harmonie de Rouen* et y découvre un avis encadré : « Le 24e Régiment d'Infanterie, en dépôt à Paris, demande des volontaires pour s'engager dans la musique. »
André doit encore faire son service militaire…
Sur les conseils de son chef de musique, il envoie une lettre au colonel du régiment. Une réponse lui parvient du capitaine Clément, celui-là même qui commandait « Les Canards de la 39e » et qu'il avait connu à l'Harmonie de Rouen. Le monde est petit ! Monsieur Clément – car dans la musique militaire, on appelle les officiers d'orchestre par leur nom civil – lui confirme qu'un engagement de trois ans est possible.

SON ARME SERA... le piston !

Son arme sera… le piston !
Le 6 mars 1937, notre jeune recrue quitte Jeanne en gare de Rouen, avec pour tout bagage une valise et sa trompette en cuivre. Dès son arrivée à Paris, caserne de la Pépinière, André se fait des amis. Il faut dire qu'il est intégré dans une chambrée consignée par les oreillons. Étant toujours habillé en civil (il ne recevra ses effets militaires que huit jours plus tard), André est envoyé en ravitaillement. Les militaires, normalement à la diète, lui commandent cassoulet, charcuterie et autres nourritures, ainsi que des livres coquins. Se pliant de bonne grâce à ce manège, André est tout de suite adopté. Il y a là du beau monde, des premiers prix de conservatoire : Louis Guglielmi, dit Louiguy, futur compositeur, entre autres, de *La Vie en rose* pour Édith Piaf, et Yves Furet, violoncelliste émérite et futur sociétaire de la Comédie-Française.
Sous la baguette de Monsieur Clément, le soldat Raimbourg fait de rapides progrès. De nombreux concerts et spectacles sont organisés à la caserne, et André ne tarde pas à se faire remarquer.
Un soir, le coiffeur du régiment qui devait s'occuper du maquillage est absent. André se rabat la frange

Souvenir de la foire de Rouen, 1936.

Un de ses premiers groupes : Max Louisart et ses Boys.

sur le front, égalise ses cheveux d'un coup de ciseaux et se crée la « tête de ganache » qu'on lui connaîtra bientôt, lors de ses débuts cinématographiques. Il revêt un pantalon trop court emprunté à son frère, une veste trop serrée : il a trouvé son « type » ! Sur la scène, devant ses copains de caserne, il triomphe en chantant du Fernandel : *Ne me dis plus tu*, et *Ignace*. Un soir, le colonel Hémelot, chef de la caserne, lui croque le portrait et lui en fait cadeau avec cette dédicace :

« À mon ami Raimbourg,
En souvenir du 24e R.I.
Avec tous mes vœux de réussite. »

Lors des courtes permissions, André joue dans des guinguettes. Quelquefois, lorsqu'il est consigné, il fait le mur. Pour cela, il a mis un truc au point lorsqu'il arrive au poste de garde et que le planton l'arrête :
« Halte, on ne passe pas.

Je vais mettre des bémols à mon piston, ordre du colon'

– Je vais mettre des bémols à mon piston, ordre du colon' !
– O.K., passez. »
Un jour le planton, prévenu de la farce, arrête le soldat Raimbourg :
« Halte, on ne passe pas.
– Je vais faire dorer la clé de sol.
– Vous avez de la chance car si c'était pour remettre des bémols à votre piston, je vous collais deux jours au trou ! »
André se servira de cette anecdote dans un monologue, quelques années plus tard…

Lorsque la durée des permissions le permet, il repart au village, revoir ses parents et sa Jeanne. Ils élaborent de grands projets d'avenir commun.
Mais lorsque les moments de pause sont trop courts pour regagner Bourville, André reste sur Paris et prend son instrument pour aller faire guincher les Parisiens. Avec

À gauche,
en **représentation**
avec le 24e R.I.

En haut, **pause**
lors d'exercices
de manœuvre.

À droite, en 1940,
à **Metz**.

ANDRÉ EST ENVOYÉ **SUR LE FRONT,**
EN QUALITÉ DE **BRANCARDIER**

ses amis, il a créé un groupe : Max Louisart et ses Boys. Le public est plus difficile qu'au pays, où il a déjà animé de nombreux bals, ce qui lui vaut une petite célébrité locale, mais son visage rond, ses cheveux blonds et ses yeux bleus deviennent peu à peu familiers.
On est heureux de le revoir de semaine en semaine. Non seulement il joue bien, mais, en plus, il est sympa, drôle, à l'aise, animé.
Pourtant, un jour, André ne se contente plus des guinguettes, il a le feu sacré, il veut « monter », participer aux crochets, un jeu à la mode où un artiste se produit devant un public. Si celui-ci est satisfait, le chanteur peut faire sa prestation en entier, si l'artiste lui déplaît, le public crie : « Crochet ! Crochet ! » et l'animateur de la soirée éjecte le prétendant à l'aide d'une grande perche munie d'un crochet. Toute ressemblance avec la « Star Academy » ou « La Nouvelle Star » est purement fortuite…
C'est à cette époque qu'André peaufine son personnage : toujours en interprétant du Fernandel, il décroche plusieurs de ces crochets – sauf lorsqu'un chanteur de charme se met à roucouler du Tino Rossi devant un public essentiellement féminin !
En 1938, il remporte son premier succès officiel en gagnant, devant des centaines de participants – et des dizaines de milliers d'auditeurs, puisqu'il s'agit d'un crochet radiophonique –, le concours des « Fiancés de Byrrh », du nom du fameux apéritif. Il doit son succès à son interprétation désormais bien rodée du fameux *Ignace* de Fernandel. Le Prix est de six cents francs, une belle somme pour l'époque. Avec cet argent, il achète un accordéon d'occasion. Il écrit à Fernandel pour lui signaler sa victoire ; celui-ci lui enverra une photo dédicacée : « Au soldat Raimbourg, avec toutes mes félicitations. »

En 1939, il se produit à Radio Cité dans l'émission « Le Music-hall des Jeunes Amateurs ». Crochet qu'il remporte et qui lui vaut un contrat de huit jours dans une salle baptisée Radio-Cinéma. Toujours interprète de Fernandel, il se produit désormais sous le pseudonyme d'Andrel, en clin d'œil admiratif à son idole.
Mais voilà que l'Allemagne déploie ses armes sur la frontière française. André est envoyé sur le front en qualité de brancardier, car le piston du canon peut faire de l'effet en première ligne, pas celui du musicien !
Les charges en musique, c'était au temps de la cavalerie…
À peine arrivé, le soldat Raimbourg tombe malade et doit

se replier à l'arrière. D'abord à Metz, ensuite à Vittel, pour finir à Toulouse. Retapé, il est prêt à repartir mais c'est la débâcle, et son régiment se replie dans la région de Pau, à Arzac. Les journées passent, monotones.
Dans un village voisin, pour combattre cette monotonie, un soldat, imprimeur de son état et accordéoniste à ses heures, nommé Étienne Lorin, a monté un cabaret de campagne. Toute personne possédant un petit talent est invitée à monter sur scène pour distraire les troupes. Ayant entendu parler du talent d'amuseur d'André, il va le trouver afin de lui demander une prestation. C'est le début d'une amitié qui va durer toute leur vie. La complicité est tout de suite de mise : Andrel chante, Étienne l'accompagne, et le public, déprimé par cette « drôle de guerre » qui n'a rien d'amusant, au contraire, est de plus en plus nombreux pour assister à leurs créations.
Étienne informe André de son projet de monter à Paris pour faire carrière dans la musique. Avant la guerre, il en avait déjà parlé à son épouse, Jeanne. Jeanne… comme la Jeanne d'André ! Si Étienne monte à la capitale, alors André est bien décidé à le rejoindre. À deux on est plus fort, on peut se remonter le moral mutuellement, et puis on peut composer, écrire. Ils le sentent bien, ils sont faits pour s'entendre et gravir des sommets.
Le 22 juin 1940, la France capitule et les soldats sont démobilisés. Les amis se saluent en se promettant de se revoir dans très peu de temps à Paris.

– VOUS, FRANÇAIS ?
– **BEN OUI** répond André,
– BEN MOI AUSSI.

André repart donc dans son Pays de Caux natal, avec la ferme intention de vite regagner Paris pour y faire carrière. « À pied, à cheval et en voiture », avec l'inscription « Démobilisiert » indiquée sur un brassard pour éviter les contrôles perpétuels, le périple commence. Arrivé à Dieppe, André ne rencontre que des véhicules militaires et des soldats allemands. Le soir tombe, mais il y a encore trente kilomètres pour regagner Bourville, la famille, et surtout Jeanne qui l'attend depuis longtemps. André fait signe à la première voiture civile qui passe. Arrêt du véhicule et discussion.
André demande au chauffeur : « Ouville la Rivière.
– Ja », lui répond le chauffeur, pensant à un Allemand en vêtements civils, à cause du brassard en lettres gothiques.
André se dit : « C'est bien ma chance, mais après tout ils m'ont bien dérangé, ils peuvent bien me ramener. »
La voiture démarre et André constate que le chauffeur a un petit verre dans le nez, voire plusieurs. Sans doute du calva… Les zigzags que fait la voiture font s'exclamer le passager, légèrement inquiet. Un dialogue s'ensuit :
« Guerre finish ? », demande le chauffeur.
« Ja », répond André, qui ne sait dire que ça.
« Dé… dé… *démobilisiert* ? » bafouille l'autre.
« Ja »
Mais ce qui intéresse le jeune démobilisé, c'est de savoir où le chauffeur pourra l'emmener. S'expliquant par gestes, André se fait comprendre. Le chauffeur lui répond :
« Nich benzine, pas d'essence.
– Ah ! », répond André.
Après quelques kilomètres, le chauffeur retrouve un peu ses esprits et lui demande :
« Vous, Français ?
– Ben oui », répond André.
« Ben moi aussi ! »
Comprenant la méprise, les deux hommes éclatent de rire, et c'est avec plaisir que le conducteur dépose André à son domicile.
L'anecdote, replacée vingt-cinq ans plus tard dans un bain turc parisien, avec un Anglais à la place de l'Allemand, ne vous rappelle-t-elle rien ? Revisionnez *La Grande Vadrouille* de notre part !

Après quelques jours de joyeuses retrouvailles – malgré la période qui ne s'y prête guère –, André annonce à ses parents son intention de partir pour la capitale « faire l'artiste ».
« Faire l'artiste ? », lui répond sa mère. « Il n'est pas bien ! » À Paris le rationnement est de mise, alors qu'à la ferme, même si ce n'est pas le grand luxe, ils ont à manger tous les jours.
André a pris sa décision. Il en a longuement parlé avec Jeanne. Elle l'aime, elle a confiance en lui et elle l'attendra, certaine de sa réussite. André reprend son piston, son accordéon, quelques vêtements, un pantalon de son beau-père et une veste de son frère, tous deux trop courts pour lui, afin d'améliorer son personnage, et le voilà parti à la conquête de la ville lumière.

André et son **accordéon** Piermaria.

André RAIMBOURG
PIERMARIA

L'une de ses **premières** photos professionnelles.

PARIS,
ME VOICI !

Arrivé à la Gare Saint-Lazare, André s'empresse de rejoindre Étienne Lorin, qui lui présente son épouse Jeanne et leur fils Michel. La vie est dure pour un musicien, il faut courir le cachet, mais maintenant que le Normand est là, les Parisiens vont voir ce qu'ils vont voir ! D'abord trouver un logement pour la future vedette : c'est dans une mansarde au 54, rue de Clichy, qu'André trouve refuge. Sept cents francs de loyer par an, pas très cher, mais en cette période il vaut mieux être prudent. André partage donc son logement avec un copain de régiment, Charles Huss, qui deviendra le trombone de l'orchestre Radio-Luxembourg.

André court le cachet dans les différents music-halls, mais comme les fins de mois sont délicates, il collectionne en parallèle les petits boulots : il fait le ménage dans son immeuble, s'improvise plombier, fait le mitron dans une boulangerie du coin… Mais voilà déjà l'hiver et celui-là est rude, d'autant que la mansarde n'a pas de système de chauffage. Comme le chantera André dans l'émission « La Joie de vivre » quelques années plus tard, sur l'air des *Feuilles mortes* :

« Et nous couchions tous
Les deux ensemble
Moi, qui toussais
Lui, qui éternuait. »

Ayant droit à des bons de charbon, les deux hommes passent commande. Mais comme ils sont absents lors de la livraison, quelle n'est pas leur stupéfaction en découvrant le tas de charbon au milieu du logement ! Il ne leur reste qu'un léger détail à régler : s'acheter un poêle ! Après s'être acharnés des heures durant à monter le monstre sous les toits, les deux hommes constatent avec effarement qu'ils ne disposent pas de cheminée. Il faut donc tout redescendre et se débrouiller comme on peut…

André rentre ensuite comme garçon de courses à la Fiduciaire de la rue de Ferry. Monsieur Gombeau, son patron, met à sa disposition un vélo qu'il peut garder en dehors de son temps de travail pour ses déplacements privés. Pourvu de ce moyen de transport – déjà son préféré en pays cauchois –, André passe d'audition en audition, tantôt avec Étienne Lorin, tantôt seul. Il s'est acheté un accordéon de concert de la marque Piermaria à la suite d'un héritage. Il chante dans les cinémas de quartier, commence à dire ses premiers monologues et continue d'interpréter les succès de Fernandel. Lors des auditions, une phrase revient souvent : « C'est bon, on vous écrira… »

En septembre 1941, André est admis en qualité d'auditeur au Conservatoire National Supérieur de Musique de Paris, section trompette. En parallèle, il s'inscrit dans une agence artistique. On lui conseille de prendre un autre nom de scène, Andrel faisant décidément trop penser à Fernandel. Raimbourg ne convient pas non plus : il en existe déjà un dans le métier, en l'occurrence Lucien Raimbourg, un lointain cousin. Il opte dans un premier

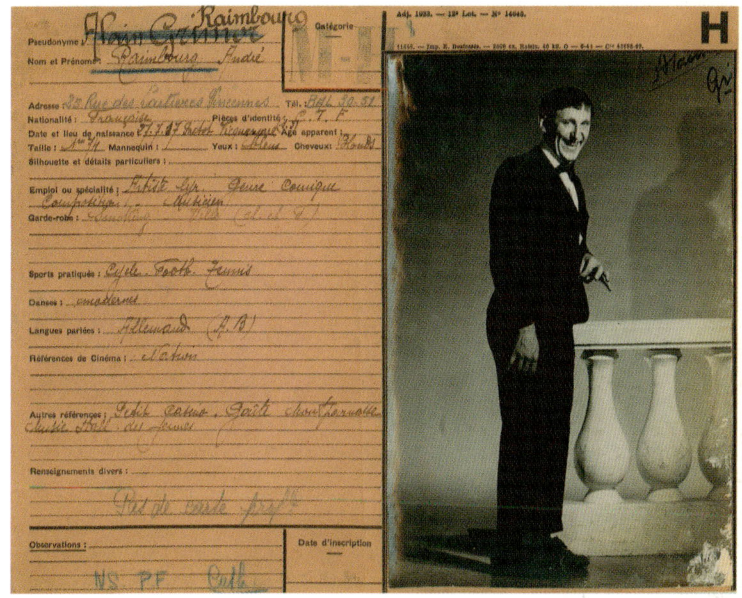

Première **fiche** artistique.

« **C'est bon**, on vous écrira… »

temps pour… Grimor, presque une anagramme. « Alain Grimor, fantaisiste »… Ça sonne pas mal, alors, en avant ! L'agence ne tarde pas à le faire travailler au cinéma ; « Oh, bien loin des rôles de vedette, de simples figurations… ». Le 18 novembre 1941, André débute dans un film d'André Zwoboda, *Croisières sidérales*, une histoire de science-fiction avec Julien Carette et Madeleine Sologne dans les rôles principaux : lors d'un voyage dans la stratosphère, une capsule spatiale se dérègle, revient sur terre après quinze jours passés dans les airs, mais il s'avère que vingt-cinq ans se sont écoulés entre-temps. Un entrepreneur sentant la bonne affaire organise donc des croisières sidérales afin de se rendre dans le futur. En août de l'année suivante, dans un autre film d'André Zwoboda, Bourvil obtient son deuxième cachet comme figurant dans *Une Étoile au soleil*.

En août 1942, Étienne Lorin accourt chez André : « Vite ! Dépêche-toi ! J'ai un contrat pour nous deux. Dès demain nous accompagnons Bordas[1] à l'A.B.C. ! » Paniqué mais heureux, André court chez « ma tante » (le mont-de-piété) où il avait déposé son bel accordéon Piermaria. Dettes payées, instrument récupéré, voici nos deux amis partis pour les répétitions puis pour une série de concerts. Ils se mettent aussitôt à l'écriture de nouvelles chansons, telle : *Reviens, dis !,* qui rappelle ce que l'on pouvait lui dire là-bas, en Normandie.

« Reviens, dis
Dans le logis de ton mari.
Tu sais, dis
Que ton mari, comme ton logis
Sont tes abris. »

Houpetta la Bella, Timichiné la Pou-Pou ou *Les Crayons* sont d'autres créations de cette époque.

André est auditionné chez Carrère, cabaret assez snob de l'avenue des Champs-Élysées, par Monsieur Carrère en personne. Celui-ci rit, rit, mais rit tellement que ça en devient suspect aux yeux d'André : « Celui-là, il s'fiche de moi ! » Mais pas du tout, la réponse tombe : « Je vous engage, vous commencez vendredi pour deux semaines. »

1. Marcelle Bordas, interprète née en 1897, déjà célèbre avant-guerre dans le style réaliste avec la reprise de *La Femme à barbe*, avait récemment obtenu un nouveau succès avec *Ah ! Que la France est belle*, dont on lui reprochera le pétainisme latent.

André est à la fois livide et ravi. Les deux semaines se transforment en six, c'est un véritable succès. Chez Carrère, il rencontre André Trives, grand imprésario sur la place parisienne qui défend, entre autres, les intérêts de Tino Rossi. Charmé par le comique, Trives le prend sous son aile. Il sera l'imprésario et l'ami d'André durant toute sa vie.
N'aimant pas le nom Alain Grimor, Trives lui conseille de trouver autre chose, un pseudonyme plus simple, qui sonne mieux. Réunion chez René, le frère d'André, interne aux Hôpitaux de Paris. Ils cherchent et finissent par tomber d'accord : Bourville, le village où ils ont grandi. Il suffit de retirer le « le » final ! Bourvil, c'est bien, voilà un nom chantant, aussitôt adopté à l'unanimité.
Il inaugure son nouveau nom de scène à l'Alhambra, lors de la *Revue du Rire*, fin octobre 1942, dont la vedette est Gaston Ouvrard, fantaisiste très connu pour la chanson *Je n'suis pas bien portant.*
Pour la première fois, on parle d'André dans les journaux. Oh, pas grand chose, quelques lignes à peine : « Et puis, un nom débutant, trois chansons qui décèlent une jeune personnalité : Bourvil. D'où vient-il, où va-t-il avec son air ahuri, sa frange de cheveux, pierrot lunatique ? Un nouveau comique ne naîtrait-t-il pas de ce grand dadais nature qui semble échappé de quelque coup de crochet de déplorable mémoire ? »

Étant donné qu'il travaille désormais tous les jours, il serait temps d'avoir une conversation sérieuse avec Jeanne. Rendez-vous est pris le 23 janvier 1943 au Petit-Quevilly, dans la banlieue de Rouen.

« Jeanne, veux-tu m'épouser ?
– Oui. Et toi André, veux-tu m'épouser ?
– Oui. »

Conversation intéressante s'il en est, surtout qu'elle se tient devant Monsieur le maire. Après la fête, retour à Paris.

« JEANNE, veux-tu m'épouser ? »

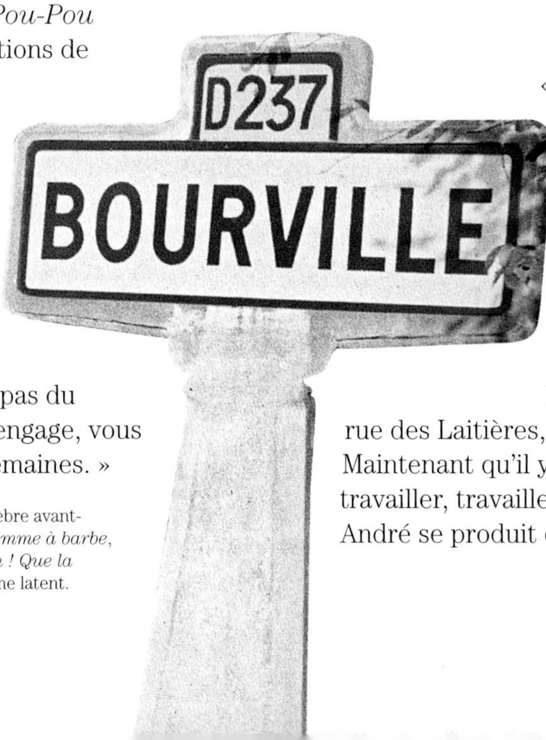

Les jeunes mariés habitent au 25, rue des Laitières, à Vincennes, sous les toits. Maintenant qu'il y a deux bouches à nourrir, il faut travailler, travailler ! En plus des salles parisiennes, André se produit en banlieue.

Jeanne et André **unis** pour le meilleur,
le 23 janvier 1943.

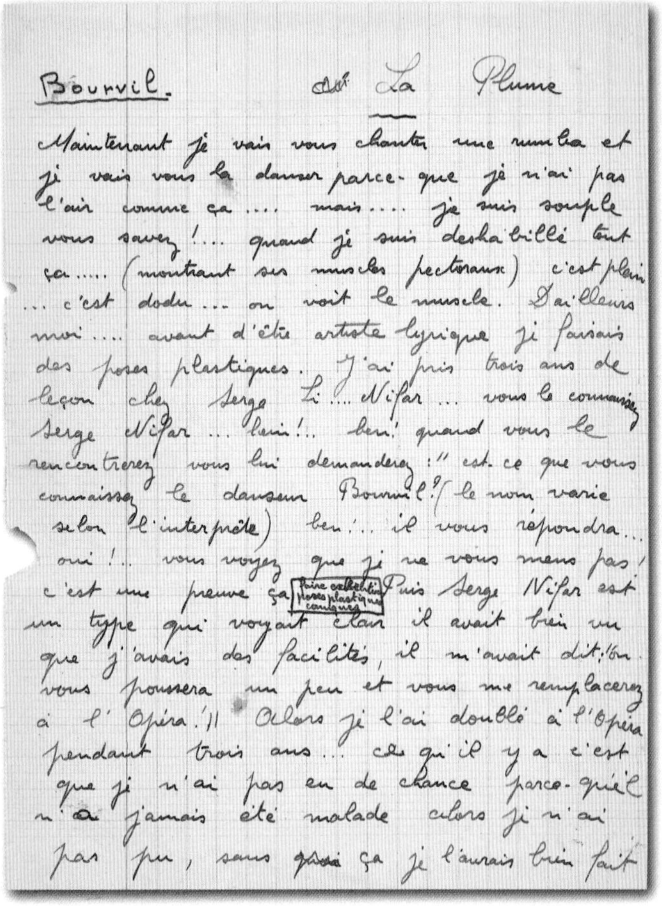

Bourvil. ~~dit~~ La Plume

Maintenant je vais vous chanter une rumba et je vais vous la danser parce que je n'ai pas l'air comme ça.... mais.... je suis souple vous savez!... quand je suis deshabillé tout ça..... (montrant ses muscles pectoraux) c'est plein ... c'est dodu ... on voit le muscle. D'ailleurs moi.... avant d'être artiste lyrique je faisais des poses plastiques. J'ai pris trois ans de leçon chez Serge Li....Nifar ... vous le connaissez Serge Nifar ... hein!... ben! quand vous le rencontrerez vous lui demanderez:" est-ce que vous connaissez le danseur Bourvil?(le nom varie selon l'interprète) ben!... il vous répondra... oui!... vous voyez que je ne vous mens pas! c'est une preuve ça [faire exhibition poses plastiques comiques] Puis Serge Nifar est un type qui voyait clair il avait bien vu que j'avais des facilités, il m'avait dit:"on vous poussera un peu et vous me remplacerez à l'Opéra."! Alors je l'ai doublé à l'Opéra pendant trois ans... ce qu'il y a c'est que je n'ai pas eu de chance parce qu'il n'a jamais été malade alors je n'ai pas pu, sans ~~quoi~~ ça je l'aurais bien fait

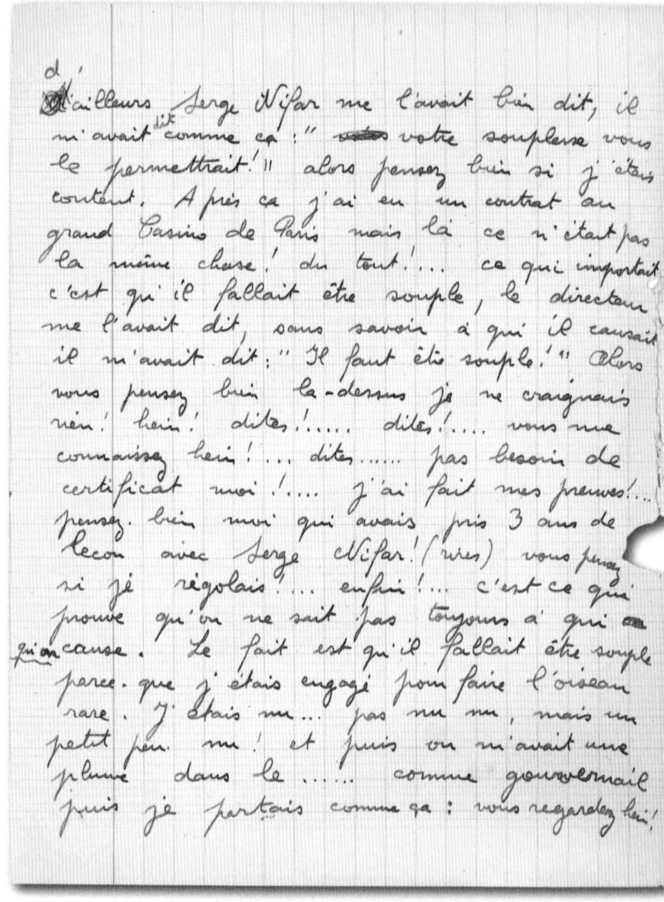

d'ailleurs Serge Nifar me l'avait bien dit, il m'avait dit comme ça:" ~~[illegible]~~ votre souplesse vous le permettrait!" alors pensez bien si j'étais content. Après ça j'ai eu un contrat au grand Casino de Paris mais là ce n'était pas la même chose! du tout!... ce qui importait c'est qu'il fallait être souple, le directeur me l'avait dit, sans savoir à qui il causait il m'avait dit:" Il faut être souple!" Alors vous pensez bien là-dessus je ne craignais rien! hein! dites!..... dites!.... vous me connaissez hein!... dites...... pas besoin de certificat moi!.... j'ai fait mes preuves!... pensez bien moi qui avais pris 3 ans de leçon avec Serge Nifar!(rires) vous pensez si je régolais!... enfin!... c'est ce qui prouve qu'on ne sait pas toujours à qui ~~on~~ qu'on cause. Le fait est qu'il fallait être souple parce que j'étais engagé pour faire l'oiseau rare. J'étais nu... pas nu nu, mais un petit peu nu! et puis on m'avait une plume dans le ..... comme gouvernail puis je partais comme ça: vous regardez bien!

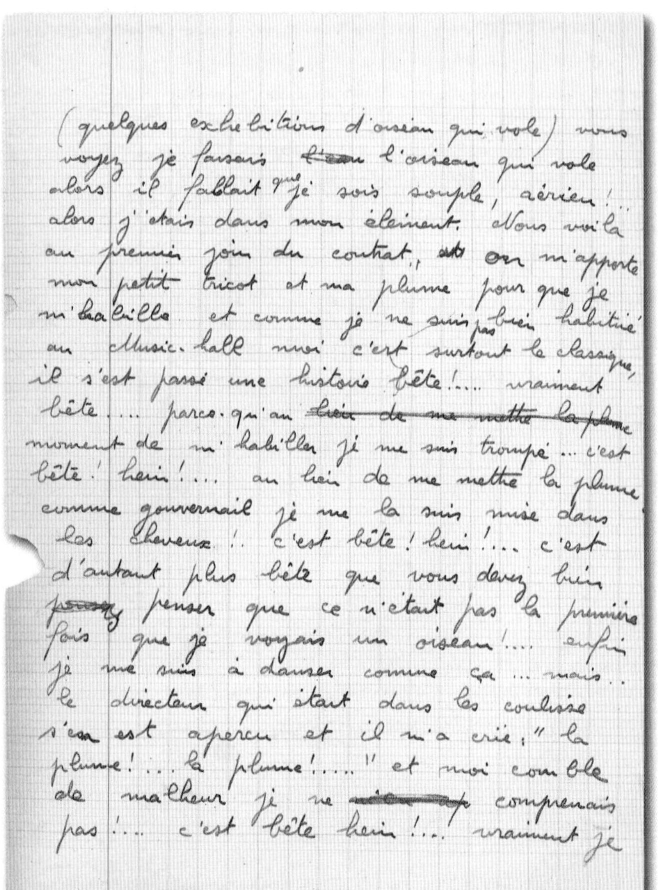

(quelques exhibitions d'oiseau qui vole) vous voyez je faisais ~~[illegible]~~ l'oiseau qui vole alors il fallait que je sois souple, aérien! alors j'étais dans mon élément. Nous voilà au premier jour du contrat, ~~et~~ on m'apporte mon petit tricot et ma plume pour que je m'habille et comme je ne suis pas bien habitué au Music-hall moi c'est surtout le classique, il s'est passé une histoire bête!... vraiment bête.... parce qu'au ~~lieu de me mettre la plume~~ moment de m'habiller je me suis trompé... c'est bête! hein!... au lieu de me mettre la plume comme gouvernail je me la suis mise dans les cheveux!. c'est bête! hein!... c'est d'autant plus bête que vous devez bien ~~pensez~~ penser que ce n'était pas la première fois que je voyais un oiseau!.... enfin je me suis à danser comme ça ... mais... le directeur qui était dans les coulisses s'en est aperçu et il m'a crié:" la plume!... la plume!...." et moi comble de malheur je ne ~~[illegible]~~ comprenais pas!... c'est bête hein!...! vraiment je

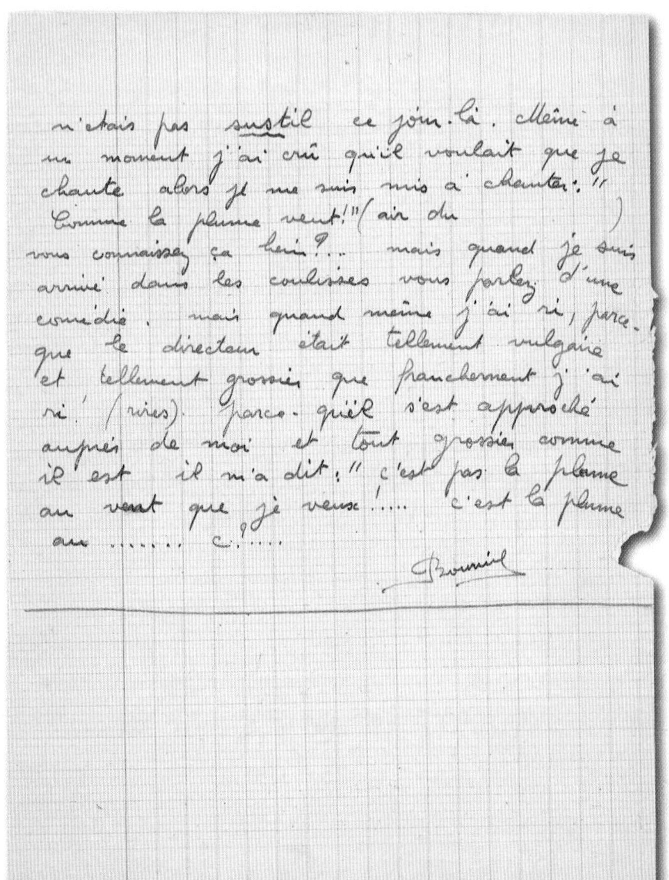

n'étais pas sustil ce jour-là. Même à un moment j'ai cru qu'il voulait que je chante alors je me suis mis à chanter:" Comme la plume vent!"(air du) vous connaissez ça hein?.. mais quand je suis arrivé dans les coulisses vous parlez d'une comédie. mais quand même j'ai ri, parce que le directeur était tellement vulgaire et tellement grossier que franchement j'ai ri! (rires) parce qu'il s'est approché auprès de moi et tout grossier comme il est il m'a dit:" c'est pas la plume au vent que je veux!.... c'est la plume au .... c..!.....

Bourvil

Manuscrit de *La Plume*, l'un de ses premiers monologues.

Un soir, à Charenton, lors d'une fête paroissiale, Georgel se maquille dans sa loge et attend son entrée en scène. Rendu célèbre au début du siècle par *Le Dernier Tango* (1912), *Sous les ponts de Paris* (1913), et *Où est-il donc ?* (1925), il en est maintenant réduit aux petites salles de quartier, mais il n'en démord pas : tant qu'il sera vivant, il chantera ! Le jour, Georgel est employé aux éditions Michel Fortin, où il classe les « petits formats », ces feuillets ornés de photos ou de gravures signées par de grands artistes, qui reproduisent les paroles et les partitions des chansons à la mode. Michel Fortin s'est ouvert à Georgel de sa déception : « Où sont-ils, les Dranem, Pollin et consorts d'aujourd'hui ? Où sont les nouveaux artistes comiques ? » En coulisses, Georgel guette et écoute attentivement ceux qui se produisent. Ce soir-là, il entend le public rire de bon cœur, rire comme il ne l'avait plus entendu depuis longtemps.
Le lendemain, il décrit ce qu'il a vécu à son patron, qui lui donne sans tarder l'ordre de retrouver illico ce jeune rigolo. Trois heures plus tard, André Raimbourg se trouve face à Michel Fortin : un contrat est signé avec André, et un autre avec Étienne Lorin qui composera toutes les musiques.
On commercialise des tirages réduits de ce qui existe en petits formats, chansons et monologues. Il n'existe pas encore d'enregistrement, Bourvil n'est pas encore passé à la radio, mais Fortin y croit.

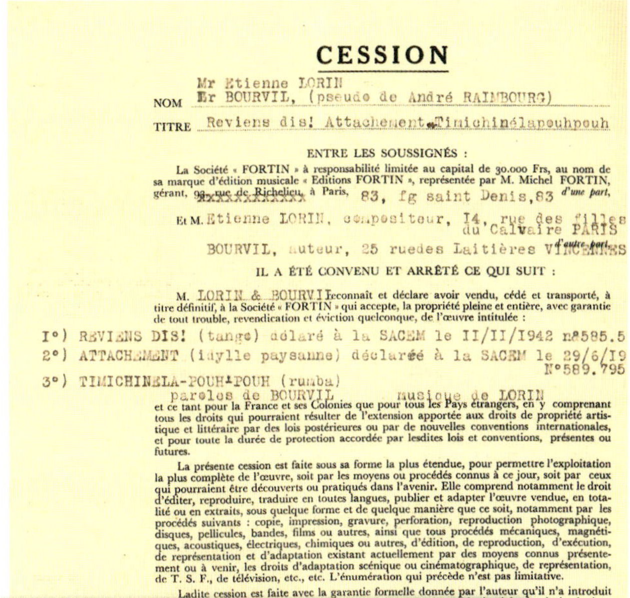

CESSION

NOM Mr Etienne LORIN
Mr BOURVIL, (pseudo de André RAIMBOURG)

TITRE Reviens dis! Attachement, Timichinélapouhpouh

ENTRE LES SOUSSIGNÉS :

La Société « FORTIN » à responsabilité limitée au capital de 30.000 Frs, au nom de sa marque d'édition musicale « Editions FORTIN », représentée par M. Michel FORTIN, gérant, ~~99, rue de Richelieu~~, à Paris, 83, fg saint Denis, 83 *d'une part,*

Et M. Etienne LORIN, compositeur, 14, rue des filles du Calvaire PARIS
BOURVIL, auteur, 25 ruedes Laitières VINCENNES *d'autre part,*

IL A ÉTÉ CONVENU ET ARRÊTÉ CE QUI SUIT :

M. LORIN & BOURVIL reconnaît et déclare avoir vendu, cédé et transporté, à titre définitif, à la Société « FORTIN » qui accepte, la propriété pleine et entière, avec garantie de tout trouble, revendication et éviction quelconque, de l'œuvre intitulée :

1°) REVIENS DIS! (tango) déclaré à la SACEM le 11/11/1942 n°585.5
2°) ATTACHEMENT (idylle paysanne) déclarée à la SACEM le 29/6/19 N°589.795
3°) TIMICHINELA-POUH-POUH (rumba)
paroles de BOURVIL musique de LORIN

et ce tant pour la France et ses Colonies que pour tous les Pays étrangers, en y comprenant tous les droits qui pourraient résulter de l'extension apportée aux droits de propriété artistique et littéraire par des lois postérieures ou par de nouvelles conventions internationales, et pour toute la durée de protection accordée par lesdites lois et conventions, présentes ou futures.

La présente cession est faite sous sa forme la plus étendue, pour permettre l'exploitation la plus complète de l'œuvre, soit par les moyens ou procédés connus à ce jour, soit par ceux qui pourraient être découverts ou pratiqués dans l'avenir. Elle comprend notamment le droit d'éditer, reproduire, traduire en toutes langues, publier et adapter l'œuvre vendue, en totalité ou en extraits, sous quelque forme et de quelque manière que ce soit, notamment par les procédés suivants : copie, impression, gravure, perforation, reproduction photographique, disques, pellicules, bandes, films ou autres, ainsi que tous procédés mécaniques, magnétiques, acoustiques, électriques, chimiques ou autres, d'édition, de reproduction, d'exécution, de représentation et d'adaptation existant actuellement par des moyens connus présentement ou à venir, les droits d'adaptation scénique ou cinématographique, de représentation, de T. S. F., de télévision, etc., etc. L'énumération qui précède n'est pas limitative.

Ladite cession est faite avec la garantie formelle donnée par l'auteur qu'il n'a introduit [...] les droits de tiers.

Contrat de cession passé avec M. Fortin.

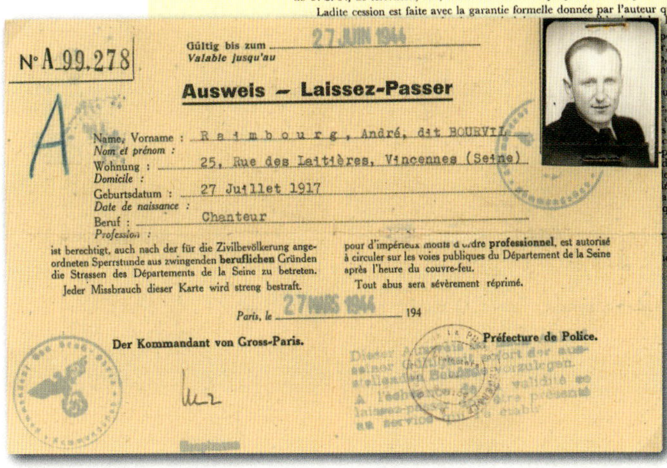

N° A 99.278

Gültig bis zum / Valable jusqu'au 27 JUIN 1944

Ausweis – Laissez-Passer

Name, Vorname : / Nom et prénom : Raimbourg, André, dit BOURVIL
Wohnung : / Domicile : 25, Rue des Laitières, Vincennes (Seine)
Geburtsdatum : / Date de naissance : 27 Juillet 1917
Beruf : / Profession : Chanteur

ist berechtigt, auch nach der für die Zivilbevölkerung angeordneten Sperrstunde aus zwingenden **beruflichen** Gründen die Strassen des Départements de la Seine zu betreten.
Jeder Missbrauch dieser Karte wird streng bestraft.

pour d'impérieux motifs d'ordre **professionnel**, est autorisé à circuler sur les voies publiques du Département de la Seine après l'heure du couvre-feu.
Tout abus sera sévèrement réprimé.

Paris, le 27 MARS 1944 194

Der Kommandant von Gross-Paris.

Préfecture de Police.

Son dernier **Ausweis**.

« Bourvil ! Voici quelqu'un qu'il faudra **suivre.** »

En juillet 1943, André fait partie de la distribution de *Ça sent si bon la revue*, avec un jeune chanteur de charme qui commence à faire ses preuves : Georges Guétary. Le spectacle attire le Tout-Paris et la presse s'enthousiasme : « Bourvil ! Voici quelqu'un qu'il faudra suivre, il ne lui manque qu'une balance et une boussole et vous verrez, quand il sera dans le bon chemin ! » S'ensuit une tournée, à l'Alhambra de Bordeaux, au Florida à Bruxelles, puis retour à Paris, au Petit Casino. Un tour de chant est programmé au Théâtre de l'Étoile pour la fin de l'année 1943.

L'occupant allemand est toujours bien présent et de plus en plus nerveux. On parle d'un débarquement prochain dans le Pas-de-Calais. Dans ce contexte, André continue son petit bonhomme de chemin. Il a déjà rencontré Édith Piaf, devenue une grande vedette de music-hall, qui recommande vivement André à son patron. Celui-ci l'engage au cachet de sept cents francs par jour.

Diplôme d'entrée à la SACEM.

Premier **vrai rôle** dans *La Ferme du pendu.*

Juin 1944. Ça y est, les Alliés ont débarqué. Tandis qu'ils approchent de la capitale, l'occupant presse de plus en plus la population : les contrôles se multiplient, vous êtes embarqué au poste pour un oui ou pour un non, il faut faire attention lors de ses déplacements le soir de ne surtout pas oublier son Ausweis. Malgré tout, André est engagé au Prélude.

Au mois d'août, Paris est libéré. On chante, on danse, André est demandé partout. Les journalistes le surnomment « l'homme le plus drôle de Paris ». Bourvil ne sait plus où donner de la tête, ou plutôt de la voix. Les institutions étant redevenues françaises, André passe son examen d'entrée à la SACEM, indispensable pour pouvoir toucher des droits d'auteur. Le règlement précise qu'il doit présenter six titres. André choisit *Les Crayons*, *Houpetta la Bella*, *Reviens, dis !*, *Timichiné la Pou-Pou*, *Attachement*, et *Quand même*. Examen réussi : le précieux diplôme lui est remis le 28 mars 1945.

Avec Étienne et leurs deux Jeanne, ils se rendent dans divers galas au profit des victimes et des prisonniers de guerre. En Normandie, sur ses terres, on a aménagé une grange en salle de spectacle afin de faire honneur à l'enfant du pays. On refuse du monde, c'est un véritable triomphe ! André et Étienne sont acclamés, les deux Jeanne sont fières de leurs hommes. Le cachet de ce spectacle est en nature : une motte de beurre, des charcuteries et du cidre. On les raccompagne jusqu'à la gare dans une bétaillère découverte. Mais voici qu'un terrible orage s'abat sur la région, les passagers du véhicule se protègent comme ils peuvent, et c'est trempés jusqu'aux os qu'ils prennent le train du retour vers Paris. Arrivées à la Gare Saint-Lazare, les dames sont transformées : leurs robes de rayonne ont légèrement rétréci. De vingt centimètres en dessous du genou, les voici quinze centimètres au-dessus ! Dans le métro, la petite bande est prise de fou rire, sous l'œil ébahi des voyageurs… tandis que le beurre fond dans les cabas.

Enfin, la guerre est finie, définitivement finie. Les règlements de compte arrivent, les collabos sont recherchés. Beaucoup de cabarets dont les propriétaires avaient un peu trop frayé avec l'ennemi sont obligés de fermer leurs portes. Mais d'autres voient le jour : on veut oublier ces cinq années noires, on veut s'amuser, s'étourdir. Les comiques comme Bourvil ont du succès, de plus en plus de succès, et pas seulement à Paris. Quand il passe en province, le public lui fait une ovation.

On le surnomme **« l'homme le plus drôle de Paris »**

Jean Dréville vient de tourner *La Cage aux rossignols* (dont un remake sortira en 2004 sous le titre *Les Choristes*) avec Noël-Noël. Il s'apprête à filmer l'adaptation d'un roman de Gilbert Dupé, *La Ferme du pendu*. Ayant entendu André chanter ses *Crayons*, Dréville l'engage, non pas pour une simple figuration, mais pour un rôle, certes petit, mais un rôle quand même. Il va même pouvoir y interpréter sa chanson fétiche. Dréville présente Bourvil à Charles Vanel, la vedette du film, en ces termes : « Je vais vous présenter un homme qui sera le plus grand comique de son époque. » Le tournage a lieu à Pouzauges, en Vendée. Étienne, les deux Jeanne et le petit Michel sont également du voyage, car la famille Lorin est conviée à figurer dans une scène de mariage. À la sortie du film, André déclare qu'il a vécu des moments magiques ; cette fois, il est tombé amoureux de la caméra, et réciproquement !

De retour à Paris, il est remarqué lors d'un tour de chant par François Chatelard. Homme de radio, celui-ci le programme dans les émissions qu'il produit, « Sans tambour ni trompette » et « Sans rime ni raison », toutes deux animées par Francis Blanche. André y interprète ses monologues et ses chansons.

Jean-Jacques Vital, l'un des hommes les plus puissants de la sphère radiophonique, est un bourreau de travail, l'homme ne s'arrête jamais. Pourtant, en cette fin novembre 1945, il est cloué au lit par une jaunisse ; faisant contre fortune bon cœur, il écoute la radio et est stupéfait par une chanson :

« Elle vendait des cartes postales
Puis aussi des crayons
Car sa destinée fatale
C'était d'vendre des crayons (…)
C'est ça qu'est triste. »

Il rit, jamais il n'avait entendu ça, une voix si drôle. Réunissant ses forces, il bondit de son lit et appelle sa secrétaire : « Mademoiselle, trouvez-moi un certain Bourvil, je le veux chez moi dans l'heure ! » André arrive, haletant, et s'entend dire : « Écoutez, je vous prends en exclusivité radio, music-hall, opérette, ça vous va ? » Et comment, que ça lui va ! André est éberlué : ça y est, les portes de la gloire s'ouvrent à lui… Prenant congé pour annoncer la bonne nouvelle à Jeanne, il remercie son bienfaiteur sans oublier de lui faire remarquer : « Vous savez, Monsieur Vital, ça fait trois fois que je me présente chez vous, à chaque fois vous m'avez mis à la porte ! » Rapidement, André devient la vedette de l'émission « Pêle-mêle » sur Le Poste Parisien, l'une des premières radios privées fondées avant guerre. Il suffit de six émissions pour faire d'André une célébrité dans toute la France : son nom et ses *Crayons* sont désormais connus de tous. Les petits formats des éditions Fortin se vendent comme des petits pains : le succès tant attendu est arrivé, il ne le quittera plus.

Le titre qui l'a fait découvrir par le grand public.

LÉON MÉNARD STORY

Nous sommes en 1946. Radio-Luxembourg, la « station aux 10 millions d'auditeurs » (c'est son slogan) a fait de Bourvil une grande vedette dans toute la France. Il a signé un contrat pour trois ans chez Pathé Marconi, l'engageant à sortir entre trois et six disques par an. Et il y a de la matière !
Les premiers titres écrits avec Étienne Lorin durant la guerre sont pressés sous la forme de 78 tours. D'abord les monologues : *L'Ingénieur, Le Vélo, La Plume, L'Inventeur, Les Castagnettes,* suivis par *Le Conservatoire* où André, jouant toujours de son personnage de paysan benêt, laisse entendre ce genre de répliques : « Lors de mon concours, je chantais *Le Credo du paysan*, je le chantais si bien qu'un jour le directeur me dit : "Vous le chantez tellement bien que vous donnez l'impression d'être plus paysan que le Credo". »
La quatrième galette enregistrée cette année-là est – enfin ! – *Les Crayons*, dont le titre complet est en fait *La chanson de l'inconnue qui vendait des cartes postales et aussi des crayons pour s'acheter des souliers neufs parce que les siens avaient des trous.* Chanson qui, si elle avait été interprétée par Piaf ou par Bordas, aurait pu se retrouver dans le répertoire réalistico-tragique mais qui, chantée par Bourvil, prend toute sa dimension comique. Sur un rythme de rumba, *Timichiné la Pou-Pou* est le second titre de ce disque.

« Timichiné la Pou-Pou
C'était son nom de famille
Timichiné la Pou-Pou
C'était une bien jolie fille. »

En gala à Lyon, le 1er février 1946.

Timichiné la **Pou-Pou**
C'était une bien **jolie** fille

Sa carrière est sur les rails. Partout où il passe désormais, c'est l'émeute. À Lyon, la foule est tellement dense que le kiosque de vente de tickets se retrouve à cent mètres de son point d'origine.
Côté cinéma, tout va très vite : le metteur en scène André Berthomieu choisit André pour jouer le rôle principal, celui d'un paysan nommé Léon Ménard, dans le remake d'un film déjà tourné en 1928, du temps du muet. Cette fois, dans *Pas si bête* (c'est le titre !), il y aura des

Première **affiche** pour les disques Pathé.

Avec **Jeanne**, sur le tournage de *Pas si bête.*

PAS SI BÊTE

L'histoire du film est celle du brave Léon Ménard. Un jeune couple roulant à toute allure heurte la charrette de foin d'un jeune paysan.
« Vous n'connaissez pas le code de la route, non ?
– Moi, je le connais, c'est mon cheval qui ne le connaît pas. »
C'est en ces termes que se retrouvent Léon Ménard, agriculteur de son état, et Nicole (Suzy Carrier), sa cousine fiancée à Didier de Bellemont (Bernard Lancret), le conducteur du bolide. Elle est la fille de Monsieur Ménard (Duvaleix), oncle de Léon, qui a réussi dans les affaires.
Après un verre à la ferme familiale, Nicole invite son cousin Léon à venir passer quelques jours dans la villa de son père, veuf de son état.
Il y débarque à la fin de la moisson, avec en cadeau un fromage du pays, particulièrement fait. Arrivant dans le beau monde comme un cheveu sur la soupe, Léon découvre l'entourage de son oncle, dont Antony (Yves Deniaud), imprésario de la chanteuse Gaby Moreuil (Mona Goya). Cette Gaby cherche à séduire le riche homme d'affaires afin de se faire épouser, ou au moins de lui soutirer une belle somme d'argent pour s'acheter un cabaret. Parmi les autres invités, le comte de Bellemont, père de Didier et aristocrate ruiné, veut se refaire *via* son fils et les millions de son futur beau-père. Mais pas si bête qu'il en a l'air, Léon parvient à déjouer tous les plans. Et lorsqu'il comprend que Didier et Nicole s'aiment pour de bon, il se démène pour que les jeunes gens retombent dans les bras l'un de l'autre et que tout finisse bien dans le meilleur des mondes.

Affiche **française.**

Petit format.

monologues, tels *La Chasse* et *Le Vélo* :
« J'ai fait tous les sports, mais celui que je préfère, c'est le vélo, parce que j'ai le coup. Vous savez, j'appuie sur les pédales et je mouve les jambes vite… Dans mon patelin, je gagnais toutes les courses, je pourrais même dire que j'étais le seul à être vraiment de la pédale ! »
Et puis aussi deux chansons, *Quand même* et *Les Hirondelles*, sur des musiques d'Étienne Lorin qui sortent en 78 tours fin 1946.
Normands tous les deux, Bourvil et Berthomieu s'entendent à merveille.
Les tournages en extérieur se déroulent en Normandie, à Louvier, dans l'Eure.
Les scènes intérieures sont filmées dans les studios des Buttes Chaumont. La critique accueille correctement le film, seul le monde intellectuel contredit le verdict populaire.
Le film fera plus de six millions trois cent mille entrées ; les gens voulaient mettre un visage sur la voix qu'ils entendent tous les jours « dans la T.S.F. » !

Jean-Jacques Vital et son équipe reçus chez les Ménard-Raimbourg à Bourville. À gauche de la photo, les parents d'André.

J'APPUIE SUR LES **PÉDALES** ET JE MOUVE LES JAMBES VITE...

Un autre défi attend André : sa première opérette, *La Bonne Hôtesse*. Les répétitions sont en route et c'est la première fois que Bourvil affronte son public dans un spectacle à grand budget. La mise en scène est de Pasquali, le livret de Jean-Jacques Vital et Serge Veber, la musique de Bruno Coquatrix, futur patron du mythique Olympia. Bourvil y est tête d'affiche aux côtés d'André Claveau, Irène de Trébert et Alice Tissot.
La générale a lieu le 20 décembre 1946 à l'Alhambra de Paris. L'accent est mis sur des chansons comme *Je suis content, ça marche*. Le public est conquis : l'opérette reste à l'affiche durant quatre mois.

André profite d'un moment de liberté pour tourner un moyen métrage : *Le Studio en folie*, une fantaisie musicale de Walter Kapps. André y chante *Timichiné la Pou-Pou* et *Houpetta la Bella*, accompagné par Fred Adison et son orchestre. Fait rarissime pour un film d'à peine trente-cinq minutes, une affiche est spécialement créée pour en faire la promotion.

Affiche française par **Cartier**.

Tous les jours, André se rend en studio pour l'émission « Pêle-mêle », diffusée désormais par Radio-Luxembourg, mais voilà déjà le cinéma qui le rappelle ! Un autre réalisateur s'intéresse au phénomène Bourvil : Gilles Grangier.

L'équipe de
La Bonne Hôtesse.

LA BONNE HÔTESSE

Une troupe de théâtre en tournée est victime d'un accident d'avion. Pas de victime, mais tout ce petit monde se retrouve sur une île déserte. Ayant retrouvé la malle contenant les costumes de scène, les naufragés n'ont d'autre choix que de se travestir ; ainsi André Bourvil revêt l'uniforme de Napoléon. Pris pour des fous par leurs sauveteurs, les comédiens sont mis en observation dans un asile psychiatrique. Mais tout finit par s'arranger – bien sûr, c'est une opérette ! – et tous retrouveront la liberté... et l'amour.

Tournage de *Par la fenêtre*, dans les rues de Paris.

PAR LA FENÊTRE

Pilou, peintre en bâtiment originaire de Bouquignies, dans le Calvados, a quitté son village à la recherche de son amie Yvette, partie travailler à Paris un an plus tôt. « Tous deux, on s'est rencontré le même jour… »
Lors d'un chantier, il rencontre Fernande, qui se trouve être le sosie d'Yvette. Celle-ci vient de rompre avec son amant, Albert, qui se marie le jour même. Dans son désespoir, Fernande tente de mettre fin à ses jours en ouvrant le gaz. Mais Pilou, qui repeint la façade de l'immeuble, la sauve au dernier moment.
Les personnages passent par les portes, par les fenêtres, et tous les couples se reformeront. Fernande avec Albert, qui a rompu avec sa fiancée, et Pilou qui retrouve Yvette. Les dialogues sont de Jean Halain, avec des tirades dans le style : « Dans mon appartement, y'a pas de place pour mettre un mur entre la salle à manger, la chambre à coucher puis la cuisine. Mais l'avantage, c'est comme le matin je prends mon café au lait au lit, j'allonge les bras jusque dans la cuisine et puis je décroche une casserole pour faire chauffer l'eau. Je n'ai pas besoin de me déranger ! Dommage que l'eau soit sur le palier. »

Affiche **belge**.

Avec *Le Maharadjah*, Bourvil fait **la une.**

Il ne le sait pas encore, mais c'est lui qui réalisera le rêve d'enfant d'André, celui de jouer avec son modèle : Fernandel. Mais ça n'est pas pour tout de suite ; la rencontre au sommet n'aura lieu qu'une quinzaine d'années plus tard ! Dans l'immédiat, il lui propose le scénario de *Par la fenêtre*. La vedette féminine en est Suzy Delair, celle-là même qui incarna la compagne de l'inspecteur Wens dans *L'Assassin habite au 21*. Ici, il s'agit d'une comédie légère. Le film sort le 21 janvier 1948 à Paris.

En compagnie de **Marcel Cerdan.**

Côté chanson, André rend hommage à son village de Bourville dans son enregistrement de *Ma place*, et obtient un nouveau succès avec un titre toujours dans les mémoires soixante ans plus tard : *À bicyclette*.

« Je m'en allais
chercher des oies
du côté de Fouilly-les-Oies
à bicyclette. »

Cela fait maintenant un mois qu'André joue sur la scène de l'Alhambra *Le Maharadjah*, une opérette en deux actes et quatre tableaux, écrite par la même équipe que celle de *La Bonne Hôtesse*. La distribution rassemble Lysiane Rey (épouse d'Albert Préjean et mère de Patrick Préjean), Alice Tissot, Dréan et Henri Legay, les quatre sœurs Lenormand et les Bluebell's Girls du Lido. Tous les éléments – exotisme, invraisemblance, costumes bariolés, fantaisie – sont réunis pour faire de cette œuvre un succès pimpant.

JE M'EN ALLAIS CHERCHER DES OIES...

... **à bicyclette**

Si tout se passe à merveille en ce début 1948 pour les Raimbourg, ce n'est pas le cas pour les Lorin. Ceux-ci habitent depuis la fin de la guerre au 14, rue des Filles-du-Calvaire, à Paris, face au Cirque d'Hiver. L'appartement a appartenu à une dame juive, déportée durant la guerre et décédée dans un camp. Une héritière ayant, à raison, fait valoir ses droits, les Lorin, qui ignoraient tout des antécédents, se voient priés par le commissaire de police de quitter les lieux dans les quarante-huit heures. N'ayant pas les moyens financiers pour faire face aussi rapidement, ils reçoivent d'André, informé de la situation, l'argent nécessaire à leur relogement.

LE MAHARADJAH

Cette fois, il est question du brave Jules, valet de ferme dans la campagne normande, qui a épousé une fille de l'assistance publique, Julie, à qui une gitane a prédit un jour un avenir brillant. Tout en trayant les vaches, Jules joue de la basse, son instrument favori, et lit des romans d'aventures qui font vagabonder son imagination. Le jour de la fête des foins, Jules, qui s'était endormi sur une meule après de copieuses libations, est réveillé par l'arrivée d'un hélicoptère qui se pose dans la cour, et qui transporte le prince Oli et son aide de camp, Sami. Rappelé par sa mère, le prince s'en va rejoindre l'État de Batama, aux Indes, où il doit succéder à son beau-père, le Maharadjah Abdoula Kan, qui se meurt. Or le prince Oli, qui a toujours vécu en France, n'est pas du tout disposé à accepter cette succession, car il aime une jeune fille de là-bas, Ludima, dont son beau-père lui refuse la main parce qu'elle n'est pas de sang princier. Aussi Oli, ayant appris qu'Abdoula avait eu jadis une fille, s'est mis en tête de la retrouver. Ses recherches l'ont amené à Houdon-Queugicourt. Il reconnaît en Julie l'héritière d'Abdoula, lui révèle son identité, et la décide à le suivre aux Indes afin de régner à sa place. Émerveillée, Julie accepte et, sur les instances de Sami, qui est à la solde de la Maharani, cache momentanément au prince que Jules est son mari, le faisant passer pour son frère de lait. Car le brave paysan tient à être du fabuleux voyage. Aussi l'hélicoptère les emmène tous les deux en compagnie du prince vers leur nouveau destin. S'ensuit une série d'aventures abracadabrantesques qui font de Jules le nouveau Maharadjah, mais, après deux mois de règne, le peuple se révolte et Jules et Julie sont arrêtés. Parvenant à s'enfuir, et poursuivis par les révolutionnaires, ils trouvent refuge auprès de pirates chinois qui veulent les rançonner. Le bourreau se prépare à torturer le brave Jules quand celui-ci se réveille brusquement sur la meule de foin où il s'était endormi. Tout ceci n'était qu'un rêve !

Bourvil et **Lysiane Rey.**

Support **publicitaire** du *Maharadjah.*

Le retour de **Léon Ménard**.

En avril, retour de Léon Ménard dans *Blanc comme neige*, réalisé par André Berthomieu et sa fine équipe habituelle. Le film débute par la répétition de l'Harmonie municipale du 20e arrondissement de Paris qui interprète *C'est l'piston*.

Alors **les enfants**, qu'est-ce qu'on fait pour les **vacances** ?

Tournage terminé, arrivée des Raimbourg chez les Lorin.
« Alors les enfants, qu'est-ce qu'on fait pour les vacances ? » demande André.
« Ce qu'on fait pour les vacances ? Ben, on travaille ! On est endetté, pas question de vacances ! » répond Étienne.
« Jamais de la vie, vous partez avec nous ! »
Et voilà les amis embarqués dans le Spider Chevrolet à destination de Cavalaire, sur la Côte d'Azur.
Jeanne, André Raimbourg et le petit Michel Lorin sont assis à l'intérieur, alors qu'Étienne et Jeanne Lorin se placent sur la banquette arrière, en plein air, le Spider ayant la particularité d'avoir une banquette escamotable non abritée. Départ de Paris à huit heures du matin par la Nationale 7.
À midi, repas à Corbeil-Essonnes… à trente kilomètres de Paris. Après deux crevaisons, pas moyen de trouver des pneus de remplacement, il faut donc les rechaper. Après une étape, les amis arrivent enfin dans le centre d'Avignon.

BLANC COMME NEIGE

Léon Ménard, venant de Bolbec, en Normandie, est à la recherche d'un emploi stable afin d'épouser sa promise, Charlotte (Paulette Dubost). Il se fait aborder au comptoir d'un bistrot par un homme, Monsieur Bob (Robert Berri), qui se propose de l'aider. Pour commencer, il lui trouve un emploi de gardien de nuit au Central Hôtel. Le but de Monsieur Bob est de dérober un diamantaire, Monsieur Van Golden (Frédéric O'Brady), locataire du Central Hôtel. Les diamants, à l'abri dans le coffre, sont dérobés par la bande de Monsieur Bob qui, après être resté à l'hôtel sous prétexte de rendre visite à Léon, le soûle afin de réaliser son méfait. Dans la scène où Léon est ivre, celui-ci déclame l'un de ses monologues, *Le Ministre de l'Agriculture*, ce qui nous vaut de fameuses répliques : « Le cœur qui bat sous la blouse du paysan vaut bien celui qui bat sous le chapeau du citadin ! » ou encore : « Pour que la France reste un pays cultivé, il lui faut des cultivateurs ! »
Bob a caché la serviette de diamants, vidée de son contenu, dans l'appartement de Léon. Elle est retrouvée lors de la perquisition de son domicile. Petit détail, la photo de famille qu'on aperçoit brièvement sur un mur de l'appartement est extraite de *Pas si bête*, premier film d'André Berthomieu et d'André Bourvil.
Léon est arrêté lors d'une répétition à l'Harmonie du 20e arrondissement. Maître Floridor (Jacques Louvigny), son avocat commis d'office, lui conseille de plaider coupable et d'avouer avoir agi par amour pour Suzy Rexy (Mona Goya), une cliente de l'hôtel, afin d'obtenir l'acquittement pour motif passionnel. Lors du procès, Léon prend la parole et déclare toute la vérité, à savoir son amour pour Charlotte, et casse tout le système de défense de son avocat.
Grâce à Charlotte, qui témoigne en accusant Bob que Léon ne voulait pas impliquer, toute la bande est arrêtée. Bob reconnaît l'innocence de Léon, celui-ci, libre et récompensé par Van Golden pour l'arrestation du malfrat, épouse Charlotte, ouvre son commerce… et tout finit comme ça avait commencé, par la chanson *C'est l'piston !*

Jeanne et André Raimbourg,
et Jeanne et Étienne Lorin,
en **vacances** à Cavalaire.

Un couple **uni**.

André et Jeanne devant
leur **Spider Chevrolet**.

Troisième épisode de la saga **Léon Ménard** (à noter « Bourvil » sur l'accordéon).

LE CŒUR SUR LA MAIN

Léon Ménard se retrouve bedeau à Yvetot (à quinze kilomètres de Bourville !), où il est organiste à l'église et accordéoniste les soirs de bal, ce qui provoque les coassements rageurs des grenouilles de bénitier. Pour la petite histoire, André joue de son propre accordéon ; les plus observateurs peuvent apercevoir le nom « Bourvil » indiqué sur la face avant de l'instrument. Mary Pinson (Michèle Philippe) est une artiste parisienne qui se produit en ville. Elle demande à Léon de remplacer son accordéoniste absent. Une photo parue dans la presse locale le lendemain montre Léon embrassé par la chanteuse, ce qui provoque la colère des paroissiennes et le renvoi du bedeau. Celui-ci décide de monter à Paris, où il se fait embaucher dans une guinguette, et retourne chez Mary Pinson lui expliquer sa mésaventure. La jeune femme, émue, l'engage comme répétiteur. À force de la côtoyer, Léon devient amoureux de l'artiste. Lors d'un bal où il joue avec ses amis, Léon abuse de la dive bouteille, se met à délirer, à raconter son histoire de bedeau… ce qui provoque l'hilarité des spectateurs… qui reviennent bientôt tous les week-ends, autant pour sa musique que pour ses monologues.

Grâce à un ami de Mary, Léon devient l'animateur puis le propriétaire d'une boîte à la mode, Le Piano à bretelles.

En illustration sonore, toujours des chansons d'Étienne Lorin et de Van Parys, comme *Sous la lune* et *Chanson anglaise* – cette dernière bénéficiant d'une chorégraphie toute bourvilienne.

Abusant de la naïveté et de l'amour que lui porte Léon, Mary lui soutire de l'argent en jouant le grand jeu. Mais celui-ci finit par s'en rendre compte en découvrant Mary dans les bras de son imprésario. Léon devient morose, ne s'occupe plus de son établissement et finit ruiné, jouant de son instrument au coin des ruelles. Remarqué par un directeur de cirque, Léon devient Léoni, le clown musicien, et une nouvelle vie commence pour lui parmi les gens du voyage.

Le film est résumé par Léon alors que son collègue lui demande pourquoi il est devenu clown : « J'étais bedeau, je suis tombé amoureux d'une belle fille, et je suis tombé de haut, et je m'en suis brisé le cœur. »

Mais l'amour refait surface dans la vie de Léon par l'entremise de mademoiselle Solange, la fille du directeur du cirque, qu'il finira par épouser.

La grande nouveauté de ce petit film ? Il montre un Bourvil romantique, déployant une facette méconnue de son immense talent d'acteur. Talent qu'il mettra encore quelques années à faire éclater au grand jour mais, en attendant, on est sûr que ce personnage ira loin.

Affiche **belge**.

Voilà que le klaxon du Spider se bloque en plein milieu d'un carrefour, Bourvil tape sur le volant, descend de son véhicule et, sous l'œil ébahi des passants qui le reconnaissent, donne des coups de pieds et des coups de poings sur le capot de son véhicule afin de rendre celui-ci au silence. Gag prémonitoire qui, plus tard, inspira probablement Gérard Oury pour *Le Corniaud.* Enfin à Cavalaire, les amis s'installent. Michel Lorin, qui est encore un gamin, se souvient de quinze jours magiques, une vraie cure de rire, André ne cessant de faire le pitre durant tout le séjour !

Affiche de **promotion** des disques Pathé.

Le deuxième semestre 1948 est aussi prolifique que le premier. À commencer par le tournage du *Cœur sur la main*, troisième épisode de la saga de Léon Ménard. Le canevas ne varie pas : la Normandie, le brave type qui monte à Paris… mais cette fois, il est décidé d'y inclure du sentiment et de l'émotion.

Côté musical, tout se passe plutôt bien également : Bourvil, qui enregistre en exclusivité chez Pathé Marconi depuis 1946, fait une infidélité à sa maison de disques – avec sa bénédiction – et met en boîte chez Philips

J'ÉTAIS **BEDEAU**,
JE SUIS TOMBÉ AMOUREUX D'UNE BELLE FILLE, ET JE SUIS TOMBÉ DE **HAUT**

Les Contes d'Hoffmann, de Jacques Offenbach, dans un tout autre registre : les rôles sont généralement distribués à des chanteurs d'opéra.
Mais Bourvil assume le risque et chante non pas un, mais plusieurs rôles : Frantz, Andrès, Cochenille et Pitichinaccio. À ses côtés, Raoul Jobin, ténor du répertoire français au Metropolitan Opera de New York dans le rôle d'Hoffmann, Renée Doria, Vina Bovy… soit la crème de la scène lyrique parisienne, accompagnée par l'orchestre de l'Opéra-Comique, sous la direction de André Cluytens. De l'avis général, Bourvil tire son épingle du jeu. Louis Aubert, de la revue *Opéra,* s'en félicite : « Le quadruple rôle attribué à l'irrésistible Bourvil doit littéralement, grâce à l'étonnante couleur dont il a su animer son personnage, élargir le public habituel du répertoire lyrique jusqu'à l'auditoire le plus populaire. »
Le coffret de seize 78 tours est accueilli unanimement par la critique et permet à Bourvil d'être reconnu comme un artiste à part entière dans les hautes sphères de la culture française.

En **voyage** avec Jeanne.

Duvaleix, Suzet Maïs et Bourvil.

LE BOUILLANT ACHILLE

Achille Poche (Bourvil) est régisseur et acteur des « Grandes tournées Racoli ». Le directeur de celles-ci (Duvaleix), apprenant par sa secrétaire (Madeleine Suffel) qu'Achille détient le billet gagnant de la loterie, soit quinze millions d'anciens francs, voit là le moyen de renflouer ses caisses et lui fait signer un contrat de deux ans en tant que vedette principale de sa troupe. Après la signature, Achille avoue avoir échangé son billet contre son ardoise au bistrot du coin. Arrive alors Caroline, épouse d'Achille, « partie acheter un timbre » douze ans plus tôt avec sa nièce Janine (Perrette Souplex) dont ils avaient la charge. De passage en France, Caroline (Suzet Maïs), qui a fait fortune en Afrique, vient pour arranger le mariage de Janine et de Gilbert Dufour, qui n'est autre que le fils Racoli. S'ensuivent de nombreux quiproquos et portes qui claquent, pour finir par l'union des jeunes Gilbert et Janine, et par l'amour retrouvé de Caroline et d'Achille.

En octobre, toute la troupe du *Maharadjah* s'installe à Bruxelles pour trois mois. À la fin d'un entracte, le fils de Lysiane Rey, qui s'est perdu dans les coulisses, tente de retrouver son chemin entre des palmiers et des bouts de décor quand soudain un grand soleil éblouit l'enfant, tandis qu'une musique tonitruante lui brise les tympans. Patrick Préjean, puisque c'est de lui qu'il s'agit, vient de faire ses débuts sur scène. Bourvil surgit sur le plateau pour excuser cette intrusion auprès du public : « Tu as encore le temps bonhomme ! » Il ne pense pas si bien dire : dix-huit ans plus tard, Préjean sera à l'affiche d'un de ses films, *Les Cracks*.

La troupe du *Maharadjah*, à Bruxelles, en compagnie de **Luis Mariano**.

Début 1949, André – sans cesser de jouer chaque soir – apprend parallèlement le texte de sa nouvelle pièce, *Le Bouillant Achille*, de Paul Nivoix. Celle-ci est rodée à Angers, avant la première parisienne le 26 février 1949 au Théâtre des Variétés.

Un autre défi se précise bientôt pour André : jouer – à bientôt trente-deux ans ! – les jeunes premiers. Henri-Georges Clouzot, réalisateur de *L'Assassin habite au 21*,

Clouzot impose à Bourvil de porter un **corset**, une **moumoute** et un **râtelier**

Le Corbeau et *Quai des Orfèvres* – soit trois films très noirs –, souhaite s'offrir une récréation sous la forme d'une comédie. Son choix se porte sur l'adaptation de *Miquette et sa mère,* d'après la pièce des auteurs populaires Robert de Flers et Gaston Arman de Caillavet.

Henri-Georges Clouzot s'est entouré de la crème des acteurs de l'époque : Louis Jouvet, Saturnin Fabre, Mireille Perrey et Pauline Carton. Il impose à Bourvil, pour paraître plus mince, de porter un corset, ainsi qu'une moumoute et un râtelier ; ses deux dents de devant, écartées, ne plaisent pas au réalisateur. Tout cela afin de le faire ressembler à un jeune premier, ce qui « pompe énormément » le fantaisiste. Pour la petite histoire, c'est sur le tournage de ce film que Clouzot rencontre la femme de sa vie, Véra, engagée comme script stagiaire.

Photo de **studio**.

Affiche **belge**.

LA TACA TACA TACATIQUE DU GENDARME

Le 29 juin 1949, *Le Cœur sur la main* sort dans les salles tandis qu'André est déjà reparti en tournage, sous la direction d'André Berthomieu, pour *Le Roi Pandore*, quatrième et dernier épisode de la saga de Léon Ménard. Alors que la critique salue le côté émotionnel de l'acteur dans le troisième épisode, ici on ne fait pas dans la dentelle et on reprend les grosses ficelles.
Le Roi Pandore sort le 31 mars 1950 et attire plus de trois millions six cent mille spectateurs. Gentiment navrant, le film est aujourd'hui tombé aux oubliettes, ce qui n'est pas le cas de la chanson générique, toujours fredonnée à l'heure actuelle dans la maréchaussée :
« La taca taca tacatique
Du gendarme,
C'est d'être toujours là
Quand on ne l'attend pas.
La taca taca tac tactique
Du gendarme,
C'est d'être perspicac'
Sous un p'tit air bonass'. »

MIQUETTE ET SA MÈRE

En 1900, à Casteldon, petite ville de province, vivent Miquette Grandier (Danièle Delorme) et sa mère (Mireille Perrey), qui exploite une mercerie-bureau de tabac. Ayant assisté à une représentation du *Cid* de Corneille jouée par Monchablond (Louis Jouvet) et sa troupe, Miquette rêve de théâtre… mais aussi d'amour ! L'objet de son émoi n'est autre qu'Urbain de la Tour Mirande (Bourvil), neveu du marquis Aldebert de la Tour Mirande (Saturnin Fabre). Cet amour étant réciproque, l'histoire pourrait s'arrêter là, mais monsieur le marquis, tuteur du jeune homme, s'oppose à cette union : il a décidé de fiancer Urbain à une demoiselle Mercadier, qui a le nez de travers mais est fille de riches industriels. Urbain n'ose s'opposer à une telle décision.
Le marquis, qui est un vieux coquin, ayant annoncé la nouvelle à Miquette, profite de la situation pour prendre la jeune femme effondrée sous sa protection et lui promet de la lancer au théâtre… dans l'espoir de la mettre dans son lit. À Paris, il l'installe dans son hôtel particulier, où elle retrouve Monchablond, qui tombe également sous son charme.
Ayant appris les manigances de son oncle, Urbain débarque à Paris pour reprendre Miquette. Devant le refus de son oncle, il casse toute la décoration du salon.
La jeune femme, contre toute attente, prend le parti du vieil homme : elle se venge de la lâcheté passée de son fiancé.
Miquette retrouve Monchablond, qui l'engage dans sa troupe. Madame Grandier, à la recherche de sa fille, est également recrutée – à sa grande surprise – parmi les comédiens. Partie en tournée, des fleurs attendent Miquette dans chaque hôtel où les comédiens font étape, envoyées par un inconnu qui n'est autre qu'Urbain. L'apprenant, elle succombe, tandis que sa mère joue et perd au casino la recette de la troupe… avant de tomber sous le charme du marquis qui rembourse ses dettes et l'épouse !

À la une de *Cinémonde* avec **Danièle Delorme**.

Le **gendarme Ménard** et la reine Marika de Sergarie.

Affiche **belge**.

LE ROI PANDORE

Léon est cette fois gendarme à Vauchassis-sur-Serein. Un certain Monsieur Cochard (Georges Lannes) fait irruption dans sa vie, et lui révèle qu'il est le fils naturel du baron Zlotisko, banquier en Sergarie, et que ce dernier, venant de décéder, lui laisse en héritage toute sa fortune, soit neuf cent cinquante millions de francs.

Stupéfait et ravi par cette nouvelle, Léon continue malgré tout son métier de gendarme, après s'être offert quelques aménagements modernes dans son logement de fonction. À des milliers de kilomètres de là, la reine Marika de Sergarie (Mathilde Casadesus) se démène dans des problèmes financiers qui ont conduit son pays au bord du gouffre. La Reine se rend donc en France afin de demander assistance au gendarme Ménard, quitte à user de ses charmes. Tombant amoureux, ils convolent et repartent en Sergarie. Hélas, le soir même de leur arrivée, la révolution éclate et les souverains prennent la fuite pour revenir en France.

Ménard, qui en partant avait confié ses économies à Cochard, se retrouve sans le sou, ce dernier ayant emporté la fortune en fuyant avec la caissière du café de Vauchassis. Retour à la case départ : Léon reprend son travail de gendarme, mais cette fois avec à son côté sa royale épouse.

Départ de la Gare Saint-Lazare, direction les Amériques.

U.S.A., NOUS VOILÀ !

André donne le départ du **Tour de France 1949**.

*IL APPREND L'***ANGLAIS** *DEPUIS PLUSIEURS ANNÉES EN* **AUTODIDACTE**

André, Jeanne et Frédéric O'Brady à **New York**.

Début juillet 1949 s'est jouée la dernière du *Bouillant Achille*. Bourvil est aussitôt embarqué sur le Tour de France cycliste, dans la caravane publicitaire. Chaque soir, tour de chant !

Puis, après quelques semaines de vacances bien méritées, il prépare une tournée au Canada avec Max Révol et la troupe « Les Burlesques de Paris ».

En chemin, André fait une escale à New York ; en attendant, il travaille d'arrache-pied avec Frédéric O'Brady pour la traduction en anglais de ses chansons et monologues. O'Brady, personnage touche à tout, est une vieille connaissance : il a été son partenaire dans *Blanc comme neige* et *Le Roi Pandore*. Comédien, mime, marionnettiste, peintre, compositeur et poète, il lui donne un coup de main, bien que Bourvil ne soit pas un novice face à la langue de Shakespeare : il apprend l'anglais depuis plusieurs années en autodidacte.

Mais les conseils d'O'Brady se révèlent très utiles pour glisser dans les textes quelques subtilités bienvenues.

Le départ a lieu à la mi-décembre à bord du *Queen Elizabeth* ; André préfère le bateau car Jeanne, qui l'accompagne, attend un heureux évènement pour le mois d'avril ; il lui est déconseillé de prendre l'avion. Et puis une croisière en amoureux, avec deux réveillons au programme, sur l'un des plus beaux paquebots du monde, ça ne se refuse pas !

Lors de la traversée, André se produit devant le duc d'Édimbourg dans le petit théâtre du navire. Celui-ci est hilare et invite le couple à sa table. Frédéric O'Brady et André sont aux anges : les textes anglais font mouche.

Le 19 janvier 1950, André, son imprésario André Trives et toute sa bande sont attendus chez la Môme Piaf, qui se produit tous les soirs au cabaret Le Versailles. Ils sont reçus dans ses appartements de la 50e rue. Au menu, gigot et frites. La conversation va bon train lorsqu'Édith bondit : « J'ai une idée, Bourvil ! Viens avec moi au Versailles ce soir : après mon tour de chant, je te présenterai

André en compagnie des **Four Step Brothers**, groupe américain de claquettes.

au public et tu vas chanter tes chansons en anglais… Fais-le pour moi, avant de partir pour Montréal. D'accord ? »
O'Brady et André courent jusqu'à l'hôtel Edison, André pour enfiler son costume de scène, et Frédéric son smoking. Les voici au Versailles, la Môme vient de finir de chanter *La Vie en rose* dans sa version anglaise et fait une allocution improvisée : « *Ladies and gentlemen, my friend Bourvil, the great french comic actor* ! ». Frédéric remplace alors le pianiste d'Édith, fait signe à l'orchestre, et tous ensemble ils attaquent *Houpetta la Bella*… en anglais.
Up in the hills,
the smuggler's daughter…
Ça marche, le public crie, une femme est prise de fou rire, elle hurle. André interprète trois chansons ainsi que son monologue sur les *Si bémol*. Un vrai succès : si la Môme Piaf a suscité des larmes de tristesse, Bourvil a fait pleurer des larmes de rire. Ce soir-là, le public en a eu pour son argent !

REGARDEZ ! C'EST BOURVIL ! C'EST BOURVIL !

Le lendemain, départ pour Montréal. André, Jeanne et Frédéric découvrent le Grand Nord, la neige omniprésente. « Les Burlesques de Paris » de Max Révol présentent un programme qui réunit Roger Pierre, Jean Richard, Darry Cowl (en tant que pianiste) et Bourvil. Un après-midi qu'André, Jeanne et Roger Pierre discutent dans un salon de thé, des étudiants en goguette reconnaissent la vedette française. « Regardez, c'est Bourvil, c'est Bourvil ! » Bientôt la foule grossit. Le patron de l'établissement, craignant pour ses vitrines, demande à l'artiste l'autorisation de faire entrer les jeunes pour une séance de dédicaces. Ravi et honoré, André accepte et commence la séance de signatures. Jean Richard, qui passe par là, se joint discrètement au groupe de fans ;

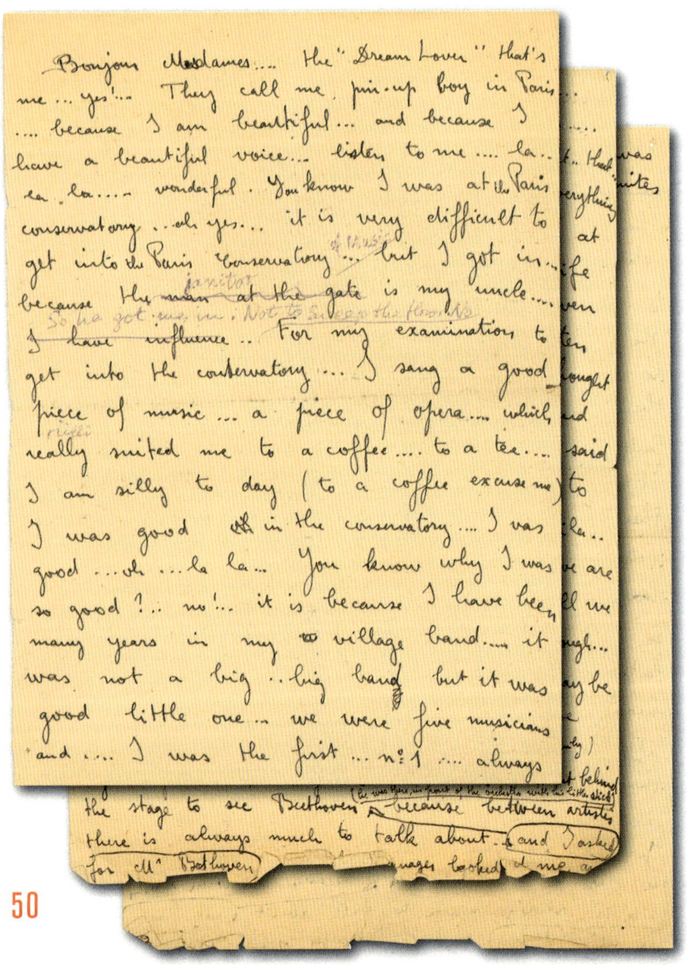
Bonjour Mesdames.... the "Dream Lover" that's me ... yes!... They call me pin-up boy in Paris ... because I am beautiful... and because I have a beautiful voice... listen to me .... la.. la.. la.... wonderful. You know I was at the Paris conservatory ...oh yes... it is very difficult to get into the Paris Conservatory of Music... but I got in... because the janitor ~~man~~ at the gate is my uncle.... So he got me in; Not to Sweep the Floors ~~I have influence~~.. For my examination to get into the conservatory ... I sang a good piece of music ... a piece of opera.... which really suited me to a coffee.... to a tee.... I am silly to day (to a coffee excuse me) I was good oh in the conservatory.... I was good ...oh ...la la... You know why I was so good ?.. no!.. it is because I have been many years in my village band.... it was not a big ..big band but it was good little one.. we were five musicians and .... I was the first ... n°1 ... always
… the stage to see Beethoven because between artists there is always much to talk about. and I asked for Mr Beethoven …

Manuscrit en **anglais** de sketches.

...PROGRAMME...

★

PREMIERE PARTIE

Vous nous reverrez par la suite :
dans

OBSTINATION ET CALOMNIE

(Nous tenons à signaler à notre honorable clientèle que M. Bernard Charlan a été engagé par erreur)

★

JEAN TRISTAN

Professeur de clarinette
6, Rue de l'Abreuvoir — Leçons à toute heure
Prix de conservatoire — Prix modérés

★

MIMI LA MYOPE

★

VISAGES AIMES

Tête de l'Histoire — Têtes de la Science
Têtes de l'Art

★

JEAN TRISTAN

(Professe aussi le violoncelle—voir adresse plus haut)
Prix de conservatoire—Prix plus chers
(Fournir l'instrument)

★

MAX REVOL

professeur d'Art Dramatique, médaille de bronze avec palmes du Conservatoire de Chavillons-le-Petit (Lot et Garonne) est heureux de vous présenter quelques éléments d'élite de son école dramatique dans :

LE COUP DE ROUGE

Scène réaliste

L'homme équilibré .... *Max Revol*
Le dégénéré .... *Jean Richard*
La fille de peu .... *Benoiste Lab*

★

GIL BAST

(Surplus au programme trouvé sur le bateau. Mille excuses !)

★

LES QUATRE TRAVAILLEURS DU CHAPEAU

★

SYMPHONIE RYTHMIQUE ET A BARBE

VOUS M'AVEZ RECONNU ?

QUELLE HEURE EST-IL ?

FINISSONS-EN AVEC LA 1ère PARTIE

CANADIAN CONCERTS AND ARTISTS, INC.
par accord avec LEO FINISTERE *présente*

UNE PRODUCTION RICHARD

BOURVIL

et

LES BURLESQUES DE PARIS

LA COMPAGNIE MAX REVOL

qui vous salue dans l'ordre suivant :

Mr. Loyal	Alain BOUVETTE
Ben Smith	Billy BOURBON
Les Bateleurs	Max REVOL
	Gil BAST
La femme canon	Jeanine ALAIN
L'Homme à tout faire	Bernard CHARLAN
La funambule	RAYNE
La femme serpent	Benoiste LAB
Le tragédien	Jean TRISTAN
Le jeune premier	Roger PIERRE
Le comique	André GORNET
Le retardataire	Jean RICHARD

CE QU'IL FAUT SAVOIR DES BURLESQUES DE PARIS

Le spectacle que vous allez subir a été mûri longuement dans le cerveau génial de M. MAX REVOL, qui l'a mis en scène.

* * *

L'orchestre est dirigé par M. Dary Cowl qui a écrit les musiques nouvelles (sans grande originalité).

* * *

M. Mellano de Cassina a barbouillé des bouts de bois qui tiendront lieu de décors.

* * *

La tournée est administrée par M. André Guerbilsky (un homme très bien).

* * *

M. André Gornet (un garçon pas mal non plus) en assure la régie générale.

* * *

Les comédiens les plus respectueux considèrent M. Jean Richard comme leur Directeur.

M. Bourvil, boute-en-train pour noces et banquets, joue sur basse normande.

* * *

Les chaussures portées par M. Jean Richard au 2ème acte sont des chaussures "Batau" (succursales dans toute la France).

* * *

La lotion "VIVIPAR" donne à la chevelure de M. Max Revol ce reflet que vous aimez.

* * *

Mme Benoiste Lab n'est pas mieux peignée à la ville qu'à la scène.

* * *

M. Billy Bourbon ne marche qu'à l'alcool.

* * *

"Epave d'un soir" le chapeau porté par Mme Benoiste Lab dans la scène des "Travailleurs du Chapeau" est un modèle des Grands Magasins Prisunic, série "soldes".

* * *

M. Roger Pierre est beaucoup plus drôle à la ville qu'à la scène.

...PROGRAMME...

★

DEUXIEME PARTIE

On prend les mêmes et on recommence

★

Cinq minutes de travail dans la cage centrale :
(personnes sensibles s'abstenir)

★

RAYNE

Professeur de bonnes manières
41, Rue des Ecarts
est à votre disposition

SIR BOURVIL
(futur médaillé du Mérite Agricole)
présente
"VISIONS FUGITIVES"
production à grand spectacle

HYPNOSE

Le sujet : M. Billy Bourbon, n'est pas truqué

★

CARTE POSTALE 1900

★

"PLACE A LA GRANDE MUSIQUE"
par

BOURVIL

Ex-exécutant de la fanfare de Fouzy-les-Ridelles

★

SIX DE LA MACHINERIE

★

IMPRIMÉ PAR ERREUR

FINAL GRANDIOSE

~~Défilé en fanfare~~
~~Prise de la casbah d'Abd-el-Kader~~
~~(28 chameaux — 62 chevaux)~~
~~Figuration de toute couleur~~
~~Eruption du Vésuve~~
~~La perle du Bengale (12 éléphants — 2 tigres)~~
~~Final à cheval par toute la troupe,~~
~~avec les trompettes d'Aïda~~

★

FINAL NORMAL

Il n'est de meilleure Société qui ne se quitte
Au revoir
Congratulations
Serrements de mains
Accolades
Embrassades
Expansivité
Bonsoir
Bonne nuit

MONTREAL: His Majesty's: 14 au 20 jan. — TROIS-RIVIERES: Capitol: 26 jan. — QUEBEC: Palais Montcalm: 27-28-29 jan. 1950

Le piano est fourni gracieusement par la maison ED. ARCHAMBAULT INC. — En collaboration avec M. EMILE CAOUETTE

Programmes: PAUL MAUGE, 3520 McTavish, Montréal, MArquette 9706.

Page 8 — Page 9

Couverture (ci-contre)
et **programme**
de la tournée canadienne.

André et « **Les Burlesques de Paris** ».

quand arrive son tour, il donne son bout de papier à André qui n'a pas levé les yeux. Jean le reprend, tout content. Surprise à la lecture de la dédicace : « Grand con ». Signé : « Bourvil ».

Retour en France pour préparer la venue du premier enfant, assister à la première du *Roi Pandore* et apprendre son rôle pour le prochain film… et pas n'importe lequel ! Marcel Pagnol a en effet décidé de tourner une nouvelle version du *Rosier de Madame Husson*, d'après la nouvelle de Guy de Maupassant, normand de naissance. Dans un film de 1932, le rôle-titre était interprété par Fernandel ; malgré ses propres racines provençales, Pagnol avait trouvé le Marseillais peu crédible. Il signe donc une nouvelle adaptation, dialogues compris, et suggère que cette fois le Rosier soit joué par un Normand et réalisé (par Jean Boyer) en Normandie ! Le tournage débute le 24 avril 1950 mais s'interrompt déjà le 28 : André est au chevet de Jeanne, qui vient de mettre au monde un petit garçon prénommé Dominique. La mère et l'enfant se portant bien, Bourvil se remet aussitôt au travail.
Lors du tournage de la scène de la remise du Prix au Rosier, il est prévu que Bourvil traverse le village. Jean Boyer, souhaitant le plus de naturel possible, ne prévient pas la foule rassemblée pour la « vraie » fête du village ; bien sûr, la populace ne tarde pas à reconnaître la vedette et l'apostrophe : « Oh ! Bonjour Bourvil. Vive Bourvil ! » Mais l'acteur, dans son rôle, doit continuer à jouer le benêt de service. Du coup, au grand déplaisir d'André, beaucoup le prennent pour l'authentique naïf de ses rôles précédents. Pour l'anecdote, notez que lors de cette fête, la fanfare est dirigée par l'ami fidèle, Étienne Lorin, qui a d'ailleurs composé la musique du film, en collaboration avec Paul Misraki.

L'acteur, dans son rôle, joue au **benêt** de service

Naissance de **Dominique**.

Maintenant que la famille s'est agrandie, André prend la décision de réserver à l'avenir le mois d'août à sa Jeanne, à leur enfant et aux vacances… qui, en général, se prennent à Bourville, dans la ferme familiale.
À la rentrée 1950, il enregistre *Le Grand Dindon blanc*, chanson du *Rosier de Madame Husson*, et *C'est la fille à tout le monde*, puis reprend son émission sur Radio-Luxembourg désormais intitulée « Le Café du coin », produite par Jean-Jacques Vital sur des textes de Maurice Horgues et Robert Rocca.

Affiche française par
Guy-Gérard Noël.

LE ROSIER DE MADAME HUSSON

Madame Husson (Germaine Dermoz) crée avec quatre amies – dont la comtesse de Blonville (Mireille Perrey) – un Prix de vertu de cent mille francs appelé La Rosière, censé récompenser une jeune fille ayant gardé la fraîcheur et la pureté de la rose. Ayant passé en revue toutes les demoiselles du canton, le comité désigne la fille du maire. Mais ce dernier, qui veut la marier sans tarder, refuse le prix qui pourrait gâcher les recherches de fiancé. Faute d'un accord avec les membres du conseil municipal, le comité trouve comme solution de désigner Rosier Isidore (Bourvil), le benêt du village, qui est la convoitise de bien des filles du pays, parmi lesquelles la jolie Marie (Yvette Etiévant), qui voudraient le débaucher juste pour rire.
Lorsqu'arrive le grand jour de la remise du Prix, le Rosier, tout de blanc vêtu, traverse le bourg précédé par la fanfare. Après un banquet un peu trop arrosé, Isidore quitte la table pour se promener dans la campagne. Il rencontre une bergère près d'un étang, mais pris d'un coup de sang il tente de se noyer. La jeune fille, croyant que le jeune homme s'est suicidé, prévient les autorités. En réalité, le soi-disant idiot du village veut se rendre à Paris, où l'emmène la comtesse de Blonville qui l'héberge dans son hôtel particulier… et le déniaise, ce qui le transforme du tout au tout. Alors qu'on sonde l'étang pour retrouver le corps, Isidore envoie un télégramme pour annoncer son retour deux jours plus tard, le temps de profiter encore des bienfaits de la comtesse. Il revient complètement métamorphosé, sur un vélo de course, vêtu d'un superbe costume sport offert par sa bienfaitrice. Après avoir affronté sa mère, qui l'a entretenu dans sa naïveté et sa gaucherie, Isidore rend visite à Marie, pour qui il a toujours eu le béguin. Les jeunes gens s'enferment dans une grange et n'en sortent que quelques heures plus tard, sous les yeux ébahis des gendarmes et du comité du Rosier, prévenus par la bergère qui les a aperçus. Le mariage est décidé, et Isidore déclare fièrement que s'il y a bien une fille qui méritait le Prix de vertu, c'est sa fiancée… à qui il remet séance tenante les cent mille francs.

Sur le **tournage** du *Rosier de Madame Husson*.

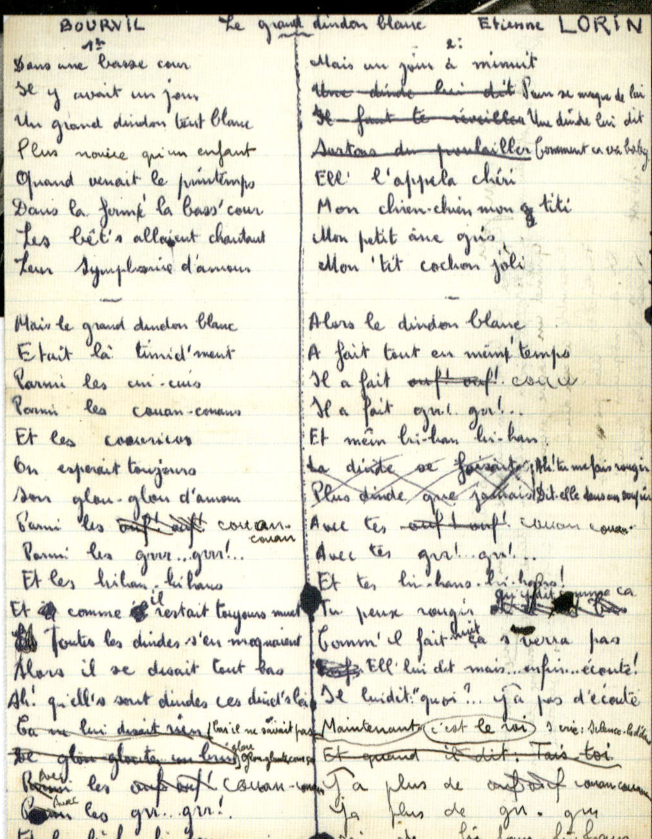

BOURVIL Le grand dindon blanc Etienne LORIN

1.

Dans une basse cour
Il y avait un jour
Un grand dindon tout blanc
Plus novice qu'un enfant
Quand venait le printemps
Dans la ferm' la bass' cour
Les bêt's allaient chantant
Leur symphonie d'amour

Mais le grand dindon blanc
Etait là timid'ment
Parmi les cui-cuis
Parmi les couan-couans
Et les cocoricos
On espérait toujours
Son glou-glou d'amour
Parmi les ~~ouf! ouf!~~ couan-couan
Parmi les grrr.. grr!..
Et les hi-han.. hi-hans
Et comme il restait toujours muet
Toutes les dindes s'en moquaient
Alors il se disait tout bas
Ah! qu'ell's sont dindes ces dind's là
Avec les ~~ouf ouf!~~ couan-couan
Avec les grr.. grr!
Et les hi-han hi-hans

2.

Mais un jour à minuit
~~Une dinde lui dit~~ Pour se moquer de lui
~~Il faut te réveiller~~ Une dinde lui dit
~~Sultan du poulailler~~ Comment ça va bébé
Ell' l'appela chéri
Mon chien-chien mon titi
Mon petit âne gris
Mon 'tit cochon joli

Alors le dindon blanc
A fait tout en mêm' temps
Il a fait ~~ouf! ouf!~~ couan
Il a fait grr.. grr!..
Et mêm hi-han hi-han
~~La dinde se fâchait~~ Ah! tu me fais rougir
~~Plus dinde que jamais~~ Dit-elle dans un soupir
Avec tes ~~ouf ouf!~~ couan couan
Avec tes grr!.. grr!..
Et tes hi-hans.. hi-hans!
Tu peux rougir
Comm' il fait nuit ça s'verra pas
Ell' lui dit mais... enfin... écoute!
Il lui dit: "quoi?... y a pas d'écoute
Maintenant c'est le roi
~~Et quand il dit: Tais-toi~~
Y a plus de ~~ouf ouf~~ couan couan
Y a plus de grr.. grr
Y a de hi-hans.. hi-hans

Sur le zinc,
en compagnie
de Jacques Grello.

SI JE N'AI PAS MON **VERYGOOD,**

JE **BOUDE** !

Manuscrit
du *Grand dindon blanc.*

En famille avec sa sœur Denise (au premier plan), son frère René et son épouse.

En compagnie de **Bruno Coquatrix**.

Non non disait Léonard
non non, j'veux pas de Pommard
non non, j'veux pas de homard

André joue le rôle de Monsieur Chose ; son barman est Jacques Grello. Le principe de l'émission est simplissime : une discussion autour d'un comptoir sur l'actualité du moment, traitée sous la forme humoristique. L'émission est sponsorisée par la limonade Verygood, et Bourvil de déclamer régulièrement un slogan qui se transforme illico en expression populaire, d'autant qu'il s'amuse à le prononcer de la façon la plus incongrue qui soit : « Si je n'ai pas mon Verygood, je boude ! ».

Il est temps pour les Raimbourg d'emménager dans un nouvel appartement, où le petit Dominique aura sa chambre pour lui tout seul. Après quelques travaux, la petite famille s'installe au 18, rue Jean-Goujon, dans le très chic 8e arrondissement de Paris, à deux pas de l'avenue Montaigne, du Pont de l'Alma, et surtout de Radio-Luxembourg.
Bourvil attaque bientôt les répétitions d'une nouvelle opérette à grand spectacle : *M'sieur Nanar*. En vedette féminine, un *sex symbol* de l'époque : Tilda Thamar, trente-trois ans, blonde hollywoodienne – quoique originaire d'Argentine – qui mène à l'époque une jolie carrière européenne. Le rôle d'André est physique et spectaculaire : il doit courir, grimper à la corde, et même lutter contre un champion de catch, Charles Rigoulot !

Les décors sont grandioses et la distribution fournie (une trentaine de rôles) : Jean-Jacques Vital, Pierre Ferrari et André Hornez ont vu grand.
La musique est à nouveau signée Bruno Coquatrix et la mise en scène est de Pasquali.
Lors de cette première rencontre avec Tilda Thamar – qui sera à nouveau sa partenaire dans *Le Chanteur de Mexico* –, Bourvil, comme le public, est impressionné par les robes sexy portées au cours du spectacle par cette bombe latino. La première a lieu le 23 décembre 1950 au Théâtre de l'Étoile, où il est prévu que l'opérette soit jouée pendant six semaines. Le succès étant au rendez-vous, elle sera reprise du 24 mars au 15 avril 1951 au Théâtre des Variétés. La chanson principale du spectacle, interprétée par Bourvil, connaît un petit succès en radio :
« Non non disait Léonard
non non, j'veux pas de Pommard
non non, j'veux pas de homard
il était difficile Léonard. »

Les **principaux acteurs**, entourés des enfants de la colonie.

Affiche pour la première série de représentations de *M'sieur Nanar* au Théâtre de l'Étoile.

M'SIEUR NANAR

Nanar est l'inventeur d'un essuie-glace à musique dont la mise au point lui prend toutes ses soirées. Le jour, il est professeur de gymnastique dans une colonie de vacances au bord de la mer. Mais voilà qu'il est enlevé par Kathia (Tilda Thamar) en lieu et place d'un savant atomiste mouillant son yacht non loin de la plage de la colonie de vacances. Les rebondissements sont nombreux, comme il se doit, et plus invraisemblables les uns que les autres : Nanar se retrouve échoué en Hollande, puis dans un cirque où il affronte en combat singulier Charles Rigoulot, l'homme le plus fort du monde, il rencontre l'amour en la personne de Jeannette (Geneviève Kervine), cheftaine de la colo', qui le délivrera à l'aide des enfants.

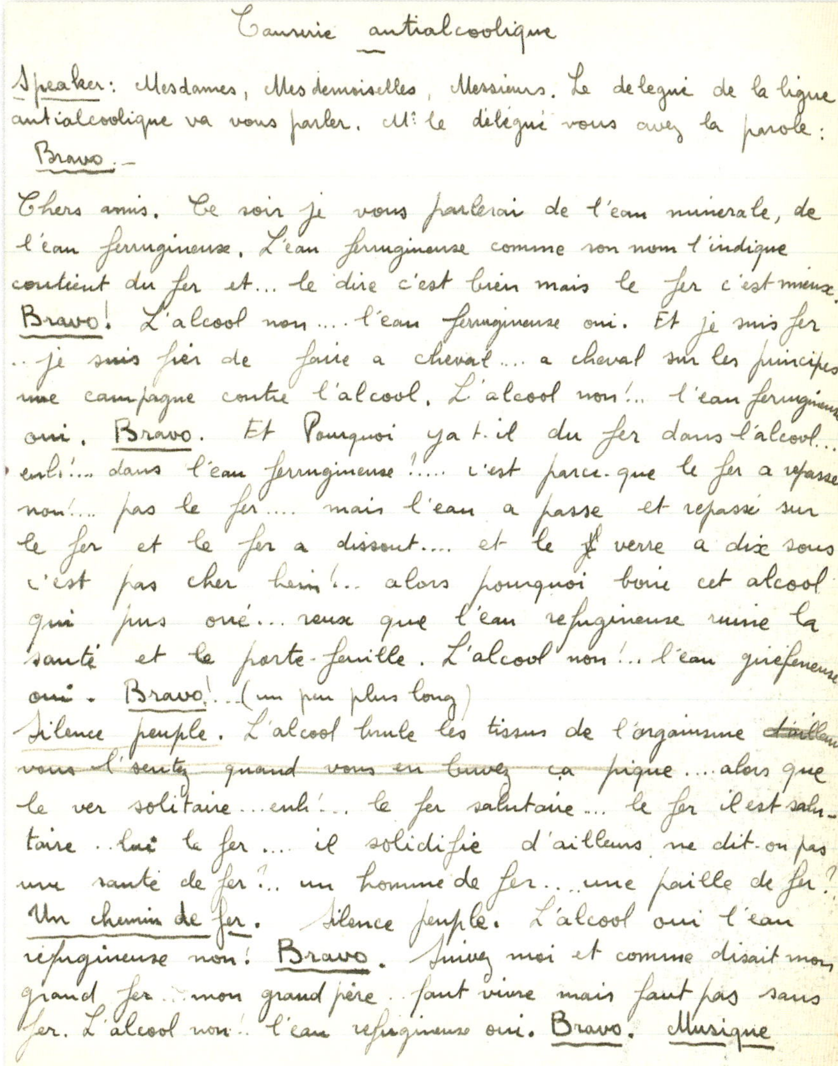

Causerie antialcoolique

Speaker : Mesdames, Mesdemoiselles, Messieurs. Le delegué de la ligue antialcoolique va vous parler. M^r le délegué vous avez la parole :
Bravo. –

Chers amis. Ce soir je vous parlerai de l'eau minerale, de l'eau ferrugineuse. L'eau ferrugineuse comme son nom l'indique contient du fer et… le dire c'est bien mais le fer c'est mieux. Bravo ! L'alcool non…. l'eau ferrugineuse oui. Et je suis fer .. je suis fier de faire a cheval… a cheval sur les principes une campagne contre l'alcool. L'alcool non !.. l'eau ferrugineuse oui. Bravo. Et Pourquoi ya t-il du fer dans l'alcool… euh !… dans l'eau ferrugineuse !…. c'est parce que le fer a repasse, non !… pas le fer…. mais l'eau a passe et repassé sur le fer et le fer a dissout…. et le verre a dix sous c'est pas cher hein !.. alors pourquoi boire cet alcool qui pus oué… veux que l'eau refugineuse ruine la santé et le porte-feuille. L'alcool non !.. l'eau gruefeneuse oui. Bravo !…(un peu plus long)
Silence peuple. L'alcool brule les tissus de l'organisme ~~d'ailleurs vous l'sentez quand vous en buvez~~ ça pique… alors que le ver solitaire… euh !.. le fer salutaire… le fer il est salutaire .. lui le fer…. il solidifie d'ailleurs ne dit-on pas une santé de fer ?.. un homme de fer… une paille de fer ? Un chemin de fer. Silence peuple. L'alcool oui l'eau refugineuse non ! Bravo. Suivez moi et comme disait mon grand fer… mon grand père .. faut vivre mais faut pas sans fer. L'alcool non !. l'eau refugineuse oui. Bravo. Musique

Manuscrit de *La Causerie anti-alcoolique.*

En ce début d'année 1951, André contacte également son ami Roger Pierre : « J'aimerais que tu m'écrives un monologue comme celui de Jean Richard, l'histoire d'un poivrot… » Effectivement, vêtu d'un costume militaire, Jean récolte un franc succès avec son récit d'une soirée particulièrement arrosée. André joue le sien en civil, c'est devenu un classique : *La Causerie anti-alcoolique.*
« L'eau ferrugineuse, comme son nom l'indique, contient du fer.
Le dire c'est bien, mais le fer, c'est mieux !
L'alcool, non ! Mais l'eau ferru… l'eau ferrugineuse, oui ! (…)
D'ailleurs ne dit-on pas "une santé de fer" ? Hummmm ? "Un homme de fer" ? Hummmm ? "Un chemin de fer" ? "Un mammifère" ? »

Bourvil enchaîne sur un nouveau tournage, son deuxième film d'affilée avec Jean Boyer : *Le Passe-muraille*, d'après une nouvelle de Marcel Aymé. En fait, il ne s'agit pas d'un, mais de deux tournages, puisqu'une version anglaise est tournée simultanément, sous le titre *Mister Peek-a-Boo*, avec une distribution légèrement différente : Raymond Souplex est remplacé par Payne Williams, Gérard Oury par Charles Jarrell… Notons au passage qu'il s'agit de la première rencontre entre Oury, encore comédien, et son futur comédien fétiche du *Corniaud*, de *La Grande Vadrouille* et du *Cerveau*, quand il sera passé de l'autre côté de la caméra. Dans les deux versions l'actrice britannique Joan Greenwood interprète le rôle de Lady Brockson, dite Susan, donnant la réplique à Bourvil dans le rôle de Léon Dutilleul, ainsi qu'à Frédéric O'Brady, l'ami qui l'avait accompagné durant son voyage aux États-Unis.
Les dialogues sont d'un jeune auteur prometteur nommé Michel Audiard, dont c'est l'un des premiers films. Déjà, il est en verve, notamment lorsque Léon arrive à son travail avec son cornet à pistons :
« Son chef. – Mais ma parole c'est un clairon !
Léon. – Oh non chef, c'est un piston !
Son chef. – Clairon ou piston, cela n'a rien à faire ici !
Léon. – Oh pourtant le piston, au Ministère de l'enregistrement… »

L'ALCOOL, NON ! MAIS L'EAU FERRU… L'EAU FERRUGINEUSE, OUI !

L'adaptation de sa nouvelle ne plaît pas du tout à l'écrivain Marcel Aymé ; les auteurs ont pris de grandes libertés avec le texte initial (long d'une dizaine de pages à peine), mais ce qui fait vraiment enrager l'auteur de *La Vouivre* et de *Travelingue*, c'est la présence à l'affiche de Bourvil, pour qui il a peu de considération. Il le rend personnellement responsable de l'échec du film, qui totalise cependant deux millions cinq cent mille entrées. Bourvil est déçu par la réaction d'Aymé, qui va à nouveau se dresser sur son chemin lorsque ce dernier apprendra qu'il a été choisi par Claude Autant-Lara pour jouer dans *La Traversée de Paris*, l'adaptation d'un de ses romans.

Affiche **américaine**.

Projet d'affiche par **Morvan**.

LE PASSE-MURAILLE

Léon Dutilleul, petit fonctionnaire au Ministère de l'enregistrement, vivant dans un appartement avec sa sœur et son beau-frère, découvre un matin qu'il possède le don de traverser les murs. Surpris, il se confie à son ami Gen-Paul (Raymond Souplex), qui lui conseille d'en profiter pour partir à la découverte des endroits cachés de Paris : les vestiaires des maisons de couture, les palaces… C'est lors d'une visite dans un grand hôtel que Léon rencontre Susan (Joan Greenwood), souris d'hôtel travaillant pour le compte de Maurice (Gérard Oury). La surprenant alors qu'elle commet un larcin, Léon rend les bijoux à leur propriétaire, puis il met Susan en garde… et s'arrange pour la rencontrer de nouveau. Il est tombé amoureux, elle n'en a cure. Léon décide donc de profiter de son pouvoir et de devenir le plus grand cambrioleur de France sous le nom de Garou-Garou, dans le but, une fois célèbre, de se faire arrêter, de se retrouver en première page des journaux et de se faire reconnaître de son aimée ! Son plan fonctionne à merveille. Garou-Garou rend tout son butin, est libéré et finit par perdre son pouvoir surnaturel après avoir embrassé Susan pour la première fois…

Toute l'**équipe technique** du *Passe-muraille*.

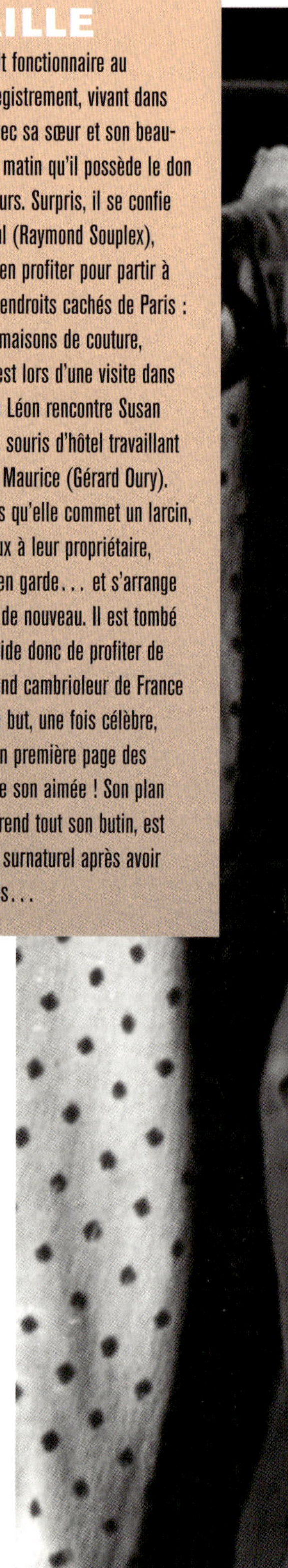

Bourvil dans *Le Passe-muraille.*

GAUMONT DISTRIBUTION présente Une Production de la Sté Nle des FILMS MARCEL PAGNOL EMINENTE FILMS (J. MARTINETTI)
BOURVIL
BAR
SEUL DANS PARIS
UN FILM DE HERVÉ BROMBERGER
SCÉNARIO ORIGINAL D'ALEX JOFFÉ
DIALOGUES D'ALEX JOFFÉ et JACQUES BERLAND
GAUMONT
GAUMONT DISTRIBUTION, 9, rue Christophe-Colomb, PARIS Tél: BAL. 44-04

Seul dans le **métro** parisien.

SEUL DANS PARIS

En cette veille de 14 juillet, Henri (Bourvil), jeune paysan normand, et son épouse Jeannette (Magali Noël) partent en voyage de noces pour la Côte d'Azur. Arrivés à Paris, en visitant la capitale, ils se perdent de vue dans le métro. Henri va de station en station à la recherche de sa bien-aimée. Dans Paris en fête, Henri est déboussolé ; il se rend au commissariat, retourne dans les endroits fréquentés pendant la journée, puis visite des cousins (Georges Baconnet et Claire Olivier) qui l'aident dans ses recherches. Épuisé, Henri s'endort sur un banc. Des malandrins en profitent pour le dépouiller de ses bagages. Emmené au poste pour vagabondage, Henri joint par téléphone ses cousins qui lui donnent enfin des nouvelles de son épouse. Henri la retrouve à la gare. Jeannette est transformée, elle arbore une nouvelle coiffure, des vêtements à la mode et a un petit bouquet dans son sac à main. Que s'est-il donc passé durant la nuit ? Henri est sur le point de la quitter, mais Jeannette lui redit son amour… et tout est bien qui finit bien !

À gauche, affiche française par **Marvasi.**

À droite, **Magali Noël** et André Bourvil.

Jusqu'en **1951**, je n'ai fait que des choses **drôles**

Mais un autre tournage l'attend déjà, ainsi que de nouvelles émissions sur Radio-Luxembourg et, pour finir l'année, une grande tournée à travers la France ! *Seul dans Paris*, produit par Marcel Pagnol, devenu l'ami des Raimbourg, est le titre pas bien gai d'un film qui ne l'est pas plus, et propose un contre-emploi total pour André, bien loin des benêts du village de ses premiers films. Certes, le rôle est encore celui d'un paysan venu de sa province, mais le côté dramatique domine l'histoire. À la sortie du film, la presse n'est vraiment pas tendre avec André : alors qu'elle lui reprochait auparavant d'en faire trop dans le côté comique, elle critique à présent ses excès dramatiques. L'accueil du public est également mitigé : on lui a échangé le rigolo de service pour un personnage qui fait pleurer ! Bourvil devra attendre encore de longues années avant de démontrer son talent dans tous les registres. Il s'en doute peut-être ; une phase de sa carrière s'achève. Elle va bientôt repartir de plus belle, mais après une période délicate, qui nécessite une profonde remise en question.

LA ROUTE FLEURIE

Accueil triomphal à **Liège**.

À JOINVILLE-LE-PONT **PON-PON** !

TOUS DEUX NOUS IRONS **RON-RON** !

À la rentrée de septembre 1951, André est à l'antenne de Radio-Luxembourg pour deux émissions : « Les Aventures de Bourvil », nouvelle série de dialogues et monologues comiques écrits par Robert Picq, et « Soucoupes volantes », avec Jean Nohain : André y joue le Professeur Soucoupe, aux côtés de Pauline Carton et d'André Gillois.

Bien que Bourvil soit présent sur les ondes, ses tournées à travers la France ne rencontrent plus le même succès. Les échecs de ses deux précédents films ne jouent guère en sa faveur ; c'est ainsi qu'il se retrouve, en province, à chanter dans les petites salles de quartier. En revanche, chaque fois qu'il se produit en Belgique, il triomphe et l'on refuse du monde, en matinée comme en soirée. Son prochain tournage ne débutera qu'en mai 1952, encore en Normandie et encore dans le rôle d'un benêt. En attendant, Bourvil se pose des questions : où est passé son public ?

Après un récital au Palais des Festivals à Cannes, devant un public clairsemé mais qui a ri aux éclats, André reçoit de la visite dans sa loge : Georges Guétary, Raymond Vincy et Francis Lopez ont une proposition à lui faire. Guétary, qui rentre d'une tournée aux États-Unis, a découvert un nouveau style de spectacle : le Clown blanc et l'Auguste adaptés à la comédie musicale. De l'autre côté de l'Atlantique, Bing Crosby et Bob Hope en sont les vedettes. Guétary a demandé à Francis Lopez de lui écrire une opérette basée sur ce dispositif qui met le public en joie.
Le rôle du comique est naturellement proposé à André, qui s'empresse d'accepter. Les rôles féminins principaux sont confiés à Claude Arvelle et à une jeune Belge récemment débarquée à Paris, Annie Cordy. La première est prévue pour le 9 septembre 1952 à l'Opéra de Lyon ; le spectacle est programmé à Paris à partir du 19 décembre.

Entre-temps, André demande à Roger Pierre une chanson où il serait ouvrier, pour changer du paysan :

« Tu vois, un peu comme Yves Montand
quand il chante *Luna park* :
"Dans mon usine de Puteaux
On peut dire qu'j'ai le fin boulot
Ça f'sait bien trois cent soixante cinq jours de long
Que j'vissais toujours le même sacré petit boulon". »

Roger se met au travail. Dialogue avec André :
« Plombier zingueur, ça te va ?
– Ça marche », répond l'artiste.
Ainsi naît *À Joinville-le-Pont*. La chanson, qui va remporter un énorme succès, est enregistrée le 22 février 1952 avec Étienne Lorin et son orchestre et inaugurée début mars aux « Six jours cyclistes de Paris » :

« J'suis un p'tit gars plombier zingueur
J'fais des semaines d'48 heures
(…)
À Joinville-le-Pont
Pon-pon !
Tous deux nous irons
Ron-ron !
Regarder guincher
Chez-chez
Chez Gégène ! »

Les Aventures de Bourvil en **BD**, 1952

LE TROU NORMAND

Hippolyte Lemoine (Bourvil) héritera de l'auberge de son oncle à la condition de réussir son certificat d'études. Sa tante Augustine (Jane Marken), belle-sœur du défunt, met tout en œuvre pour que l'héritage lui revienne ainsi qu'à sa fille Javotte (Brigitte Bardot) qui, elle, ne rêve que de théâtre. Hippolyte étant amoureux de cette dernière, sa tante profite de la situation en lui promettant la main de sa fille s'il échoue à l'examen. Cependant, Hippolyte se rend durant trois mois aux cours intensifs prodigués par son instituteur Monsieur Pichet (Georges Baconnet) et sa fille Madeleine (Nadine Basil).

Le jour de l'épreuve, Hippolyte donne systématiquement – du moins le pense-t-il – de mauvaises réponses. À la sortie, il avoue son stratagème à Javotte, mais celle-ci lui révèle les manigances de sa tante et son intention de ne pas l'épouser, mais bien de s'enfuir avec un jeune imprésario (Roger Pierre) qu'elle a rencontré au bal. Effondré, Hippolyte s'enfuit, mais il est retrouvé par ses professeurs : il a réussi brillamment l'examen. Son retour au village est triomphal.

Premier tournage pour **Brigitte Bardot**.

Affiche française par **Rojac**.

Jeanne Fusier-Gir, Nadine Basile, Jean Boyer et **Bourvil**.

PRENONS LA ROUTE FLEURIE QUI CONDUIT VERS LE BONHEUR

Ensuite, cap sur Conches-en-Ouche et ses environs, dans l'Eure, pour le tournage du film *Le Trou normand*. Jean Boyer est à nouveau à la réalisation. Retrouvailles avec Roger Pierre pour cette comédie scénarisée par Arlette de Pitray, petite-fille de la Comtesse de Ségur. Bourvil aura pour partenaire une jeune starlette âgée de dix-sept ans à peine qui se démarque par sa beauté : Brigitte Bardot. En cours de tournage, le second assistant réalisateur s'intéresse de près à la jeune fille. Son nom : Roger Vadim.
Lors du tournage, Brigitte Bardot n'est pas gâtée, elle a l'impression d'avoir été engagée uniquement pour sa beauté, déjà bouleversante. Bourvil, peu impressionné par ses talents d'actrice, lui dit même qu'elle n'a aucun avenir dans le métier. Avec le recul, on peut dire qu'il s'est lourdement trompé.

Entre-temps, les répétitions de la nouvelle opérette vont bon train :
« Prenons la route fleurie
Qui conduit vers le bonheur
Suivons-la toute la vie
Main dans la main
Cœur contre cœur. »

Lors des répétitions, André et Annie Cordy sont de plus en plus inquiets, ils trouvent que les effets comiques de leurs textes ne sont pas percutants : « On court à la catastrophe », confie André. Mais c'est le contraire qui se produit ; la personnalité des trois principaux comédiens est telle que le soir de la première, à Lyon, c'est du délire. Les artistes sont obligés de bisser, voire trisser certains morceaux ! La critique est élogieuse, c'est un véritable triomphe.
Mais un problème survient rapidement : le personnage de Bourvil suscite une sympathie énorme de la part du public, ce qui rend Georges Guétary jaloux. Lorsque celui-ci doit chanter la chanson d'amour *Mimi*, la salle devrait être toute ouïe, bouche bée d'admiration devant l'interprétation du chanteur de charme, mais la présence d'André sur scène provoque toujours des rires. Énervé par cette situation, Georges Guétary demande donc à André de se mettre en retrait, ce qu'il fait. Ce qui est loin de calmer l'hilarité du public, bien au contraire. Georges demande donc à André de sortir carrément de scène pendant « sa » chanson : il s'exécute dès la représentation suivante, non sans avoir prévenu le public : « Vous pouvez aller prendre un verre, Guétary va chanter ! » Grosse rigolade dans la salle et… réaction enjouée de Guétary, qui a compris qu'il ne sert à rien d'envenimer les choses : si les gens rient pendant sa chanson, laissons-les, après tout, ils sont venus pour ça !
Des airs mémorables vont contribuer au succès et à la longévité de cette nouvelle opérette : *La Route fleurie*, *La Vie de bohème* et *Mimi* font l'objet de disques et de petits formats qui se vendent comme des petits pains.

Création de *À Joinville-le-Pont* lors de la course cycliste des **Six jours de Paris**.

Avec **Annie Dumas**.

Dans le deuxième acte, Bourvil met en scène Annie Cordy dans un pastiche du *Padam Padam* de Piaf sous le titre *Tagada tagada tsoin tsoin*. Un soir, Annie a un trou de mémoire, il lui est impossible de retomber sur son texte. André prend le public à partie pour aider son amie : « Vous voyez, comme elle est là, elle a un trou, elle sait plus son texte. Ah ! Si vous saviez m'sieurs, dames, tous les soirs c'est la même chose, quand on arrive ici, c'est fini, le trou ! » Le résultat ne se fait pas attendre : Annie est prise d'un irrépressible fou rire. Elle rit tant qu'elle doit s'enfuir dans les coulisses, de peur d'une catastrophe. Le lendemain, Annie n'a pas de trou de mémoire, mais fait semblant, sur les conseils d'André. Le public est écroulé de rire. Finalement, ce passage qui durait à peine trois minutes va passer à cinq, six, huit puis dix minutes chaque soir, les deux artistes multipliant les trouvailles et les improvisations.

La Route fleurie sera jouée pendant quatre ans, plus de mille trois cents représentations au total, pour plus d'un million cinq cent mille spectateurs ! Annie Cordy est la première à décrocher : sa carrière solo ayant pris son envol, elle souhaite partir en tournée dans toute la France. Dans un premier temps, les producteurs sont intraitables : son contrat l'en empêche. Annie finit par payer un dédit important pour recouvrer sa liberté. Georges Guétary aussi aimerait lâcher prise un peu, pour se reposer. En effet, il n'est pas rare que certaines semaines la troupe doive assurer matinées *et* soirées, six jours sur sept. Le genre de rythme qui use un homme. Idem pour André, qui lui aussi voudrait bien souffler, mais il n'en est pas question : si on vient voir *La Route fleurie*, c'est avant tout pour lui. Si Guétary est absent, le public râle un peu mais reste pour le Normand. Si on annonce Guétary présent et Bourvil absent, remplacé par sa doublure, la majorité de la salle demande le remboursement des places.

LA ROUTE FLEURIE

Paris, place du Tertre, Jean-Pierre (Georges Guétary), compositeur, Raphaël (Bourvil), peintre et poète, et Lorette (Annie Cordy) sont amis, vivant dans la joie et l'insouciance. Jean-Pierre reçoit tous les mois d'une riche tante un chèque qui permet d'entretenir la petite communauté. Raphaël rêve de déclarer sa flamme à Lorette, mais ne sait comment s'y prendre.
Un producteur, appréciant une musique d'opérette composée par Jean-Pierre, promet à celui-ci une belle somme d'argent dès qu'une histoire originale servira la musique.
De retour dans le quartier de son enfance, Mimi (Claude Arvelle), mannequin de son état, retrouve Raphaël et Lorette qui la présentent à Jean-Pierre. C'est le coup de foudre. Alors que Mimi réserve sa réponse à la demande en mariage de Bonnardel – qui n'est autre que le futur producteur de Jean-Pierre –, elle se donne le temps des vacances pour réfléchir.
Tous quatre partent profiter du soleil à Antibes, dans la luxueuse villa mise à leur disposition par la tante de Jean-Pierre. Cette dernière a décidé d'offrir ce dernier cadeau à son neveu, avant de lui couper les vivres.
Ne manquant pas d'idées pour payer leurs vacances, Jean-Pierre a réussi à louer la villa à Bonnardel, son producteur, qui offre le séjour à sa maîtresse, Rita Florida (Annie Dumas).
Coup du sort, à Antibes, le majordome de la villa a eu la même idée que nos acolytes et a loué la villa au professeur Poupoutzoff (Frédéric O'Brady). Le chassé-croisé entre les locataires va pouvoir commencer.
Les quatre amis descendent sur la Côte d'Azur en scooter. Arrivés à la villa afin de voir si tout se passe bien, ils découvrent la situation et décident de rester pour surveiller le manège. Il faut dire que Rita n'est pas insensible au charme naturel de Jean-Pierre, et que le faciès du « parfait dégénéré paranoïaque » de Raphaël intéresse au plus haut point le professeur Poupoutzoff.
Lorsque Bonnardel arrive à l'improviste, Mimi panique : elle n'a pas parlé de la demande en mariage en suspens à Jean-Pierre. Ce dernier, qui a besoin d'argent, la laisse expliquer au producteur que leur histoire n'était qu'un simple flirt. Mais l'ambiance vire à l'orage lorsque Rita apprend l'existence de Mimi : Bonnardel finit par demander des explications à Jean-Pierre, qui lui révèle la profondeur de ses sentiments pour Mimi. Comme le producteur est un homme de cœur, il est touché par cette idylle et décide d'en faire un film dont les vedettes seront nos quatre amis.
Et tout finira par un triple mariage : Bonnardel et Rita, Jean-Pierre et Mimi, et Raphaël et Lorette... tout cela en chansons, naturellement.

Vous pouvez aller prendre un verre,

Guétary va chanter !

Sur *La Route fleurie*,

La **famille** s'agrandit.

Un soir où il s'est fait porter pâle, Mitty Goldin, patron de l'A.B.C., lui envoie un médecin ; celui-ci revient en affirmant qu'il n'a jamais vu un malade aussi bien portant. Bourvil retourne sur scène dès le lendemain, mais le directeur du théâtre est du genre rancunier : il assigne Bourvil en justice et lui réclame un million d'anciens francs[1] de dommages et intérêts ! L'affaire finira par s'arranger, mais laissera des traces. Quant à l'opérette, elle ne s'arrêtera que fin 1957 au terme d'une tournée en Belgique et en Suisse.

Naissance de **Philippe**, le 18 mars 1953.

Mais revenons à 1953 : *La Route fleurie* fait un tabac à l'A.B.C. depuis trois mois déjà lorsque la famille Raimbourg s'agrandit : le 18 mars, Dominique apprend qu'il a un petit frère prénommé Philippe. Toute la famille se porte à merveille. Tandis que dans l'appartement de la rue Jean-Goujon les cris du bébé retentissent, Bourvil réalise que le succès de l'opérette risque de le bloquer à Paris pour un long moment, ce qui va avoir des répercussions sur sa carrière cinématographique. Impossible de s'éloigner de la capitale : il ne peut accepter que des films qui seront tournés dans les studios les plus proches, par exemple à Boulogne, avec des rôles de préférence pas trop importants. Une apparition dans *Cent francs par seconde*, adapté du jeu radiophonique de Radio-Luxembourg, puis dans *Les Trois Mousquetaires* répond parfaitement à ces critères.

DOMINIQUE APPREND QU'IL A UN PETIT **FRÈRE**

Dans cette énième version sur grand écran du chef- d'œuvre d'Alexandre Dumas, André Hunebelle veut répondre à la récente adaptation américaine – avec Gene Kelly, Van Heflin et Lana Turner – qui l'a, explique-t-il à Bourvil, « profondément choqué ».
Ici, Georges Marchal interprète d'Artagnan, Gino Cervi – futur Peppone dans la série des *Don Camillo* – est Porthos, Jean Martinelli est Athos, et Jacques François est Aramis. André joue Planchet, le valet de d'Artagnan, « le rôle porte-bonheur du film. Bourvil apporte cocasserie, finesse et émotion au personnage », comme l'affirme le dépliant publicitaire. Le film de Hunebelle, qui respecte à la lettre le roman de Dumas, est entièrement tourné à Paris et dans sa proche banlieue.

Dominique, **Jeanne**, **André** et **Philippe**.

1. Soit dix mille nouveaux francs, mille cinq cents euros : une somme énorme pour l'époque.

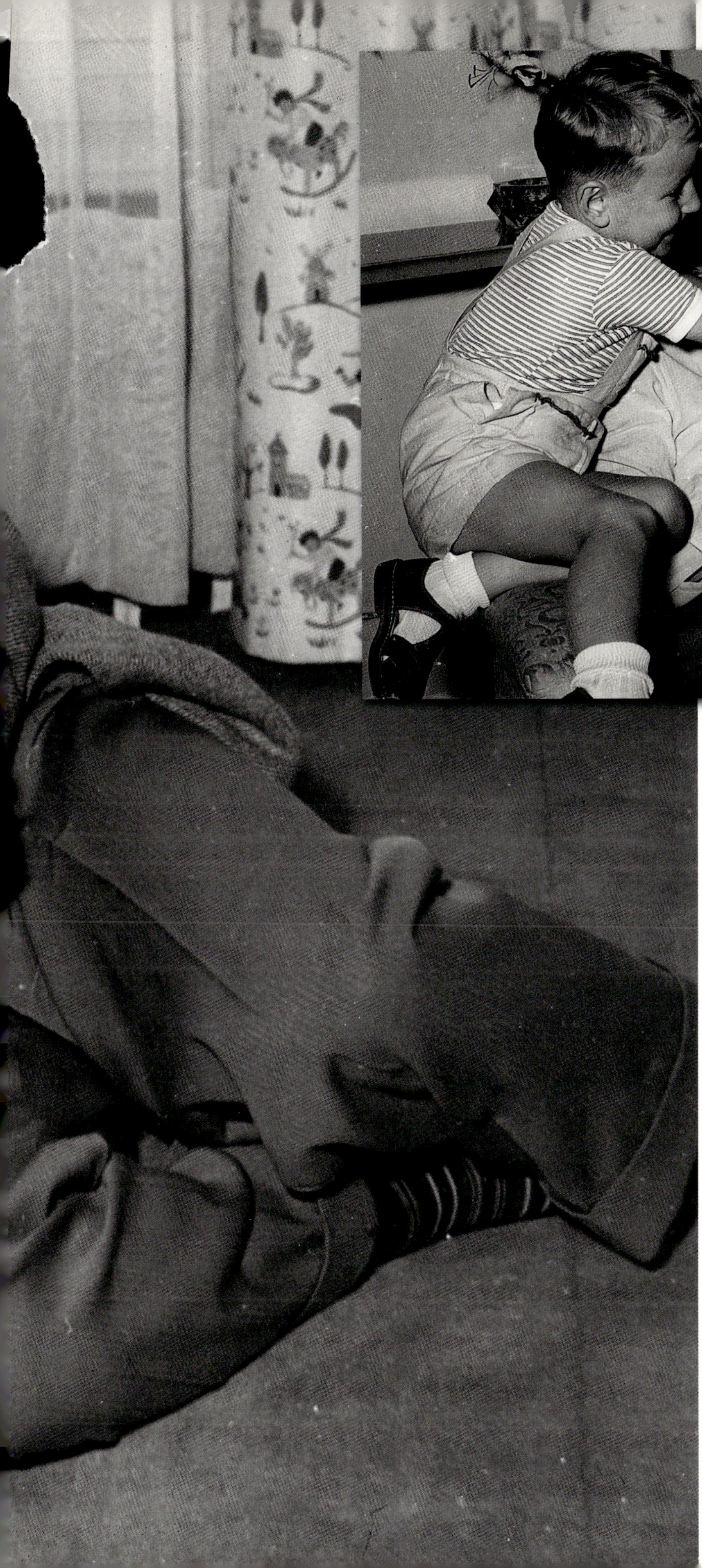

Que du **bonheur** !

LES TROIS MOUSQUETAIRES

Le chevalier d'Artagnan (Georges Marchal), qui se dirige vers Paris pour s'engager parmi les Mousquetaires du Roi, tire de l'embarras des voyageurs accidentés. Sa monture, un gros percheron, lui vaut des plaisanteries des villageois et de Monsieur de Rochefort, capitaine des Gardes de Richelieu, avec lequel il a une vive altercation. Rochefort fait rosser d'Artagnan par ses gens. Arrivé à Paris, d'Artagnan loue une chambre chez Monsieur Bonacieux, dont la nièce Constance (Danielle Godet), au service de la Reine, lui plaît énormément. Il se présente ensuite chez Monsieur de Tréville, capitaine des Mousquetaires du Roi.

Son humeur batailleuse lui fait rapidement avoir un duel avec Athos, Porthos et Aramis, duel interrompu par l'arrivée des Gardes de Richelieu, conduits par Jussac. D'Artagnan s'étant joint aux trois Mousquetaires pour mettre les hommes du Cardinal en fuite, tous quatre se jurent une amitié éternelle. Le fameux « un pour tous, tous pour un ! ».

La Reine de France remet au duc de Buckingham, qui est amoureux d'elle, un collier de douze ferrets de diamants que lui a offert le Roi, en gage de fidélité. Richelieu, tenu au courant par ses espions, ordonne à Milady de Winter de partir pour Londres afin de voler deux de ces ferrets au duc. Puis, afin de confondre la Reine, il suggère à Louis XIII de demander à la Reine qu'elle porte le fameux collier lors du prochain bal.

D'Artagnan réussit à surprendre la conversation du cardinal et de Milady de Winter. Comprenant que la Reine est en danger, il se fait conduire auprès de celle-ci par Constance, et repart avec mission de voir Buckingham et de rapporter les ferrets. Nos amis se dirigent donc vers l'Angleterre, et après diverses péripéties, d'Artagnan et Planchet, son valet, arrivent à Londres où le duc leur remet le collier qu'il a fait compléter par un joaillier.

D'Artagnan rejoint Milady, la met hors d'état de nuire, et porte à la Reine les précieuses pierres. Puis il retrouve les Mousquetaires et les bras de Constance, et tout se termine dans la joie d'avoir, une fois de plus, dupé le cardinal et ses hommes.

Affiche **belge**.

En chansons, l'enregistrement de trois 78 tours extraits de *La Route fleurie* est un véritable succès pour la maison de disques Pathé, à qui André sera fidèle jusqu'à la fin. Il met également en boîte huit chansons destinées aux enfants, pour lesquelles il est accompagné par la chorale enfantine « Les Pierrots Parisiens », comme *La Belle Abeille* ou *Jonas La Baleine*. Cet album remporte bientôt le Grand Prix de l'Académie du disque français.

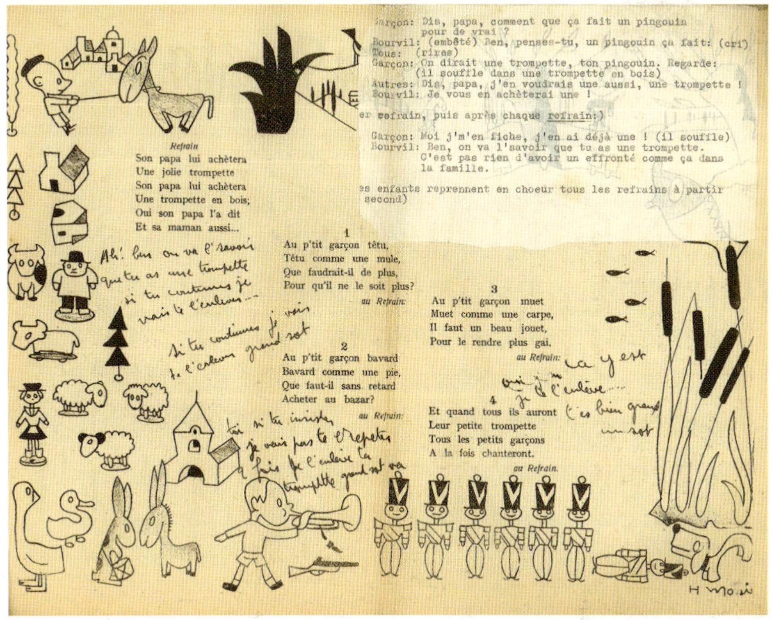

Feuille de travail pour les **chansons enfantines**.

Durant cette année 1953, le grand Sacha Guitry tourne *Si Versailles m'était conté*. La distribution est extraordinaire : les plus grandes vedettes françaises sont présentes, la plupart pour de courtes apparitions – Gérard Philipe, Jean-Louis Barrault, Brigitte Bardot, Jean Marais et Daniel Gélin, mais aussi Édith Piaf et Tino Rossi –, ainsi que quelques pointures étrangères tel Orson Welles. Comme son titre l'indique, le film raconte l'histoire du célèbre château.
Dans les cinq dernières minutes du film, Bourvil incarne un guide du château, au xxe siècle.
La première parisienne a lieu le 10 février 1954, lors d'une soirée de gala à l'Opéra Garnier.

Bourvil incarne un **guide du château**, au xxe siècle

Comme le duo formé par André Bourvil et Annie Cordy triomphe quotidiennement à l'A.B.C. dans *La Route fleurie*, le réalisateur Gilles Grangier a la bonne idée de leur proposer le scénario de *Poisson d'avril*. André y interprète le titre du jeune auteur-compositeur Boby Lapointe, le désormais classique *Aragon et Castille*. Lors du tournage, Bourvil rencontre un petit bonhomme surexcité avec qui il formera quelques années plus tard le plus célèbre des duos : Louis de Funès.

Rencontre avec **Fernandel** et le maître **Sacha Guitry**.

Au printemps 1954, à peine deux jours après la fin du tournage de *Poisson d'avril*, démarre celui de *Cadet Rousselle*, avec à nouveau André Hunebelle aux commandes, le spécialiste du film en costumes. L'histoire se calque sur la chanson traditionnelle *Cadet Rousselle a trois maisons*.
D'abord proposé à Fernandel qui le refuse, le rôle de Cadet nécessite des adaptations lorsque François Périer l'accepte : plus sportif, il peut se livrer à des bagarres et à des cascades. À sa sortie, le film remporte un vif succès avec près de quatre millions d'entrées. La critique est bonne, même si le film fait un peu trop penser à *Fanfan la Tulipe*, tourné l'année précédente ; certains relèvent de flagrants points communs, certes inhérents au genre, mais tout de même…

Affiche **belge**.

Affiche **française**.

POISSON D'AVRIL

Émile Dupuy (Bourvil), mécanicien auto de son état, est envoyé par son patron au Grand Bazar afin d'acheter du fil électrique. Dans le rayon des articles de pêche, il se fait alpaguer par un bonimenteur qui lui refile le parfait attirail du pêcheur en herbe. Cachant à sa femme Charlotte (Annie Cordy) qu'il a dépensé les économies destinées à l'achat d'une machine à laver, Émile s'en va essayer son matériel flambant neuf dans une pêche privée, à l'invitation de sa cousine Annette (Jacqueline Noëlle), maîtresse de Gaston Prévost (Pierre Dux), propriétaire des lieux.

Surpris par un garde-pêche (Louis de Funès), Émile se fait verbaliser malgré ses explications. Madame Prévost (Denise Grey), prévenue par le garde-champêtre, apprend l'existence d'Annette. Quand elle réclame des explications à son mari, celui-ci se défend de toute liaison et présente Émile comme un ancien camarade de guerre fiancé à Annette.

Invités à dîner par Madame Prévost, Émile et Annette sont obligés de jouer le jeu. La soirée se passe tellement bien que leur hôtesse réitère son invitation pour la semaine suivante. Mais Émile ne veut plus de cette comédie ; il est bien décidé à tout avouer à sa femme, Charlotte. Hélas, tout va plus vite que prévu : celle-ci a une conversation avec Madame Prévost, qui découvre l'infidélité de son mari, tandis que Charlotte pense également être trompée par Émile, jusqu'à ce que Jacky, leur fils, lui explique la situation. Tout est bien qui finit bien : Madame Prévost envoie une machine à laver à Charlotte, et la famille réconciliée s'en va à la pêche.

Première rencontre avec le **garde-pêche** et sa famille.

CADET ROUSSELLE

Une vingtaine d'années avant la Révolution naissent des triplés dans la famille Rousselle. Le plus jeune s'appelle Cadet (François Périer). Éduqué par le curé du village, Cadet devient bedeau mais, épris de justice, le jeune homme n'hésite pas à donner des leçons à ceux qui essaient de tromper leur monde. Devant tant de pugnacité, qui risque de troubler l'ordre public, le maire lui ordonne de quitter le village. En réalité, il veut surtout chasser l'homme qui courtise d'un peu trop près sa fille, la douce Isabelle (Christine Carrère). Le maire a d'autres projets pour la petite : elle épousera un brillant officier, si possible un héros.
Cadet prend donc la route, à pied, en promettant à Isabelle de revenir couvert de gloire. Pour toute fortune il possède trois écus donnés par le curé, mais il est dépouillé pendant son sommeil par trois brigands qui le laissent pour mort au milieu du chemin. Recueilli en piteux état par une troupe de saltimbanques, Cadet devient ami avec Jérôme (Bourvil) et tombe amoureux de la fille du chef, la belle Violetta (Dany Robin). « On peut n'avoir qu'une parole, mais qu'il est bon de la donner plusieurs fois... » En réalité, les bohémiens sont des espions à la solde des royalistes : Cadet se voit bientôt chargé de porter un courrier compromettant, dont il ignore le contenu. Accompagné par Jérôme, il se fait arrêter ; le tribunal révolutionnaire le condamne à être guillotiné en place publique.
Attendant son exécution en prison en compagnie de la noblesse, Cadet tombe amoureux pour la troisième fois de Marguerite (Madeleine Lebeau), une républicaine infiltrée chargée de faciliter l'évasion de Cadet afin qu'il regagne la cache des royalistes, ce qui permettra de leur tendre une embuscade. Évasion réussie : avec Jérôme, Cadet rejoint la troupe du cirque ambulant, où Cadet retrouve Violetta. Lors d'une course-poursuite entre la roulotte et la garde à cheval, les fugitifs parviennent à semer leurs poursuivants mais se retrouvent en plein milieu d'un champ de bataille. N'écoutant que son courage, Cadet prend la direction des opérations et met en fuite les troupes ennemies. Pour cet exploit, il est nommé colonel d'empire. C'est donc en héros qu'il retourne dans son village honorer la promesse faite à Isabelle... qui entre-temps a donné naissance à trois charmants bambins. Délivré de son serment, Cadet rejoint Violetta et suit l'Empereur à Austerlitz.

En compagnie de **François Périer**.

Devenu **officier** de l'armée napoléonienne.

Retour aux sources à **Bourville**.

Pendant ce temps, chaque soir André se retrouve à l'A.B.C. pour *La Route fleurie*. La salle ne désemplit pas : le léger creux de la vague de la saison précédente est depuis longtemps oublié. Bourvil est désormais une valeur sûre, les rentrées financières sont régulières et de plus en plus importantes. André gère son argent en bon père de famille : Jeanne s'occupe de l'intendance, André des placements. Oh ! pas sur des comptes en banque, ce n'est pas le genre de la maison ! Fidèle à la tradition familiale, André fait l'acquisition d'une ferme et de terres à Bourville, exploitées par son frère Marcel. Chaque fois qu'il en a la possibilité – de plus en plus rarement pour cause d'emploi du temps chargé –, il se replonge dans son enfance paysanne, retrouve ses racines, participe à la moisson durant les vacances.

JEANNE S'OCCUPE DE L'**INTENDANCE**...

Après un déménagement – la famille Raimbourg s'installe dans un tout nouvel appartement boulevard Suchet, dans le 16e arrondissement –, les vacances 1954 sont relativement courtes : au terme d'un bref séjour auprès des siens, en Pays de Caux, il assiste fin juillet à la première de *Poisson d'avril* puis, le 4 août, retourne en studio pour l'adaptation de la pièce de Feydeau *Le Fil à la patte*. L'occasion de retrouver d'anciens partenaires tels Suzy Delair et Geneviève Kervine, et de rencontrer le légendaire Noël-Noël, un homme de grand talent qui, non content d'incarner le comte Fernand de Bois d'Enghien, signe l'adaptation et les dialogues de ce classique du théâtre de boulevard. Pour la petite histoire, Noël-Noël était devenu une vedette dès les années 1930, notamment en jouant dans une série de films mettant en scène un paysan aussi naïf que malin : son personnage d'Adémaï (dans *Adémaï aviateur*, *Adémaï bandit d'honneur*...) est une sorte d'ancêtre de Léon Ménard, le personnage qui a rendu célèbre Bourvil au cinéma.

Avec **Georges Guétary** lors d'un Gala de l'Union des Artistes.

En 1955, le succès de *La Route fleurie* devient de plus en plus envahissant et contraignant. Il est vrai que quand le rideau s'ouvre, tous les tracas d'André s'envolent, mais l'attitude de Mitty Goldin, patron de l'A.B.C., a le don de l'énerver : « Un contrat est un contrat », clame le directeur. Puisque le public se déplace pour venir voir Bourvil, ce dernier doit jouer, et toujours pour le même salaire ! Et si la date de fin n'a pas été précisée, tant pis ! Sollicité par Bourvil, son ami André Trives essaie bien de négocier une augmentation, mais Goldin est intraitable. En clair, Bourvil est exploité de façon inqualifiable.

... ANDRÉ DES **PLACEMENTS**

Affiche française
par **Guy-Gérard Noël**.

LE FIL À LA PATTE

Nous sommes dans les coulisses d'un music-hall où se produit la grande vedette Lucette Gauthier (Suzy Delair), au caractère irascible. Camille Bouzin (Bourvil, barbu et moustachu pour l'occasion), clerc de notaire et chansonnier, vient lui proposer l'une de ses compositions : *Je pique des épingles*. La starlette, qui n'a pas vu son amant depuis quelques jours, est de fort mauvaise humeur. Fernand de Bois d'Enghien (Noël-Noël) apparaît enfin. Noctambule invétéré, il a décidé de mener une vie plus sage aux côtés d'une jeune fille de bonne famille, Viviane (Geneviève Kervine), fille de la baronne du Verger. Il se fait passer auprès de cette dernière pour un homme rangé qui aime la vie simple et se couche tôt, alors que la jeune promise rêve de music-hall et de sorties parisiennes.
Les fiançailles ont eu lieu, mais Fernand ne peut se résoudre à avouer la vérité à Lucette, même poussé par le directeur du cabaret, son ami Claude Bertrand (Henri Guisol) ; il passe la nuit auprès de sa maîtresse.
Le lendemain, un repas est organisé chez Lucette, en présence de Claude Bertrand, du Docteur (Henri Crémieux) et d'une amie, Nini (Claude Borelli).
Cette dernière annonce son futur mariage avec un duc, ce qui permet à Fernand de suggérer une rupture dans l'intérêt financier de Lucette, mais celle-ci réplique en menaçant de se tuer. La révélation du futur mariage est donc retardée. Une rengaine est sans cesse serinée par Lucette : « Tu m'aimes ? », à laquelle Fernand répond immanquablement : « J't'adore… ».
Nini a apporté un journal qui publie une critique du nouveau spectacle de Lucette mais aussi, ce que Lucette ignore, l'annonce officielle des noces de son amant avec Viviane du Verger. Il faut à tout prix faire disparaître ce canard dont parle chaque invité !
Au même moment, la baronne du Verger, poussée par sa fille Viviane, se présente au domicile de Lucette pour lui demander de chanter lors de la cérémonie du mariage de sa fille. Sur ces entrefaites, Bouzin se fait annoncer : il voudrait avoir des nouvelles de sa chanson. Il glisse discrètement sa carte de visite dans une superbe corbeille de fleurs apportée de façon anonyme à la vedette. Mais le domestique lui apprend que sa chanson est refusée « car elle est stupide », et le met dehors.
Entre-temps, Lucette découvre le bouquet et un coffret contenant une bague somptueuse, le tout envoyé – croit-elle – par Bouzin. Coup de théâtre : cet homme qu'elle vient de faire chasser serait-il fortuné ? Coïncidence, Bouzin se représente au même moment chez Lucette car il a oublié son parapluie. Cette fois, il est accueilli à bras ouverts : ses chansons sont peut-être idiotes, mais il peut être utile ! Camille Bouzin a à peine le temps de préciser qu'il est « clerc de notaire par état mais chansonnier par passion », avant de repartir. Tandis que Lucette accepte la proposition de la baronne, elle annonce à Fernand qu'elle doit s'absenter le soir même car elle chante « dans le grand monde », ce qui arrange bien son amant. Un admirateur de la chanteuse se fait annoncer : le général mexicain Urugua (Jacques Eyser). Il révèle qu'il est l'expéditeur des présents somptueux envoyés à Lucette en gage d'amour.
Le mensonge de Bouzin est donc découvert. Fernand, qui s'est fait passer pour le chef d'orchestre du cabaret, s'éclipse discrètement. Le soir même, au domicile de la baronne, future belle-mère de Fernand, celui-ci apprend que la fête comportera une surprise… qui n'est autre que Lucette.
De multiples rebondissements surviennent encore : parmi les scènes qui ont fait de cette adaptation un film culte, celle qui voit Noël-Noël mimer un chef d'orchestre pour sauver sa peau, ou encore celle qui le voit, coincé en caleçon sur son palier, menacer d'une arme le pauvre Bouzin afin qu'il lui donne son pantalon. Tout cela jusqu'au baiser final qui réconcilie Viviane et Fernand…

Geneviève Kervine, **Henri Guisol**, **Bourvil** et **Noël-Noël**.

Suzy Delair et Bourvil.

Bourvil et **Bernard Blier**.

LES HUSSARDS

C'est l'histoire du trompette Jean-Louis Flicot (Bourvil) et du brigadier Ange-Marie Le Gouce (Bernard Blier), hussards au 7e régiment lors de la campagne d'Italie du général Bonaparte. Désignés par le capitaine Georges (Georges Wilson) pour une mission de reconnaissance, les deux hommes voient leurs chevaux s'enfuir sous leur nez alors qu'ils se sont arrêtés pour satisfaire un besoin très naturel. En réalité, un couple de jeunes mariés italiens, égarés dans les buissons et se sentant en danger à la vue des deux hommes, ont mis leurs montures en fuite. Mais un hussard sans cheval est un homme mort !

Les deux soldats partent à la recherche de leurs bêtes et se retrouvent dans la petite ville voisine de San Angelo qui, à l'approche de l'armée française, a presque entièrement été désertée par sa population. Flicot et Le Gouce s'invitent dans une maison habitée par le père de Pietro (Gianni Esposito), le jeune marié responsable de la situation. Ils y rencontrent Giacomo, un domestique, Cosima (Giovanna Ralli), la servante, et Raphaël, un barbier amoureux de Cosima.

De son côté le régiment, n'ayant pas de nouvelles des éclaireurs, part à leur recherche et les retrouve dans le village… toujours sans leurs chevaux. N'osant avouer les faits à leur capitaine, les deux hommes inventent une histoire de francs-tireurs qui auraient volé les animaux, et font passer leurs hôtes pour des captifs, afin de gagner du temps.

Le retour des montures sur la place du village dévoile la supercherie : les deux hommes sont faits prisonniers et condamnés à mort. L'exécution doit avoir lieu le lendemain. Coup de théâtre : les Autrichiens envahissent San Angelo ! Nos deux amis assistent impuissants, du fond de leur geôle, à la bataille. Le 7e bataillon des hussards est réduit à néant. Seuls Le Gouce et Flicot en réchappent. Lorsque surgissent le général Bonaparte et sa garde, ils sont félicités pour tant de bravoure et sont couverts d'honneurs.

Affiche **française**.

Pour ménager sa santé et se consacrer à sa famille, il n'a qu'une seule alternative : réduire le rythme des tournages pour le cinéma et celui des enregistrements pour la maison Pathé. Un seul disque est enregistré cette année-là, un 45 tours comportant quatre titres : *Mam'zelle Bigoudi, Le Figurant*, *Le Lait de Lolo* et *Ma Lulu.*

Mariage de l'agent artistique **Charley Marouani** et de Maud-Lydia Ledoux.

Malgré cette *Route Fleurie* qui n'en finit pas, Bourvil accepte de tourner dans *Les Hussards* d'Alex Joffé, qu'il a rencontré sur le plateau de *Seul dans Paris*, dont il était le scénariste. C'est le début d'une fructueuse collaboration entre les deux hommes, qui vont tourner six films entre 1955 et 1967.
Celui-ci est l'adaptation de la pièce de Pierre-Aristide Bréal, créée par Jacques Fabbri et sa troupe au Théâtre des Noctambules. André a pour partenaire Bernard Blier, indiqué au même niveau sur l'affiche. Les premiers tours de manivelle sont donnés le 4 mai aux studios de Boulogne-Billancourt.

ANDRÉ A PU EMMENER SA PETITE **FAMILLE** DANS SES **VALISES**

Le film a le mérite d'être tourné en version originale : les Français parlent français, les Italiens parlent italien, ce qui évite que les acteurs se ridiculisent en parlant avec un accent à couper au couteau.
Lors d'une scène, le sacristain, joué par Louis de Funès, cache les objets du culte et alerte les paroissiens de l'arrivée des troupes françaises. Il est alors jeté dans une fosse à purin. Au grand dam de la future vedette de *La Grande Vadrouille*, cette scène est tournée… onze fois !
Ce film n'est pas un grand souvenir pour Bourvil. Bernard Blier tire la couverture à lui, cherche sans cesse une façon ou une autre d'être mieux mis en valeur que son partenaire. Néanmoins, profitant des vacances de l'A.B.C., André a pu emmener sa petite famille dans ses valises pour lui faire profiter du soleil lors du tournage des extérieurs, qui se passe fin juillet à Sainte-Maxime, dans le Var.
Le tournage prend fin le 6 août : la nouvelle saison va bientôt commencer !

1111e représentation de *La Route fleurie*.

Yvette Horner, **Étienne Lorin** et **André Bourvil**.

MAUGEIN Fres

À VENISE, ON SE GONDOLE

Vétéran du cinéma – il tournait déjà des courts-métrages muets dans les années 1920 –, Claude Autant-Lara s'intéresse beaucoup à Bourvil, alors qu'il travaille sur l'adaptation d'une nouvelle de Marcel Aymé, *La Traversée de Paris,* avec ses deux partenaires fétiches, Jean Aurenche et Pierre Bost. Autant-Lara suit de près la carrière du Normand ; ses qualités d'interprétation dans des films comme *Seul dans Paris* et *Cadet Rousselle* n'ont fait que confirmer ce qu'il pressentait : « Bourvil possède un potentiel immense et encore inconnu. » Autant-Lara va se charger de le faire exploser au grand jour.

Dans *La Traversée de Paris*, André sera Marcel Martin, partenaire de Grangil, joué par Jean Gabin. Lorsque Autant-Lara propose Bourvil comme partenaire au grand acteur de *Quai des brumes*, celui-ci répond du tac au tac : « Si j'ai Bourvil comme partenaire, je signe tout de suite. » En revanche, Marcel Aymé, auteur de la nouvelle, ne l'entend pas de cette oreille ; on se souvient qu'il n'avait pas du tout apprécié la prestation d'André dans *Le Passe-muraille*, cinq ans plus tôt. Il fait savoir son désaccord par une lettre ouverte :

« J'ai lu dans les journaux, il y a environ une semaine, que les interprètes principaux de *La Traversée de Paris* devaient être Gabin et Bourvil et j'ai cru à une farce. Il y a un temps où on voulait bien me consulter pour le choix des acteurs. Il faut croire que pour cette étonnante décision, on n'avait pas bonne conscience puisque je n'ai même pas été informé après coup. Quant à Jean Gabin que j'admire beaucoup, je n'étais pas d'accord à cause de son âge, mais on pouvait discuter.

Que dire du partenaire ? Une fois déjà on avait choisi Bourvil contre mon gré dans *Le Passe-muraille* où il avait donné ce que vous savez.

Sur le **tournage** de *La Traversée de Paris.*

« SI J'AI BOURVIL COMME **PARTENAIRE**,

JE SIGNE TOUT DE SUITE. »

Affiche française par **Gonzalez**.

Bourvil, **Louis de Funès** et **René Hell**.

LA TRAVERSÉE DE PARIS

Paris, 1942, Marcel Martin (Bourvil), qui était chauffeur de taxi avant la guerre, est devenu convoyeur au marché noir. Il livre de la viande pour le compte du boucher-épicier Jambier (Louis de Funès). Son compagnon d'infortune s'étant fait prendre alors qu'il essayait de refiler des savonnettes aux clients d'un bistro, Marcel se retrouve seul, dans l'impossibilité de travailler cette nuit.

Alors qu'il boit un verre avec son épouse Mariette (Jeannette Batti), il rencontre Grangil (Jean Gabin). Trouvant que ce dernier s'intéresse d'un peu trop près à Mariette, il lui propose de l'accompagner dans son travail nocturne afin de l'éloigner de sa femme. Par curiosité, Grangil accepte de transporter le cochon de Jambier du 45, rue Poliveau à la rue Lepic, soit huit kilomètres. Voulant voir jusqu'où peut aller l'exploitation humaine, Grangil parvient à soutirer cinq mille francs au boucher à la place des six cents promis à Martin, au cours d'une scène d'anthologie qui a marqué à jamais le cinéma français.

Voici donc les deux hommes partis pour cette traversée de Paris synonyme de grands dangers. En cours de route, ils se réfugient au domicile de Grangil. Martin découvre à cette occasion que son compagnon, qu'il croyait peintre en bâtiment, est en fait un artiste de renom, vivant très confortablement ; si Grangil partage cette aventure avec lui, c'est pour mieux comprendre la veulerie de l'homme en temps de guerre.

Arrivés à destination, les deux compères sont arrêtés par les Allemands devant le seuil de la maison et emmenés à la Kommandantur. Par chance, l'officier s'avère être un homme de bonne éducation, adepte de la peinture de l'artiste. Grangil est sur le point d'être libéré avec son ami Martin quand un attentat a lieu : un colonel allemand vient d'être abattu par la Résistance. En guise de représailles, toutes les personnes se trouvant dans la Kommandantur sont embarquées dans un camion. Seul Grangil est épargné au dernier moment. Gros plan sur les roues du camion emmenant Martin et les autres. Le camion s'arrête. Les prisonniers en descendent. Une rafale de mitraillettes dans la nuit, et le mot FIN apparaît sur l'écran.

C'est du moins ce que Claude Autant-Lara avait imaginé : pas de sang, tout est suggéré. Mais Henri Deutschmeister ne l'entend pas de cette oreille : pas question de tuer Bourvil ! S'il joue, il doit être vivant au mot FIN.

Donc le camion roule, puis enchaînement sur les images de la Libération de Paris, joie et liesse populaire. Le 8 mai 1945, l'Armistice est signé, la guerre est finie. Plan sur la Gare Saint-Lazare : un taxi dépose le célèbre peintre Grangil en partance pour sa maison de Barbizon. On appelle un porteur qui suit l'artiste, met les valises dans le compartiment, lorsque le peintre le reconnaît :

« Martin.
– Mais c'est…
– Grangil.
– Oh oui, Grangil, je m'souviens.
– Alors Martin, toujours les valises ?
– Eh oui, celles des autres. »

J'aurais haussé les épaules si on m'avait dit qu'un jour, il me serait encore imposé par l'équipe Autant-Lara, Bost et Aurenche. Vous savez aussi bien que moi que Bourvil est à l'opposé du rôle, et je ne dirai rien de ses qualités d'acteur. J'entends bien qu'il s'agit maintenant de faire commercial à tout prix et de tourner la chose en grosse guignolade, mais je ne crois même pas que ce soit là un bon calcul. Bourvil pourrait y aller de toutes ses bonnes ficelles dans le rôle de Martin, il ne sera qu'insignifiant. Il va sans dire que mon nom ne paraîtra pas au générique, en outre, je me réserve de dire dans la presse ce que je pense de cette petite mésaventure dont vous serez d'ailleurs victime aussi bien que moi. Je vous souhaite bon courage dans l'accomplissement de cette besogne. À vous, bien sincèrement.
Marcel Aymé »

Le producteur du film, Henri Deutschmeister, face à cette délicate situation, demande à Autant-Lara de remplacer Bourvil. Une telle contre-publicité avant même le premier jour de tournage annonce un cuisant échec. Mais le cinéaste insiste, il se bat, il a la dent dure : ça prendra le temps qu'il faudra mais il veut Bourvil, et il l'aura, sinon le film ne se fera pas.

Devant l'insistance du réalisateur, Deutschmeister finit par céder, mais avec un budget au rabais : pas question de tourner en couleur, ce sera du noir et blanc. Cette contrainte, paradoxalement, se transforme en avantage : l'image est bien plus réaliste, on y croit davantage.

– Alors Martin, toujours **les valises** ?

– **Eh oui**, celles des autres.

Les images datant de la guerre ne sont-elles pas, pour la plupart, en noir et blanc ? L'incrustation de vraies images d'époque au début du film – lors du défilé allemand sur les Champs-Élysées – et vers la fin – à la Libération de Paris – n'en est que plus crédible.

Le tournage commence enfin, le 7 avril 1956. Il est bouclé en huit semaines. Les décors sont réalisés par un maître du genre : Max Douy, dont le nom figure aux génériques de *Quai des Orfèvres* de Henri-Georges Clouzot et de plusieurs films d'Autant-Lara, tels *Le Diable au corps* et *Le Blé en herbe*.

MEXICO, MEXIIIIIIIIIICO !

Luis Mariano, **Denise Raimbourg**, **Jeanne** et **André**, **Annie Cordy** et les enfants : **Dominique** et **Philippe**.

Visite de la famille Lorin à **Montainville**.

MEXICO, MEXIIIIIIIIIICO !

Fin du tournage le 9 juin 1956, tout le monde semble ravi. Le film s'annonce prometteur, Autant-Lara entre en montage. On verra à l'autopsie ! Bourvil, lui, a très peu de temps pour récupérer : le 20 juin doit démarrer une autre création, dans un style très différent : *Le Chanteur de Mexico*. Du spectacle musical qui, tous les jours, met en joie le public à l'A.B.C., André passe à « l'opérette en conserve », qualificatif donné par la presse à ce genre de transposition sur grand écran. Car plusieurs années avant d'être porté au cinéma, *Le Chanteur de Mexico* a triomphé sur la scène du Théâtre du Châtelet. Composée et mise en scène par Francis Lopez, l'opérette a permis à son interprète, le ténor Luis Mariano, d'imposer son talent, tandis que la chanson *Mexico* était plébiscitée par un public avide de roucoulades exotiques.
Le metteur en scène pressenti se nomme Richard Pottier – qui a signé auparavant *Caroline chérie*, avec Martine Carol, ainsi que d'autres opérettes filmées, déjà avec Luis Mariano, comme *Rendez-vous à Grenade* et *Violettes impériales*.
Le partenaire de Luis Mariano sur scène – Pierjac, qui joue le personnage de Bilou – n'étant pas, aux yeux du producteur, assez *bankable*, Bourvil lui est préféré. Raymond Vincy, l'un des créateurs avec Félix Gandéra, l'adapte pour le cinéma. Les chansons de Francis Lopez sont réenregistrées pour l'occasion.

Les partenaires d'André se nomment Tilda Thamar et Annie Cordy, qu'il retrouve avec joie ; cette dernière a en effet quitté la troupe de *La Route fleurie* depuis quelque temps déjà. Autre raison de se réjouir : il tourne pour la première fois avec son grand ami Luis Mariano. Ils se sont déjà croisés à maintes reprises, mais n'ont jamais eu l'occasion de travailler ensemble. De plus, une partie du tournage se fait dans la région d'Irun, au Pays basque, pays du chanteur à la voix d'or. Toute la famille Raimbourg est du voyage : Jeanne et les enfants ainsi que Denise, la sœur d'André, pour profiter du soleil et de l'océan tout proche.

Alors que se termine le tournage, André est préoccupé par la sortie imminente de la fameuse *Traversée de Paris*. Pourvu que ça marche ! Si le public et la critique reçoivent bien le film – ce qu'il pressent –, ce sera un tournant décisif dans sa carrière. Le 3 septembre, Bourvil écrit à son ami Étienne Lorin qui, souffrant, est contraint de rester alité :
« Mon vieux Étienne, te voilà en panne une fois de plus, après l'un c'est l'autre, quand on est jeune, il faut lutter pour se faire une place, et quand on a la quarantaine,

Bourvil, Annie Cordy et Luis Mariano.

LE CHANTEUR DE MEXICO

Miguel Morano (Luis Mariano), vedette de la chanson, refuse de partir pour le Mexique jouer l'opérette *Le Chanteur de Mexico* car, lors d'une précédente tournée, il a promis d'épouser Tornada (Gisèle Grandpré), qui règne en maîtresse sur son hacienda. Ayant trahi sa promesse, Miguel ne veut plus mettre les pieds au Mexique par peur des représailles de la terrible femme qui, effectivement, l'attend de pied ferme.

À Lesaca, au Pays basque, Vincent Etchebar (Luis Mariano jouant un deuxième rôle) et Bilou (Bourvil) sont deux amis inséparables. L'un a une voix d'ange, et l'autre est doué pour la trompette dont il joue dans la fanfare municipale. Lors de la fête du village, Cartoni (Fernando Rey), l'imprésario de Miguel Morano, passe par hasard. En entendant la prestation de Vincent, il est frappé tant par leur ressemblance physique que vocale.

Ça y est, il a la solution à son problème ! Lorsqu'il propose à Vincent un rendez-vous à Paris, celui-ci accepte à condition que son ami Bilou soit de l'aventure. Les deux hommes prennent donc la route, en chantant :

« Quand on est deux amis
Et que toujours unis
Sur le même chemin
On va main dans la main
On arrive à bon port
Et l'on est bien plus forts
Pour lutter contre les coups du sort… »

Ne trouvant pas l'imprésario dans la capitale, les deux copains se font embaucher comme peintres par un lointain parent de Bilou. Ils donnent une deuxième jeunesse à la Tour Eiffel ; le film vaut le détour ne serait-ce que pour les superbes images auxquelles cette scène donne lieu.

Vincent et Bilou ont trouvé un petit appartement dans un immeuble où loge également Cri-Cri (Annie Cordy), qui tombe sous le charme de Vincent. Cri-Cri encourage Vincent à se présenter à un radio-crochet dans un cabaret où elle travaille.

En entendant Vincent à la radio, Cartoni le convoque dans son bureau. Cette fois, ce sont les trois amis qui s'y rendent avec des exigences de stars. Pris au piège et n'ayant d'autre solution, Cartoni accepte tout, et nos trois compères se retrouvent à Mexico pour les représentations de l'opérette.

La vedette féminine du spectacle est Eva Marchal (Tilda Thamar), qui éprouve une attirance certaine pour Vincent. Tornada, informée du spectacle, croit au retour de son fiancé et le fait enlever par ses hommes afin qu'il tienne sa promesse.

Bilou et Cri-Cri s'empressent de partir à la recherche de Vincent. Ils le retrouvent alors qu'il est contraint d'épouser l'impétueuse Tornada. Heureusement, Bilou trouve les mots qu'il faut pour arranger la situation. Vincent se rend enfin compte de l'amour que Cri-Cri lui porte, et les tourtereaux finissent par tomber dans les bras l'un de l'autre. Le film se termine sur l'air intemporel du *Chanteur de Mexico* :

« Mexico, Mexiiiiiiiiiico
Sous ton soleil qui chante,
Le temps paraît trop court
Pour goûter au bonheur de chaque jour. »

Affiche **belge**.

Départ du train spécial **Paris-Mexico**.

Arrivée avec **Jean Gabin** à la Biennale de Venise, et bal de gala du festival.

il faut lutter pour garder la santé, mais nous vaincrons parce que nous sommes les plus forts !
Garde bon moral, mon beau-père qui était cardiaque et asthmatique est mort à 78 ans de la prostate, tu vois, il faudra nous trouver autre chose si tu veux nous mettre dans l'inquiétude.
Je sais que ce n'est pas drôle de rester allongé quand on a du travail, mais considère que ta vie est une partition de musique et qu'en ce moment tu n'as que des mesures à compter, ou alors si tu préfères, toi qui es antimilitariste, considère que tu es appelé pour faire tes vingt-huit jours.
Pendant ce repos forcé, tu trouveras peut-être des idées de chansons. J'ai les musiques du *Tango* et de *Agathe*, mais je ne les enregistrerai que plus tard, en novembre, avec deux autres poèmes dont tu feras la musique.
Jeanne et l'accompagnateur personnel de Line Renaud[1] vont bien, j'espère.
Jeanne est à côté de moi, elle se prépare pour venir avec moi et Gabin à Venise, afin de recevoir un prix ou un coup de pied dans le cul. De toute façon, on s'gondolera parce qu'à Venise, hein…
À bientôt. Nous vous embrassons tous les trois.
André »

Voici donc notre petite équipe en route pour la Cité des Doges. Bourvil avait tort de s'inquiéter : l'accueil du film est triomphal. En plus d'une ovation du public, la critique de cette édition de la Mostra l'encense. Gabin et Bourvil sont criants de vérité, le noir et blanc rend encore plus parlant le réalisme des scènes.

1. Michel Lorin, le fils d'Étienne et Jeanne.

Après trois jours dans la ville des amoureux, le couple Raimbourg rentre au pays, à Paris, puis prend la route de Bourville. Un matin, il est à peine neuf heures quand le facteur déboule au hameau de Tonneville, dans la véranda de la famille Raimbourg-Ménard : « André a gagné, André a gagné, on vient de le dire à la radio ! » Aussitôt le téléphone sonne, on demande André : en effet, il a gagné la Coppa Volpi, autrement dit le Prix d'interprétation dans l'un des plus grands festivals de cinéma européen ! Les titres de la presse sont éloquents : « Bourvil, meilleur acteur du monde ». La première réaction d'André est de poser une question : « Et Gabin alors, il n'a rien ? ». André doit repartir à toute vitesse à Paris, pour satisfaire aux demandes d'interviews des journalistes.
La cérémonie de remise de la Coupe Volpi a lieu dans les salons d'apparat de l'Ambassade d'Italie à Paris. Monsieur Buaroni, Ambassadeur d'Italie, la lui remet en présence de Monsieur Lemaire, Ministre du Commerce et de l'Industrie.
Devant un tel accueil international, Marcel Aymé – qui était farouchement opposé à la participation d'André – se rend à la première parisienne du film, le 26 octobre 1956. Il est ébloui et prend sa plume afin de confesser hautement son erreur à Autant-Lara :
« Cher ami,
J'espérais vous voir à la présentation du film et j'ai regretté que vous n'y soyez pas. Je vous aurais dit de vive voix combien j'étais content du film qui est une vraie réussite. Je vous aurais dit aussi que j'ai trouvé Bourvil tout à fait remarquable, et j'aurais hautement confessé mon erreur. (…) Merci de ce que vous avez fait. C'est vraiment la toute première fois qu'on fait au cinéma quelque chose tiré de mes livres qui soit, non seulement bien, mais d'une très grande qualité.
Et dans ce cas particulier, ce n'était pas facile.
Je vous en suis très reconnaissant.
Marcel Aymé »
Hormis la Coppa Volpi, André reçoit pour ce film une Victoire du cinéma français – équivalent d'un César actuel –, une Étoile de cristal, ainsi que la Médaille de la Ville de Paris.
Pour promouvoir le film, une grande course de porteurs est organisée entre la Gare Saint-Lazare et la Gare de Lyon : les participants doivent transporter des valises faisant la publicité de *La Traversée de Paris*. Le vainqueur remporte un cochon, remis par Jean Gabin, et un déplacement à Marseille où Bourvil lui offre un chèque… au porteur.

Étoile de cristal reçue en compagnie de **Henry Fonda** et d'**Alida Valli**.

À droite, remise des prix du **concours de porteurs**.

André reçoit la **Coppa Volpi** des mains de M. Buaroni.

Ci-dessous la **Médaille de la Ville de Paris**.

Toujours **les valises**.

Si à l'A.B.C. les représentations de *La Route fleurie* s'achèvent enfin, Bourvil n'en a pas fini avec cette opérette pour laquelle il travaille tous les soirs depuis quatre saisons pour un salaire ridicule – en tout cas sans commune mesure avec le succès de son personnage. En effet, après Paris commence maintenant la tournée en province, en Belgique et en Suisse. Georges Guétary n'est pas du voyage. Mais l'opérette a été achetée par les théâtres à la condition expresse que Bourvil soit à l'affiche.

En ce début 1957, André décompresse un peu : il voyage pour les représentations de *La Route,* restant parfois dix jours dans la même ville. Les théâtres de l'époque possèdent leurs troupes attitrées : des comédiens sont sélectionnés dans chaque ville pour assurer les rôles accessoires et les ballets. Il faut donc prévoir deux ou trois jours pour répéter avant les représentations. À chaque étape, la demande est telle que les théâtres refusent du monde.

« André a gagné, **André a gagné**, on vient de le dire à **la radio** ! »

D'autres comédiens se joignent à Bourvil : Jacques de Mersan reprend le rôle de Jean-Pierre (autrefois tenu par Guétary), Brigitte Mars celui de Mimi (créé par Annie Cordy).

Entre deux dates, André enregistre un 33 tours réunissant neuf poèmes de Camille François, sur une musique d'Étienne Lorin. Des textes sensibles récités avec tout le talent et l'émotion du comédien, parmi lesquels *Mon chien*, *Le Charcutier*, *Vive la mariée*, et *Fredo l'porteur* – porteur, comme Martin dans *La Traversée de Paris* – :

« Me v'là, c'est moi : Fredo l'porteur.
Qu'aime mieux les gares que les églises
Et qui trimbale toutes les valises
De ceux qui veulent changer d'secteur… »

Victoires du cinéma, en compagnie de Brigitte Bardot, Danielle Darrieux et François Perrier.

« **Waterloo**, morne plaine. »

DRAMATIQUE, MOI ?

Elfriede Florin, André et Jeanne.

Marcel, le frère d'André, et Jeanne, sur le tournage.

La vision des producteurs et des réalisateurs a changé : Bourvil n'est plus seulement le comique de service, le paysan normand un peu simplet appartient définitivement au passé. *La Traversée de Paris* et son prix d'interprétation ont révélé un nouvel aspect du personnage.

Le metteur en scène Jean-Paul Le Chanois – qui a déjà signé bon nombre de films marquants comme *L'École buissonnière* (avec Bernard Blier, 1949) et *Papa, maman, la bonne et moi* (avec Robert Lamoureux, 1954) – veut pousser le bouchon encore plus loin en proposant à Bourvil un rôle qui risque cette fois de casser totalement son image : celui de Thénardier, dans une nouvelle adaptation des *Misérables* de Victor Hugo. André, à qui un technicien avait dit un jour : « Toi, t'es pas fait pour jouer les méchants ! », accepte pourtant de prendre le risque.

« TOI, T'ES PAS FAIT POUR JOUER **LES MÉCHANTS** ! »

Le budget est colossal. Il s'agit d'une co-production franco-italo-est-allemande. Le Chanois – qui est un militant communiste – et ses producteurs ont négocié pour que le tournage se fasse dans les studios de Neue Babelsberg, à dix kilomètres de Berlin Est, en plein dans la zone d'occupation soviétique. Gabin, choisi pour jouer le rôle de Jean Valjean, râle ferme : « Pourquoi venir si loin alors qu'on a tout ce qu'il faut en France ? » Réponse : avec la main-d'œuvre française, la reconstitution de la bataille de Waterloo et du Paris de l'époque aurait doublé le prix du film. L'insurrection de Paris et les scènes de barricades nécessitent pas moins de dix mille figurants ; plusieurs régiments militaires sont réquisitionnés.

Les décors de Serge Piménoff et de Karl Schneider sont tout simplement grandioses. La rue Saint-Denis de 1830 est reconstituée à Postdam dans les moindres détails, d'après les documents d'époque.

La **DS** à Montainville.

Quant au photographe de plateau, c'est un maître en la matière : Roger Corbeau a travaillé entre autres avec Orson Welles, Abel Gance, Marcel Pagnol, Jean Cocteau… Comme le stipule son contrat, Gabin – qui retrouve avec plaisir « le André », comme il surnomme son partenaire – peut imposer son dialoguiste. Il suggère donc à Jean-Paul Le Chanois – avec l'insistance qu'on lui connaît – son ami Michel Audiard. Mais ces deux-là ne s'aiment pas : Le Chanois apprécie peu le côté provocateur d'Audiard, qui le surnomme « le communiste ». L'ambiance tourne au vinaigre au bout de quatre jours à peine.
Au magazine *Cinématographe,* daté de juin 1980, le génial dialoguiste confiera : « Le Chanois m'avait dit : “Je te préviens tout de suite, je n'aime pas Victor Hugo.” Comme j'aime mieux Victor Hugo que Le Chanois, c'est mon droit, je me suis tiré. » René Barjavel, auteur de *Ravage* et de *Tarendol,* est appelé à la rescousse.
André, accompagné de Jeanne, a emmené son frère Marcel à la découverte des plateaux de cinéma. Il loge à Berlin Ouest et doit donc, chaque matin, passer du côté communiste à Checkpoint Charlie – à cette époque le Mur n'est pas encore construit –, ce qui suscite l'admiration des douaniers. Pas seulement pour l'acteur, mais aussi pour sa voiture, une Citroën DS 19 flambant neuve, un modèle révolutionnaire par son design et sa suspension hydropneumatique.
L'adaptation, qui se veut fidèle au roman-fleuve, impose un film d'une longueur inhabituelle : plus de trois heures, soit deux longs-métrages, et deux « époques ».

ANDRÉ ÉCLATE DE **RIRE**
JEAN GABIN **BOUGONNE**

Lors du tournage de la scène de « l'achat » de l'enfant par Valjean, Thénardier-Bourvil s'évertue à gentiment faire enrager Gabin. Alors que Martine Havet (qui joue Cosette enfant) doit aller voir Valjean, Bourvil lui dit : « Au lieu de dire ton texte au monsieur, tu lui diras “merde !” », ce que fait l'enfant. André éclate de rire, Jean bougonne…

Le tournage dans cette lointaine et sinistre Allemagne communiste se révèle fastidieux et épuisant. Bourvil doit effectuer de nombreux aller-retours à Paris pour revoir sa famille, mais également voyager pour assurer les représentations de *La Route fleurie*, notamment à Lausanne en mai 1957[1]. Sans parler des rendez-vous

1. *La Route fleurie* est encore jouée, pour dix représentations, à Mons, en Belgique, en novembre 1957.

Affiche **belge**.

Sur le **tournage** des *Misérables.*

Bourvil en **Thénardier**.

LES MISÉRABLES
PREMIÈRE ÉPOQUE

1802. Jean Valjean (Jean Gabin) est condamné à purger cinq ans de bagne à Toulon pour le vol d'un pain. Sa peine est prolongée de quatorze ans par l'intendant Javert (Bernard Blier) pour deux tentatives d'évasion et pour avoir enlevé ses chaînes afin de sauver un homme enseveli sous un rocher. Le forçat est libéré après dix-neuf ans, avec obligation de se présenter une fois par mois dans un poste de police. Il possède des papiers spéciaux qui rendent quasiment impossible sa réinsertion dans la société.
Valjean arrive à Digne où il est accueilli par Monseigneur Myriel (Fernand Ledoux), évêque de la région, qui vit dans le dénuement mais dont la couche et le couvert sont toujours à la disposition de qui les demande. Le lendemain matin, la sœur de l'évêque constate la disparition du bagnard ainsi que de l'argenterie, héritage de famille, seul luxe de l'ecclésiastique. Valjean est ramené entre deux gendarmes auprès du serviteur de Dieu qui, cachant la vérité, dit lui avoir offert les couverts et y ajoute deux chandeliers en argent. L'évêque prie Valjean de changer de vie et lui précise : « N'appartenez plus au mal mais au bien, c'est votre âme que je vous achète. » Pendant le trajet, l'ancien forçat accomplit un dernier méfait en dépouillant un petit ramoneur d'une pièce de monnaie.
Quelques années plus tard, Jean Valjean a réussi sa reconversion, avec l'argent que lui a rapporté le butin de l'évêque. Il est devenu Monsieur Madeleine et dirige une entreprise florissante : il a aussi créé un hôpital gratuit, une crèche et apporté la croissance à la commune de Montreuil-sur-Mer, dans le Nord. En remerciement, les concitoyens l'ont nommé maire de la ville.
L'arrivée de l'inspecteur Javert (également joué par Bernard Blier), fils de l'intendant du bagne de Toulon, va-t-elle contrarier la vie de Monsieur Madeleine ? L'inspecteur ne tarde pas à appliquer des méthodes strictes : il arrête une jeune prostituée qui se défend face à de jeunes bourgeois avinés. Monsieur Madeleine exige, en qualité de maire, et donc de chef de la police, la relaxe de la jeune femme, prénommée Fantine (Danièle Delorme). Surnommée la Môme Paillasson, elle est obligée de vendre ses charmes car elle est fille-mère et a confié son enfant à un couple : les Thénardier (Bourvil et Elfriede Florin), aubergistes de leur état. Ceux-ci ont deux filles et un fils, Gavroche. L'argent récolté par Fantine sert à payer la pension de la petite. Auparavant, elle travaillait à l'usine de Monsieur Madeleine, dont elle avait été licenciée suite à une altercation avec un supérieur. Atteinte de tuberculose, elle est hospitalisée et demande à Monsieur Madeleine de lui ramener son enfant. Mais elle décède avant d'avoir revu sa fille.
Javert, qui soupçonne le maire d'être Jean Valjean, contraint Monsieur Madeleine à se rendre au tribunal où un individu nommé Champmathieu (également joué par Gabin) est accusé d'être ledit Jean Valjean, tant sa ressemblance avec le bagnard est troublante. Afin d'éviter une erreur judiciaire, Monsieur Madeleine se démasque et fuit vers Paris.
En chemin, il cherche et trouve Cosette (Martine Havet), la fille de Fantine, qui est exploitée par le couple Thénardier. Il la délivre contre monnaie sonnante et trébuchante : « C'est que je l'adore, moi, cette enfant. J'ai besoin que ça babille... ou alors c'est mille cinq cents francs », lui balance Thénardier.
Javert, à la poursuite de Valjean, voit s'échapper l'ancien bagnard et l'enfant. Ils trouvent refuge dans un couvent parisien où Cosette grandit dans l'ignorance de ses origines familiales. Valjean, devenu Monsieur Fauchelevent, trouve un emploi comme jardinier. Et le temps passe...
À Paris, un jeune homme prénommé Marius (Gianni Esposito) apprend, à la mort de son père, colonel des armées napoléoniennes, que ce dernier, grièvement blessé à Waterloo, n'avait dû la vie sauve qu'à un nommé Thénardier, un sergent qui préférait dépouiller les morts plutôt que d'affronter l'ennemi. Dans ses dernières volontés, le colonel écrit : « À Waterloo, Thénardier m'a sauvé. L'Empereur m'a fait baron, mon fils portera ce titre. » On retrouve le jeune homme vivant dans une humble demeure. Il a pour voisins les Thénardier, mais il l'ignore. Tous les jours il part étudier au Jardin du Luxembourg. Assis sur un banc, il a remarqué une jeune fille dont il est tombé amoureux. Elle se prénomme Cosette et est toujours accompagnée par un homme que Marius croit être son père, et qui n'est autre que Valjean-Fauchelevent.
Pendant ce temps, les évènements politiques se précipitent; l'insurrection contre Louis XVIII est proche. Quelque part dans Paris, un inspecteur de police du nom de Javert ne désespère pas de remettre la main sur le forçat Jean Valjean...

Silvia Monfort et André Bourvil.

LES MISÉRABLES
DEUXIÈME ÉPOQUE

Après la défaite de Napoléon, Louis XVIII détient le pouvoir. Le jeune Marius se lie d'amitié avec Enjolras (Serge Reggiani), chef d'un groupe révolutionnaire du Quartier latin. Les Thénardier vivent de menus larcins et de mendicité.
Éponine (Silvia Monfort), leur fille aînée, vole un pain et est arrêtée, mais Valjean-Fauchelevent la délivre et paie grassement le commerçant pour qu'il laisse tomber l'affaire. Éponine est ensuite invitée à se restaurer chez son sauveur, où Cosette lui donne une robe. Fauchelevent décide alors de rendre visite à ses parents, afin de leur apporter nourriture et boissons. Cosette l'accompagne.
Éponine en informe son père qui prépare un numéro de miséreux afin d'amadouer son bienfaiteur, et prétexte un retard de loyer pour demander à Fauchelevent de bien vouloir les aider.
Ayant reconnu Jean Valjean, Thénardier fait appel à sa bande de malfrats afin d'attirer l'homme dans une embuscade.
Marius, voisin des Thénardier, les a entendus préparer un mauvais coup et s'en va prévenir la police – en l'occurrence l'inspecteur Javert. Celui-ci manigance alors une souricière.
Le soir, Fauchelevent tombe dans l'embuscade de Thénardier, qui lui-même tombe dans la souricière de Javert. Les brigands sont arrêtés. Javert se retrouve nez à nez avec Valjean-Fauchelevent, qui parvient à fuir *in extremis*.
Éponine retrouve Marius dont elle est secrètement amoureuse et lui donne l'adresse de Cosette. Valjean, se sachant de nouveau recherché par Javert, part déterrer l'argent gagné lorsqu'il était Monsieur Madeleine, afin de s'enfuir pour Londres. Apprenant le départ de son aimée pour l'Angleterre, Marius rejoint les révolutionnaires se trouvant sur le pied de guerre. Le général Lamarck, dernier défenseur du peuple à l'Assemblée nationale, a succombé.
Lors de son enterrement, le catafalque est détourné pour être emmené au Panthéon. La police charge avec les chevaux, et une nouvelle insurrection commence, des barricades se dressent. La bande d'Enjolras est décimée, ainsi qu'Éponine et Gavroche Thénardier. Marius, blessé, est sauvé par Jean Valjean qui l'emporte sur son dos à travers les égouts. Thénardier, qui est caché au même endroit, l'aperçoit. Jean Valjean tombe nez à nez avec Javert et lui demande de le laisser reconduire le jeune homme, inconscient. L'inspecteur, pour une fois, montre qu'il a du cœur et laisse faire l'ancien forçat. Une fois sa mission accomplie, le bienfaiteur s'éclipse. Javert, pris de remords, va se jeter dans la Seine.
Marius, guéri, retrouve Cosette. Les jeunes gens se marient. Jean Valjean avoue son identité à Marius, sans lui dire qu'il l'a sauvé d'une mort certaine, et lui demande l'autorisation de voir Cosette de temps en temps. Marius l'en dissuade et provoque ainsi la rupture entre le héros et son « enfant ». Celui-ci, fou de tristesse, dépérit. Un jour, un dénommé Thénard se présente chez Marius Pontmercy afin de lui vendre un secret. C'est ainsi que le jeune homme apprend que son sauveur anonyme n'était autre que Jean Valjean. Le jeune couple se précipite alors chez celui qui, mourant, peut partir en paix après avoir revu une dernière fois celle qu'il considère comme sa fille. Il lui dévoile le prénom de sa mère, Fantine, et demande à être enterré dans une tombe de pauvre, sans nom.

Affiche **espagnole**.

à propos d'un nouveau tournage qui se prépare. Encore un film dramatique. Le réalisateur n'est autre qu'André Cayatte, avocat de formation et réalisateur prestigieux de *Justice est faite* (avec Claude Nollier, 1950) et de *Nous sommes tous des assassins* (avec Mouloudji, 1952). Avec l'aide de son complice Gérard Oury, Cayatte a concocté un scénario sur un thème (déjà) à la mode : la chirurgie esthétique. On peut même parler d'un dossier à charge, d'une véritable instruction. Avant de devenir *Le Miroir à deux faces*, le film a pour titre de travail *Masque*, et, en cette fin 1957, une annonce paraît dans la presse : « Recherchons comédienne laide pour un film d'André Cayatte avec Bourvil et Michèle Morgan. L'élue se verra offrir une opération de chirurgie esthétique sous l'œil de la caméra du réalisateur. Écrire avec photo. Boîte Postale 639, 70608 Paris ».

RECHERCHONS COMÉDIENNE **LAIDE** POUR UN FILM D'ANDRÉ CAYATTE AVEC BOURVIL

Le film se veut réaliste. André Bourvil est enchanté d'être le mari de la grande Michèle Morgan, celle à qui Gabin déclarait dans *Quai des brumes* le fameux « T'as d'beaux yeux, tu sais… ».
De son côté, la comédienne n'est pas au mieux de sa forme, son mari Henri Vidal ayant renoué avec son vieux démon : la cocaïne. La vie n'est pas facile ; vivre au grand jour avec un drogué lui est pénible, et malgré tous les sacrifices concédés pour aider celui qu'elle aime, rien n'y fait. Alors qu'elle séjourne sur la Côte d'Azur, Cayatte et Oury lui donnent rendez-vous afin de lui présenter le sujet. Être laide représente un défi pour celle qui, à juste titre, est à l'époque considérée comme l'une des plus belles femmes du monde. Gérard Oury raccompagne la comédienne le soir à son hôtel et insiste pour l'inviter à dîner, ce que Michèle accepte.

LE MIROIR À DEUX FACES

Pierre Tardivet (Bourvil), professeur de mathématiques dans un collège de banlieue, passe une petite annonce en vue de se trouver une épouse. Les époux Vauzange, eux, essaient de trouver un prétendant pour caser leur fille Marie-José (Michèle Morgan), qui est aussi cultivée que son physique est ingrat. Un rendez-vous est arrangé, à l'insu de la jeune fille, dans le magasin de disques où elle travaille.

Le mariage a lieu quelque temps plus tard. Le voyage de noces se déroule à Venise mais, très vite, la jeune épouse découvre la personnalité de son mari.

Si les mathématiques n'ont pas de secret pour lui, il s'avère être un homme radin, minable, sans ambition. Durant ce séjour, il lui avoue le subterfuge de ses parents afin de forcer leur rencontre, qui ne doit rien au hasard. Sous prétexte d'une erreur de prix de l'hôtel, Pierre décide de changer de programme. Le couple est accueilli chez des Français rencontrés dans le train, et passe ainsi sa première nuit dans une chambre mitoyenne... très mitoyenne !

Après quelques années, Marie-José, sous la domination de sa belle-mère (Sylvie, future héroïne, à 80 ans, de *La Vieille Dame indigne* de René Allio), s'est installée dans son rôle d'épouse et de mère, car deux enfants sont nés de leur union.

Un soir, Pierre Tardivet a un accident de voiture. Il est hospitalisé dans la clinique privée du chauffard, le docteur Bosc (Gérard Oury). Pour se faire pardonner, ce dernier, spécialiste en chirurgie esthétique, offre à Tardivet d'opérer sa femme et de lui donner la beauté qu'elle mérite. Le petit professeur refuse, malgré l'enthousiasme de Marie-José.

Celle-ci, prétextant un voyage auprès de sa grand-mère souffrante, s'absente pour un mois. Elle a décidé de tenter l'opération, qui se révèle être une véritable réussite.

Le retour au domicile conjugal n'est pas celui qu'elle attendait ; un véritable enfer commence pour la jeune femme qui est rejetée par son mari. Elle est devenue trop belle pour lui ! Un soir, attendant le retour de son épouse, le professeur s'enivre. Dès l'arrivée de Marie-José, il l'humilie avec brutalité et tente de la violer.

Petit à petit, la jeune femme se confie à son beau-frère qui vient de rompre avec la sœur de Marie-José, trop volage. La situation est devenue invivable et la jeune femme s'enfuit au Canada avec son beau-frère, dont elle est amoureuse depuis sa jeunesse.

Au cours d'une escale, un télégramme apprend à Marie-José le décès du docteur Bosc, assassiné par Tardivet. Ne voulant pas abandonner son époux et ses enfants dans cette épreuve, elle rejoint la France, laissant là son amant non sans avoir vécu, enfin, une nuit de bonheur.

Affiche **française**.

Face à face avant le **drame**.

Retrouvailles avec **Gérard Oury**.

C'est lors d'une promenade que Gérard l'embrasse pour la première fois. « Un flirt, rien de plus », pense-t-elle, « un rayon de soleil dans ma nuit… ». Eh bien non : c'est le début d'une histoire d'amour désormais inscrite dans la légende du cinéma français.

Le tournage débute le 23 janvier 1958 aux studios de Boulogne. Les extérieurs sont tournés à la Gare Saint-Lazare et à Venise. Tous les matins, Michèle Morgan passe dans les mains expertes de Charles E. Parker, maquilleur réputé venu d'Hollywood pour enlaidir l'actrice. Le visage doit être ingrat mais pas repoussant : une prothèse est appliquée pour modifier la mâchoire inférieure, les yeux sont rapetissés, les sourcils épaissis et un faux nez est appliqué ; on dirait le nez de Bourvil sur le visage de Michèle ! Après ce traitement, Michèle prend la route du studio dans une voiture où elle est cachée par des rideaux, afin de décourager les paparazzi à la recherche d'un scoop.

Sur le plateau, l'équipe technique est réduite au minimum : le secret doit être le mieux gardé possible pour créer un effet de surprise maximal à la sortie du film.

« MOTEUR… **ACTION !** »
C'est parti,
André vocifère son texte avec un talent **stupéfiant**

Première du *Miroir à deux faces*. André **embrasse Michèle** sous l'œil de son mari **Henri Vidal**.

Lors du dernier jour de tournage, Bourvil doit jouer la scène la plus délicate : celle où il doit, sous l'emprise de l'alcool, violenter Michèle Morgan. Cayatte indique à André le jeu souhaité. La scène, qui doit durer trois minutes, sera tournée en plan continu. Mais trois minutes c'est long, très long ! Sur le plateau le silence se fait, la tension est palpable quand surgissent les ordres : « Moteur… Action ! ». C'est parti, André vocifère son texte avec un talent stupéfiant. Son jeu d'acteur atteint ici son paroxysme, la querelle est impeccablement interprétée. Lorsque Cayatte lance « Coupez ! », tous ceux qui ont assisté à la scène applaudissent la performance, tandis qu'André, pour évacuer le stress, se met à chanter : « L'amour avec moi c'est du nanan, et ça ne peut pas être autrement » en effectuant un petit pas de danse tout bourvilien.

André et **Luis Mariano**.

SÉRÉNADE AU TEXAS

Maître Jérôme Quilleboeuf (Bourvil), notaire à Honfleur, retrouve après un an de recherches Jacques Gardel (Luis Mariano), préposé au rayon musique d'un magasin d'articles de luxe. Jacques est l'héritier à la cinquième génération d'un grand chef indien ayant séjourné en France un siècle plus tôt. L'héritage est un vaste terrain pétrolifère au Texas.

Voici donc nos compères partis pour le Nouveau Monde faire valoir les droits de l'héritier. Après avoir fait légaliser l'acte de propriété à New York, il leur reste exactement cinquante trois dollars en poche pour rejoindre Big Bend, au Texas. Lors de leur périple, les deux hommes sont recueillis par la troupe de théâtre Roderick, composée du père (Yves Deniaud) et de ses deux filles, Sylvia (Sonia Ziemann) et Rose (Germaine Damar). Le voyage est mouvementé car l'équipe subit une attaque. Jacques et Quilleboeuf apprennent à cette occasion que Big Bend est terrorisée par les Cavaliers noirs, qui cherchent à déloger les habitants pour le compte de Dawson, lui-même à la solde des compagnies pétrolières. Arrivés sur place, nos deux héros, qui ont incorporé la troupe pour rester incognito, parviennent à confondre Dawson, et Jacques offre les terrains à la population. Jacques, amoureux de Sylvia, reste sur place et construit un théâtre pour l'élue de son cœur ainsi que pour sa sœur, amoureuse d'un cow-boy. Jérôme rejoint la France, fortune faite, pour se « présenter aux suffrages de ses concitoyens, afin de devenir député et qui sait, peut-être, ministre ».

Affiche **française**.

Sonia Ziemann, Luis Mariano, André Bourvil et Yves Deniaud.

JE PASSE MA VIE À T'ÉPIER

Un mois et demi avant sa sortie en salle, le film est présenté le 5 septembre 1958 à l'Opéra Garnier, lors d'une première où sont conviées « les mille et une plus belles femmes de Paris ». Les critiques sont excellentes, André gagne définitivement ses galons de grand acteur. Le long métrage sortira dans le monde entier : en Amérique du Sud, aux États-Unis et même au Japon, toujours avec le même succès.

Si les rôles au cinéma sont désormais sérieux, André peut heureusement continuer à amuser son public grâce à ses chansons. Fernand Bonifay – l'auteur de *Maman la plus belle du monde*, qui mit des paroles sur *Petite fleur* de Sidney Bechet – lui écrit quatre titres sur mesure : *La Polka du colonel*, *Pstt !*, *Mon bon vieux phono* et *T'épier*, qui connaît un succès tant à la radio qu'à la télévision.

« J'ai toujours peur que tu me caches
Un petit peu trop la vérité
C'est pourquoi sans que tu le saches
Je passe ma vie à t'épier
T'épier
Pour savoir c'que tu fais
Je surveille sans arrêt
T'épier. »

De chansons, il en sera encore question dans le prochain film ; le succès du *Chanteur de Mexico* suscite une suite et des retrouvailles avec Luis Mariano pour une *Sérénade au Texas*.
Si *Le Chanteur de Mexico* était tiré d'une opérette existante, ici le scénario est original et directement conçu pour le cinéma. Richard Pottier est à nouveau aux commandes avec toute son équipe. Outre Mariano, André retrouve des gens qu'il apprécie. La musique est de Francis Lopez – ce qui est déjà un gage de succès – et le livret de Camille François – dont Bourvil déclamait les vers il n'y a pas si longtemps.
Pour un film censé se dérouler au Texas, il faut du soleil. L'équipe se rend donc aux studios de la Victorine, à Nice.

À dada, à dada et fouette fouette fouette fouette fouette-la

Si les critiques sont mauvaises, le film est un succès en salles : deux millions cinq cent mille spectateurs, soit la moitié du score du *Chanteur de Mexico* – mais ce dernier était précédé par la bonne réputation du spectacle, joué à guichets fermés sur la scène du Châtelet. Malgré cette déconvenue, quelques chansons se démarquent du lot, dont le célèbre *À dada :*
« À dada, à dada
et fouette fouette fouette
fouette fouette-la
À dada, à dada
et fouette fouette fouette
fouette fouette-la. »

Mais Bourvil n'a pas fini de chanter. *La Route fleurie* a connu un tel succès que l'équipe ne peut en rester là : le public est demandeur, et le couple Guétary-Bourvil est attendu de tous !

À la maison,
ils écoutent
de la **bonne**
musique.

Jeanne, un vrai **cordon bleu.**

LE BAL DES DÉBUTANTS

LE SUCCÈS DE **LA ROUTE FLEURIE** APPELLE **UNE SUITE !**

Retour à **Bourville.**

L'année 1958 est l'une des plus prolifiques de la carrière d'André. Depuis *La Traversée de Paris*, il est reconnu comme une valeur sûre du grand écran. Quant au succès de l'opérette *La Route fleurie*, il appelle une suite ! Un nouveau projet leur est présenté par Paul Nivoix, Camille François et Jo Moutet. André connaît bien les trois hommes pour avoir déjà travaillé avec eux. Georges Guétary est partant. Il n'y a plus qu'à mettre l'œuvre en chantier sous le titre *Pacifico*.

En attendant les répétitions, un troisième tournage est prévu en cette année 1958 : *Un drôle de dimanche,* avec Marc Allégret aux commandes. Après avoir tenu dans ses bras Suzy Delair, Brigitte Bardot et Michèle Morgan, André fera succomber Danielle Darrieux. La distribution comprend également Arletty et un débutant nommé Jean-Paul Belmondo.

La plupart des critiques sont bonnes, saluant une nouvelle fois les performances des acteurs. À noter, dans le quotidien *Le Monde*, cette remarque perspicace de Jean de Baroncelli qui clôture son article par cette phrase : « Signalons enfin, dans le rôle du trompettiste, le jeune Jean-Paul Belmondo. Il devrait faire une belle carrière. »

Danielle Darrieux
et André Bourvil.

UN DRÔLE DE DIMANCHE

À la Libération, en 1944, le capitaine Jean Brévent (Bourvil) s'éprend d'une jeune pharmacienne prénommée Catherine (Danielle Darrieux). Peu de temps après, ils se marient pour le meilleur et pour le pire. Pendant un temps ils vivent heureux – du moins Jean le croit-il – jusqu'à cette soirée où Catherine le quitte car, pour elle, le meilleur n'est pas assez bien. Elle aspire au luxe et au confort, valeurs que Jean ne peut lui offrir.

Cinq ans plus tard, ils se retrouvent par hasard. Lui n'a jamais cessé de l'aimer, elle est partie avec un ami de Jean qui a réussi dans les affaires. Le mari abandonné vit dans une chambre louée par Madame Harmier (Arletty), ancienne comédienne qui donne des cours à de jeunes artistes. Catherine, elle, vit dans des hôtels de luxe aux quatre coins du monde, là où l'appellent les affaires de son compagnon, Robert Sartori (Roger Hanin).

Jean décide alors de se venger et de tuer sa femme. Il lui fait croire qu'il dirige une importante agence de publicité alors qu'il n'est qu'un modeste créateur.

Il l'emmène dans sa soi-disant maison de campagne, mais au moment de passer à l'acte, braquant son arme sur son aimée, il glisse et se retrouve dans la rivière en contrebas. Même sa vengeance, il la rate ! Mais Catherine lui avoue qu'elle l'aime toujours et qu'elle préfère une vie modeste comblée de tendresse qu'une vie de luxe sans sentiment… et l'amour finit par triompher.

Affiche française par **Joineau Bourduge**.

Durant le tournage, André s'est arrêté tous les matins au Théâtre des Champs-Élysées avant de se rendre aux studios de Boulogne, juste le temps de répéter la scène de la consultation de *Knock*, la pièce de Jules Romains.

Dans le cadre d'un hommage à Louis Jouvet, on a demandé à André d'interpréter cet extrait avec, pour lui donner la réplique, un autre jeune homme promis à un bel avenir : Jean-Claude Brialy. Jean-Louis Barrault, à la mise en scène, est stupéfait par la performance de Bourvil, au point de lui proposer de jouer Molière. « Pourquoi pas ! » répond André, flatté. « Mais nous verrons plus tard. »

André rend également visite à son ami Étienne Lorin. Ce dernier lui a demandé de devenir le parrain de « son bébé », comme il l'appelle : l'École d'accordéon de la Ville de Paris. L'inauguration se fait en grande pompe avec spectacle, concert et distribution de dragées.

Pendant ce temps, *Pacifico* est sur les rails. Presque tous les rôles sont distribués. Comme dans

Sous la baguette d'**Étienne Lorin** à l'École d'accordéon de la ville de Paris.

Il a repéré une **jeune comédienne** marseillaise nommée Pierrette Bruno.

toute bonne opérette qui se respecte, des couples doivent se former, pour un *happy end* en bonne et due forme. Si dans le rôle de Lorenzo, Guétary est promis à la belle Corinne Marchand qui joue le rôle de Marylin, celle qui sera Capucine, l'élue de Casimir, joué par Bourvil, n'a pas encore été trouvée. Mais André a sa petite idée…
Peu de temps auparavant, il avait assisté, au Théâtre Daunou, à une représentation d'une pièce de Michel André : *Virginie*. Ce soir-là, les comédiens, prévenus que Bourvil était dans la salle, avaient donné le meilleur d'eux-mêmes. Le grand artiste passe une très agréable soirée mais ne vient pas saluer les interprètes à la fin du spectacle ; il se contente de rester, comme à son habitude, le plus discret possible. Cependant, il a repéré une jeune comédienne marseillaise nommée Pierrette Bruno.

Répétition du *Docteur Knock*.

Le lendemain, le téléphone sonne dans l'appartement de la jeune méridionale :
« Allô, bonjour c'est Bourvil. Je voudrais vous poser une question : "Est-ce que vous chantez ?"
– Comme ça, sous ma douche…
– Mais tous les Méridionaux chantent ! Rencontrons-nous, voulez-vous ? »
Des essais ont lieu, André est convaincu d'avoir trouvé sa Capucine. La troupe de comédiens ne comprend pas : cette jeune fille se destinait à la Comédie Française, non pas à être une fantaisiste d'opérette. Mais André n'en démord pas : ce sera Pierrette.
Les répétitions commencent. Contrairement à *La Route fleurie*, les comédiens ne doutent pas : ils sont persuadés de faire mouche avec *Pacifico*. Pierrette Bruno s'améliore de jour en jour, mais les paroles d'un duo d'amour ne lui plaisent pas. Elle confie à André : « Je pense que je peux faire mieux. » Le lendemain elle lui tend un texte manuscrit. André lit attentivement et rend le papier à la jeune femme : « Il n'y a pas un mot à changer, c'est à croire que vous avez fait ça toute votre vie. »
Le tube de l'opérette était né : *Je t'aime bien.*

« Ô Capucine…
– Ô Casimir…
– Euh…
– Quoi ?
– Ben, y fait chaud.
Quand, des fois,
tu fais une tête comme ça,
Y en a d'autres qui se moqueraient de toi
Mais, moi, si j'suis la seule qui ne rit pas,
C'est parce que je t'aime bien. »

Un **oranger** sur le sol **irlandais**,
On ne le verra **jamais**

Avant la première de cette nouvelle opérette, André enregistre encore un 45 tours de quatre titres mêlant le rire – avec *Et ta sœur* et *Le Baïon de Cupidon* – et l'émotion – avec *Ne reviens pas sur ton passé* et surtout *La Ballade irlandaise*, sur des paroles d'Eddy Marnay et une musique d'Émile Stern.

« Un oranger sur le sol irlandais,
On ne le verra jamais.
Mais dans mes bras
Quelqu'un d'autre que toi,
Jamais on ne le verra. »

Nous voici le 11 novembre 1958, au Théâtre de la Porte Saint-Martin : le Tout-Paris se presse pour retrouver le duo qui avait fait les beaux jours de l'A.B.C. durant quatre ans. Si Guétary et Bourvil sont à nouveau réunis,

PACIFICO

Mister Wilcox (Marcel Journet), milliardaire américain et producteur de cinéma, passe le réveillon du Nouvel An à Paris, dans un cabaret dont la vedette est Lorenzo (Georges Guétary), un marquis désargenté qui vient de se faire quitter par sa fiancée. Le milliardaire tient à rencontrer le marquis afin de lui proposer un rôle dans son prochain film. La vedette féminine sera Marylin Wilcox (Corinne Marchand), sa propre fille.
Mais Lorenzo n'est pas d'humeur à l'écouter et part faire la tournée des grands ducs, pour noyer son chagrin dans l'alcool d'abord, puis dans la Seine. Casimir (Bourvil), clochard de son état et brocanteur à ses heures, le sauve de justesse. Casimir est fiancé à Capucine (Pierrette Bruno), ce que la mère de la jeune fille voit d'un mauvais œil. Casimir convainc Lorenzo de s'associer avec lui. Le 1er janvier, aux Puces de Saint-Ouen, les deux hommes rencontrent Mister Wilcox qui peut enfin faire sa proposition : un engagement pour un film qui sera tourné à Pago Pago, une île paradisiaque du Pacifique. Casimir s'improvise imprésario et négocie le contrat de Lorenzo.
Et voici nos deux hommes partis pour les îles enchanteresses, vite rejoints par Capucine qui veut surveiller son Casimir.
Lorsque Lorenzo rencontre Marylin, c'est le coup de foudre. Mais ne sachant pas que Lorenzo est son futur partenaire, elle se méfie et pense qu'il veut la dépouiller de ses bijoux. Lorsque son collier de diamants disparaît, elle repart pour son ranch en Amérique en laissant un mot à Lorenzo lui intimant l'ordre de rendre le collier sous peu, ou elle le livrera à la justice. Casimir et Capucine tendent alors un piège au voleur, qui n'est autre que le maître d'hôtel de la résidence où ils sont descendus. Ils récupèrent le collier et le rapportent à sa propriétaire. Marylin tombe alors dans les bras de Lorenzo.

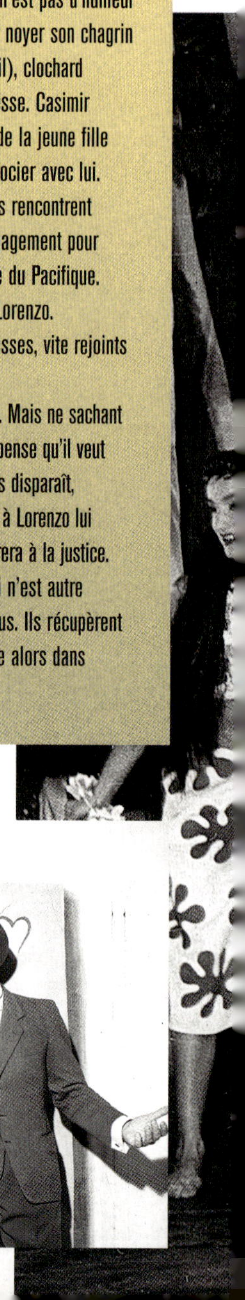

À gauche,
la **troupe**
de *Pacifico*.

À droite, André
et **Corinne**
Marchand.

En route
pour *Pacifico*.

Dans les **coulisses** de *Pacifico.*

« Si Monsieur la **vedette** veut bien se donner la peine... »

cette fois c'est à égalité, en particulier côté salaire. Un des comédiens de la troupe demande à André pourquoi il a laissé mettre le nom de Georges Guétary avant le sien sur l'affiche. La réponse le marque : « Oh, vous savez, à Georges ça lui fait tellement plaisir, et à moi ça me fait tellement rien… » De fait, les deux hommes s'entendent à merveille.
Deux actes, seize tableaux : l'opérette à grand spectacle dans toute sa splendeur. Les créateurs ont repris les ficelles du succès de *La Route fleurie* en les améliorant. André a plusieurs occasions de prendre le public à partie ; il descend même dans la fosse d'orchestre pour remplacer le chef qui lui laisse sa baguette. Deux heures trente de fou rire et d'émotion. Avec une telle recette, c'est évidemment un immense succès. La troupe est partie pour trois saisons complètes de représentations à guichets fermés !
Comme du temps de *La Route fleurie*, les futurs tournages devront se dérouler en région parisienne ou lors des congés du Théâtre Saint-Martin. Néanmoins, le contrat de *Pacifico* inclut une clause permettant à Bourvil de s'absenter pour cause de cinéma.

Le prochain film, heureusement, doit être tourné dans les célèbres studios de Boulogne. Au scénario, Jean Aurenche et Pierre Bost adaptent à nouveau leur auteur préféré : Marcel Aymé. Cette fois c'est Michel Boisrond, déjà auteur de deux films avec Brigitte Bardot (*Cette sacrée gamine* en 1955, *Une Parisienne* en 1957), qui réalise. La distribution du *Chemin des écoliers* réunit de nombreux jeunes acteurs : Françoise Arnoul, Jean-Claude Brialy, Pierre Mondy, Lino Ventura, et un très grand espoir, une belle gueule, un talent fou : Alain Delon.

Un matin, alors que Bourvil arrive au studio, on lui annonce qu'il vient de remporter sa deuxième Victoire du cinéma du meilleur acteur pour son rôle dans *Le Miroir à deux faces*. Tout le personnel du film s'amuse alors avec Bourvil : « Si Monsieur la vedette veut bien se donner la peine… », « Maître, pardonnez-moi de vous déranger, mais l'on vous demande sur le plateau »…

À droite, Bourvil, **Paulette Dubost**, **Alain Delon** et **Martine Havet**.

En bas, Bourvil et **Lino Ventura**.

LE CHEMIN DES ÉCOLIERS

Paris sous l'Occupation, avril 1943. Charles (Bourvil) et Hélène Michaud (Paulette Dubost) ont deux enfants : Pierrette (Martine Havet) et Antoine (Alain Delon). Charles Michaud, docteur en droit, est l'honnêteté incarnée. Son fils est ami avec Paul Tiercelin (Jean-Claude Brialy), dont le père tient un restaurant fréquenté par la haute bourgeoisie, des collabos et la Milice. Les jeunes gens traficotent au marché noir pour le compte du père Tiercelin (Lino Ventura). Antoine est amoureux d'Yvette (Françoise Arnoul), jeune femme frivole, déjà mère d'une petite fille et dont le mari est au Stalag. Inventant un séjour en Bourgogne dans la maison de campagne de son ami, Antoine se rend en réalité chez sa maîtresse.

Charles Michaud, inquiet des absences de son fils, se confie au père Tiercelin, qui le piège en lui envoyant une poule prénommée Olga (Sandra Milo) ; le bon père de famille à la moralité irréprochable est désormais à sa merci, en cas d'embrouille. Ce qui ne tarde pas à se produire lorsque Michaud découvre son fils et sa maîtresse au restaurant de Tiercelin. Fou de rage, il provoque un scandale, mais se calme aussi vite lorsque Tiercelin lui jette la plantureuse Olga dans les bras, face à son fils. Suite à une alerte au bombardement aérien, Antoine et son père ont une franche explication au fond de l'abri et se réconcilient.

Affiche **française**.

La joie de vivre dans les rues de **Montainville**.

SALADE DE **FRUITS**, JOLIE JOLIE **JOLIE**

Entre deux représentations de *Pacifico* et deux journées de tournage, Bourvil s'accorde une récréation en studio pour enregistrer sa version de *Salade de fruits*. Il est habituel, à cette époque, qu'une chanson soit enregistrée au fil des mois par plusieurs interprètes ; les éditeurs de musique – qui touchent la moitié des droits d'auteur des chansons inscrites à leur catalogue – y ont tout intérêt. On a compté des dizaines de versions de *Cigarettes, whisky et p'tites pépées* et des *Lavandières du Portugal*, jusqu'à cinquante versions pour *Bambino* et près d'une centaine de versions de *Que Sera Sera* ! Dans le cas de *Salade de fruits*, l'éditeur fait bien les choses : l'on assiste à une sortie industrielle avec neuf versions simultanées réalisées par des vedettes confirmées comme Bourvil, Luis Mariano et Annie Cordy. Tous les styles d'interprétations sont représentés, du plus tendre au plus lyrique, et le titre est un véritable tube. Quelques décennies plus tard, la seule version que l'on écoute encore est celle de Bourvil, mélange parfait de tendresse, de sourire et de langueur exotique.

« Ta mère t'a donné comme prénom
Salade de fruits, ah ! quel joli nom
Au nom de tes ancêtres hawaïens
Il faut reconnaître que tu le portes bien
Salade de fruits, jolie, jolie, jolie
Tu plais à mon père, tu plais à ma mère
Salade de fruits, jolie, jolie, jolie
Un jour ou l'autre il faudra bien
Qu'on nous marie. »

Classique parmi les classiques.

Un jour ou l'autre il faudra bien
Qu'on nous marie

Bourvil joue **Passepoil**.

LE BOSSU

Le duc de Nevers (Hubert Noël) a épousé secrètement Isabelle de Caylus (Sabina Selman). De cette union est née une petite fille prénommée Aurore. Le prince de Gonzague (François Chaumette) fait assassiner le duc pour s'emparer de sa fortune. Le chevalier de Lagardère (Jean Marais), témoin des faits, recueille l'enfant et s'enfuit avec elle vers l'Espagne, accompagné de son fidèle valet Passepoil (Bourvil). Le prince de Gonzague parvient à épouser la belle Isabelle et tente de la consoler de la disparition de son enfant. Lagardère, quant à lui, est accusé du meurtre alors qu'il avait tout fait pour l'empêcher !

Dix-huit ans se sont écoulés, la petite Aurore a grandi et est devenue une très belle femme (également jouée par Sabina Selman), éperdument amoureuse de Lagardère. Gonzague convoque un conseil de famille afin de statuer sur la descendance du duc de Nevers, et oblige ainsi Lagardère, Aurore et Passepoil à regagner Paris afin de dévoiler la vérité au grand jour. Gonzague a réuni de faux témoins – des gens du voyage – pour qu'ils attestent de la mort d'Aurore alors qu'elle était enfant.

Lagardère parvient à se faire inviter sous les traits d'un bossu au Bal du Régent, Philippe d'Orléans (Paul Cambo). Après moult péripéties et combats acharnés – au cours desquels il utilise la fameuse botte de Nevers, accompagnée par la célèbre maxime : « Si tu ne viens pas à Lagardère, Lagardère ira à toi ! » –, Henri élimine Gonzague et rend Aurore à sa mère. Cette dernière lui donne alors sa fille en mariage. Le Régent remercie ce valeureux combattant en le faisant comte. Et le fidèle Passepoil de déclarer : « J'avais toujours pensé que ça finirait bien… »

Sabina Selman, Bourvil et **Jean Marais**.

Affiche **yougoslave.**

André Bourvil retrouve ensuite André Hunebelle, toujours aussi passionné par les adaptations de romans d'aventures historiques. Cette fois-ci, l'auteur est Paul Féval, avec son fameux *Bossu.* Le roman était paru sous forme de feuilleton dans *Le Petit Journal* en 1857 ; le personnage de Lagardère avait tenu les lecteurs en haleine pendant plusieurs semaines. Au cinéma, depuis le temps du muet jusqu'aux années 1940, le roman a déjà été adapté cinq fois ! Pour les dialogues de cette sixième version, Hunebelle engage Jean Halain. Puis, comme il l'avait fait pour *Cadet Rousselle*, le réalisateur fait appel à Bourvil. Dans le rôle du chevalier Henri de Lagardère, il choisit un jeune homme au physique avantageux : Jean Marais. Lors de leur première rencontre, le courant passe très bien entre les deux hommes. Le tournage doit durer un peu plus de huit semaines, du 19 mai à la fin du mois de juillet 1959.
Comme pour Michèle Morgan dans *Le Miroir à deux faces*, dans ce film, le maquillage est primordial. La transformation du beau Jean Marais en bossu prend près de trois heures et le rend méconnaissable. Les extérieurs sont tournés dans l'Oise, au Château de Pierrefonds. Comme à son habitude, Jean Marais refuse de se faire doubler pour les duels et les cascades. Les scènes de combat sont répétées avec un maître d'armes au nom prédestiné, puisqu'il se nomme André Gardère ! À la sortie du film, en janvier 1960, la critique va saluer cette nouvelle adaptation du roman de Féval et qualifie le film de « western régence » ou « western en perruque poudrée ». Quant au public, il suit avec enthousiasme, avec près de six millions de spectateurs.

Le Bossu à peine terminé, le tournage de *La Jument verte* – une nouvelle adaptation de l'œuvre de Marcel Aymé – commence le 18 août 1959, avec à la clé un vrai défi. Ouvert depuis peu, le cinéma Gaumont Ambassade – la plus moderne des salles parisiennes – n'a pas bénéficié d'une inauguration officielle, permettant un lancement publicitaire de prestige. C'est pourquoi les producteurs demandent au réalisateur Claude Autant-Lara une vraie performance. L'« ouverture » du nouveau temple du cinéma est prévue pour le 28 octobre ; à cette occasion aura lieu la première de *La Jument verte.* Ce qui laisse trois mois pour tourner, monter et mixer le film !

Autant-Lara a **trois mois** pour **tourner**, **monter** et **mixer** *La Jument verte !*

André Hunebelle et Bourvil lors de la remise du Prix du Film pour la Jeunesse.

LA JUMENT VERTE

En 1860, la fée de la chance s'est penchée sur la maison de Jules Haudouin (Georges Wilson), cultivateur et maquignon, avec la naissance d'une jument verte qui apporte une soudaine notoriété au domaine familial. Hélas, l'animal décède à l'âge de dix ans, ce qui consterne son propriétaire – qui, très affecté par la mort de l'animal, décède bientôt –, mais aussi sa femme et ses deux fils : Honoré (Bourvil) et Ferdinand (Francis Blanche). Ce dernier est vétérinaire de son état.

Depuis des lustres, la famille Haudouin est opposée à la famille Maloret : le Zèphe (Yves Robert), sa femme Anaïs (Marie Déa), sa fille Marguerite (Sandra Milo) et ses fils Ernest (Amédée) et Noël (Claude Sainlouis).

Lors de la guerre de 1870, Honoré est franc-tireur. Alors que les Prussiens envahissent la région, le Zèphe dénonce le résistant. Pour sauver son fils qui s'est réfugié dans la chambre, sous le lit, madame Haudouin (Mireille Perrey) se sacrifie en offrant son corps à un officier prussien. Hélas, six mois plus tard, la pauvre femme succombe à son tour.

Vingt ans après, Honoré et son épouse Adélaïde sont locataires de la maison familiale. En effet, Honoré a dû céder sa part à son frère à qui il devait de l'argent. Le député du canton est l'amant de Marguerite, la fille du Zèphe ; il verrait bien le père de sa maîtresse devenir maire du village. De son côté, Ferdinand Haudouin essaie de convaincre son frère Honoré de se présenter. Celui-ci raconte alors la dénonciation du Zèphe vingt ans plus tôt, et le sacrifice de leur mère pour le sauver. Honoré va trouver le maire à l'agonie et lui demande de tenir encore trois semaines, le temps de se retourner. Lui, Honoré Haudouin, républicain pur jus, laisser la mairie à Zèphe Maloret : jamais !

Lors d'une bagarre entre les enfants des familles catholiques et ceux des familles républicaines, le facteur Déodat (Achille Zavatta), qui passait par hasard, égare une lettre destinée à Honoré qui reprend le récit du sacrifice de leur mère. La divulgation de son contenu serait un excellent moyen de pression contre Honoré pour l'empêcher d'accéder à la mairie.

Pendant ce temps, sa fille aînée Juliette (la ravissante Valérie Lagrange, dont c'est la première apparition au cinéma), qui est amoureuse du fils Maloret, comprend que cet amour est à sens unique.

Ayant retrouvé la lettre, Honoré fait semblant d'aller la rechercher chez les Maloret et séduit Anaïs. Sa vengeance est accomplie.

Pour minimiser les risques liés au tournage en décor naturel, les extérieurs sont réduits au minimum ; les maisons sont reconstituées en studio par Max Douy, décorateur de talent, fidèle parmi les fidèles de Claude Autant-Lara. L'adaptation est à nouveau confiée à Jean Aurenche et Pierre Bost, qui s'en donnent à cœur joie : les dialogues sont truculents. À la distribution, Francis Blanche se voit attribuer un rôle plus conséquent encore que celui qu'il a tenu récemment dans *Babette s'en va-t-en guerre* de Christian-Jaque – le fameux Papa Schulz –, avec Brigitte Bardot et Jacques Charrier. Yves Robert a accepté d'incarner Zèphe Maloret, non pas pour Autant-Lara – car s'il respecte le travail du réalisateur, ses positions politiques l'insupportent –, mais pour Bourvil. Il connaît le comédien, il l'estime, mais, à l'occasion du tournage, il souhaite découvrir l'homme. Lors d'une séquence tournée en extérieur, sous un soleil de plomb, Yves Robert est d'ailleurs impressionné par le physique du comédien : Bourvil, qui a tombé la chemise, possède un vrai corps d'athlète, une force de la nature contenue sous une carapace de gentillesse et de simplicité.

Affiche française par **Guy-Gérard Noël**.

FOUILLE AU TRAIN ! **GUEULE** DE FAIRE-PART !

CHIENNE D'ENCRE,

CUL D'OIGNON !

Si, à l'heure actuelle, dans un film, il en faut beaucoup plus pour heurter la sensibilité des bien-pensants, en cette fin des années 1950 il en faut très peu pour qu'un scandale explose. Comme par exemple des dialogues relativement osés :

« Honoré. – J'ai jamais rien vu d'plus con que ce bougre d'âne de vétérinaire de merde !
Ferdinand. – Honoré !
Honoré. – Mais si t'avais pas écrit ça, ça n's'rait pas arrivé !
Ferdinand. – Mais laisse-moi t'expliquer…
Honoré. – Fouille au train ! Gueule de faire-part !
Ferdinand. – Mais j'te demande seulement…
Honoré. – Chienne d'encre, cul d'oignon !
Ferdinand. – Ah non, pas ça, pas cul d'oignon ! Ça fait trente ans qu'on n'm'a plus appelé cul d'oignon ! »

Sur le **tournage** de *La Jument verte*.

Première de *La Jument verte* au Gaumont Ambassade.

Les situations scabreuses, si elles ne sont pas montrées, n'en sont pas moins suggérées de façon explicite. Le réalisateur et les acteurs pensaient faire un film sain, montrant la paysannerie de l'époque, où les enfants voyaient la vache menée au taureau sans penser à mal, mais sur l'écran c'est tout autre chose.
Les ligues catholiques se déchaînent : aux entrées des cinémas où est projeté *La Jument verte*, elles distribuent des tracts réclamant « Des films propres pour nos enfants ! ». L'évêque de Tulle obtient même l'interdiction du film sur le territoire de la Corrèze.
Bourvil est fustigé en chaire par certains prêtres, lui qui incarne le Français moyen par excellence. Comment a-t-il pu ? Mais de tout cela, il n'en a cure : il est certes affligé par des réactions si extrêmes, par cette critique acerbe, mais tout cela, finalement, sert la publicité du film… et satisfait sans doute son goût secret pour les blagues salaces et anticléricales. De fait, chacun veut savoir pourquoi *La Jument verte* suscite un tel tollé ; plus de cinq millions de spectateurs assistent au duel Haudoin-Maloret.

LES LIGUES CATHOLIQUES SE **DÉCHAÎNENT**

Enregistrement des duos Bourvil-Pierrette Bruno.

La fin de l'année 1959 est nettement plus calme. Tous les soirs, au Saint-Martin, *Pacifico* fait salle comble. La mécanique est parfaite ; Guétary et Bourvil sont de plus en plus complices, ils improvisent avec talent, le beau Georges ne finit pas toujours ses chansons tant il est pris de fou rire à cause des facéties de son complice… pour le plus grand plaisir des spectateurs heureux de vivre de tels moments.

Pour Claude Autant-Lara, la période est plus désagréable. Au scandale de sa *Jument verte* s'ajoute un procès qui l'oppose à Henri Verneuil et qui tourne en sa défaveur. Autant-Lara, qui souhaitait acheter les droits d'adaptation du roman *Une histoire vraie* de Jacques Antoine – le futur inventeur de nombreux jeux radiophoniques et télévisuels tels « La Tête et les jambes », « Fort Boyard » ou « La Chasse au trésor » –, apprend qu'il se les est fait souffler vingt-quatre heures plus tôt par Verneuil. Par manque de communication au sein de la Société des auteurs, l'affaire est donc jugée. Autant-Lara voulait donner le rôle-titre à Bourvil. Cette histoire de prisonnier français évadé traversant l'Allemagne, accompagné d'une vache, sera finalement jouée par Fernandel, qui triomphera dans *La Vache et le prisonnier.*

Les vacances de fin d'année sont consacrées aux sports d'hiver ; toute la famille dévale les pentes de Crans-Montana, en Suisse, et reprend des forces avant d'aborder une nouvelle décennie.
Puis, tandis que *Pacifico* continue son bonhomme de chemin, la famille Raimbourg partage son temps entre Paris et Montainville. Là, dans son havre de paix, André s'occupe de ses plantations, de l'entretien de la maison et du jardin, il reçoit des amis. L'un d'eux, en particulier, est devenu un visiteur régulier. Le jour où il avait franchi la barrière de la propriété, André l'avait aperçu du coin de l'œil et s'était dit : « Encore un casse-pieds ! »… avant de reconnaître Georges Brassens. En voisin, il était venu demander conseil à André pour l'achat d'une tondeuse à gazon, motif futile pour permettre à ce grand timide d'aborder Bourvil, avec qui il se trouve plus d'un point commun. Rapidement, une amitié vraie et sincère naît entre les deux hommes. Souvent, ils s'installent sur un coin de la table de la cuisine autour d'un morceau de pain, d'un saucisson et d'un litron de vin rouge, prétextes à de longues discussions sur les petites choses de la vie, mais aussi sur des sujets plus sérieux, tels que la philosophie et la théologie. Les deux complices se conseillent des lectures et, de temps en temps, passent une soirée ensemble, en s'armant de guitares, le temps de quelques chansons, partagées en toute simplicité.

André Bourvil, **Édouard Duleu**, **Yvette Horner** et **Georges Brassens**.

Cogolin sous **la torture**.

Bourvil, **Elsa Martinelli** et **Jean Marais**.

LE CAPITAN

Nous sommes en 1616. Le roi Louis XIII (Christian Fourcade) n'a que quinze ans. Émancipé, il a tous les pouvoirs d'un monarque mais reste sous la coupe de sa mère, Marie de Médicis (Lise Delamare), qui veut continuer à régner à travers son fils, afin de satisfaire les ambitions personnelles de son favori Concini (Arnoldo Foà).

Concini, devenu après moult subterfuges premier ministre et maréchal d'Ancre, impose sa dictature et fait régner la terreur. Le chevalier François de Capestang, dit Le Capitan (Jean Marais), défend son ami, le marquis de Teynac, lors d'un traquenard tendu par les hommes de Concini.

De Capestang est blessé lors du combat. Sauvé *in extremis* par une belle inconnue (Elsa Martinelli), le chevalier en tombe amoureux mais, après s'être évanoui, il constate la disparition de la jeune femme. En route vers Paris pour porter ses doléances au Roi, il sauve un baladin attaché à un poteau en pleine forêt suite à une embuscade de voleurs de grands chemins. Le malheureux se nomme Cogolin (Bourvil).

Une amitié naît aussitôt entre les deux hommes. Astucieusement, le chevalier de Capestang se fait admettre à la Cour et devient le protégé de Concini. Il apprend qu'un complot orchestré par le duc d'Angoulême (Raphaël Patorni) vise à renverser le jeune roi. Un dilemme taraude le chevalier, car la belle inconnue qui l'a sauvé n'est autre que la fille du conspirateur. Finalement, en usant de divers stratagèmes (et de son épée), le chevalier parvient à obtenir la reddition des opposants, tandis que le jeune roi fait tuer Concini afin de ramener la sérénité dans le royaume. L'amour finit également par triompher avec l'union du Capitan et de sa belle inconnue, Gisèle d'Angoulême.

Les enfants grandissent, Jeanne et André sont heureux. Mais voici qu'un nouveau tournage se prépare ; suite au succès du *Bossu*, André Hunebelle veut relancer le duo Marais-Bourvil. Cette fois, ce sera *Le Capitan*, d'après le roman de Michel Zévaco. Le texte initial étant moins connu que ceux des *Trois mousquetaires* et du *Bossu*, Hunebelle espère que cette fois on ne le critiquera pas pour les libertés qu'il compte prendre avec l'œuvre originale – avec l'aide de ses scénaristes et dialoguistes Jean Halain et Pierre Foucaud.

Pour se parler d'**amour**
Pas besoin de longs **discours**

Pour ce tournage, André se perfectionne en équitation ; ses progrès suscitent l'admiration de Jean Marais qui, comme à son habitude, tourne lui-même les scènes les plus dangereuses. Bourvil a également fait engager sa partenaire de *Pacifico*, Pierrette Bruno, qui joue le personnage de Giuseppa, une dame de compagnie de la Reine Mère. Comme dans *Pacifico*, l'amour les réunira et, comme dans l'opérette, ils chanteront ensemble.

« Pour se parler d'amour
Pas besoin de longs discours
On s'comprend toujours
Car un vrai troubadour
Ne prend jamais en amour
La nuit pour le jour. »

La chanson obtient presque autant de succès que le film.

Le rôle du jeune Louis n'était pas évident à distribuer, car il fallait un acteur ayant une prestance royale et sachant très bien monter à cheval. Le choix de Christian Fourcade, dix-sept ans, se révèle judicieux : avec son visage d'ange, il est aussi à l'aise à la ville qu'à l'écran, il prépare son brevet de moniteur d'équitation et participe régulièrement à de nombreux concours d'obstacles.

Le succès du film est légèrement inférieur à celui du *Bossu*, mais avec plus de cinq millions de spectateurs, le score est plus qu'honorable. En 1960, la télévision n'avait pas encore remplacé la traditionnelle sortie en famille au cinéma !

Le duo **chante** même dans les films.

Ci-contre, sous les yeux d'**André Hunebelle**.

Leçon d'escrime
par Le Capitan
Jean Marais.

Affiche **française**.

Noël Fortunat.

FORTUNAT

Au village de Mennetou dans l'Allier, habite Noël Fortunat (Bourvil) qui vit de braconnage et de bricoles. Rejeté par les habitants, seule Madame Massillon (Gaby Morlay) est son amie. Elle sait que sous son aspect d'ours mal léché, Noël a le cœur sur la main. L'action se déroule durant la Seconde Guerre mondiale. L'Allier servant de frontière avec la zone libre, l'institutrice et le braconnier ont déjà fait passer la ligne de démarcation à plusieurs centaines de malheureux, fuyant le joug nazi.
Un jour arrivent de Paris l'épouse et les deux enfants de l'un des chefs de la résistance, le professeur Valecourt. Juliette Valecourt (Michèle Morgan) fait partie de la haute bourgeoisie parisienne et ignorait tout des activités de son mari jusqu'à son arrestation. Madame Massillon suggère de faire passer Juliette pour l'épouse de Noël et demande au braconnier de guider la famille jusqu'à Toulouse, où il devra encore veiller sur eux quelques jours.
C'est le choc de deux mondes que tout oppose, mais Noël leur aménage le logement miteux qu'ils ont trouvé en appartement plutôt confortable. Noël et Madame Valecourt s'apprivoisent mutuellement sous l'œil intrigué des enfants, Maurice (Frédéric Mitterrand) et Pierre (Patrick Millow). La tendresse s'installe, se transforme en amour, mais la réalité les rattrape. L'envahisseur nazi occupe maintenant toute la France. Les voisins de palier, les Falk (Teddy Bilis et Rosy Varte), une brave famille de tailleurs juifs, sont arrêtés par la Milice. Mais la vie doit continuer. Juliette a trouvé le réconfort dans les bras de Noël et vit avec le souvenir de son mari probablement mort. La guerre est finie, retour vers Paris pour Juliette et son fils aîné, et arrivée à Mennetou pour Noël et le fils cadet de Juliette, en attendant que celle-ci réaménage son hôtel particulier parisien pour y accueillir son nouvel amour. Dans le petit village, Noël apprend la mort de Madame Massillon, tombée sous les balles d'un peloton d'exécution allemand. Noël et l'enfant arrivent enfin à Paris pour apprendre, sur le quai de la gare, de la bouche de Juliette, le retour de captivité de son mari. Celui-ci réclame son fils et le sauveur de sa famille. Après avoir rencontré le miraculé des camps, Noël ne peut que fuir ceux qu'il aime, afin que la sérénité revienne dans ce foyer meurtri par la guerre.

Frédéric Mitterrand, Bourvil, Michèle Morgan et **Patrick Millow**.

LE RÔLE DE SA VIE

Lors du tournage des *Hussards*, Alex Joffé avait eu confirmation du talent d'André. De plus, l'entente entre les deux hommes s'était révélée parfaite. Par conséquent, le réalisateur n'hésite pas à confier le rôle principal de son prochain film à Bourvil et à réitérer sa collaboration avec Michèle Morgan. Si son personnage a aimé Michèle laide et la haïssait belle dans *Le Miroir à deux faces*, ici, Noël Fortunat, va l'aimer dans toute sa splendeur, lui, l'ours mal léché. André ne le sait pas encore mais il tourne là le film qui deviendra son préféré, sentiment partagé avec Michèle.

Non, tu ne sauras **jamais**

Ô, toi qu'en **secret** j'adore

Comme lors du tournage du *Miroir à deux faces*, André témoigne beaucoup de respect pour la belle Michèle. Dès que le moteur tourne, il récite son texte, tutoyant sa partenaire, et sitôt la scène terminée, il vouvoie à nouveau la grande actrice, tant il est admiratif de son talent.

Départ en **vacances**.

Les spectateurs sortent des salles en fredonnant la chanson principale du film : *Non tu ne sauras jamais.*

« Non tu ne sauras jamais
Ô, toi qu'en secret j'adore
Si je t'aime ou si je te hais
Si je raille ou si je souffre encore.
En vain dans mes yeux distraits
Tu cherches à lire en moi-même
Tu voudrais savoir si je t'aime
Mais je ne te le dirai jamais. »

En novembre 1960, la critique salue le film, lui prédisant un bel avenir. Il ne sera diffusé à la télévision qu'en 1995 ; Alex Joffé en avait bloqué les droits suite à un différend avec les producteurs. Ce n'est qu'après son décès qu'il put enfin avoir une seconde vie ; il fut même projeté cette année-là sur les Champs-Élysées.

Maurice, le fils aîné de Juliette, est interprété par un jeune garçon de douze ans. André a de grandes conversations avec l'enfant, plus mature que son âge et doté d'une grande intelligence. Inscrit au générique sous le nom de Frédéric Robert, le comédien en herbe n'est autre que le futur écrivain, animateur de télévision et ministre de la Culture Frédéric Mitterrand. Il est vrai que son oncle François est déjà en politique depuis longtemps ; le jeune Frédéric, ne voulant créer aucune méprise, prend comme nom de scène son deuxième prénom.

Alors que s'annoncent les dernières représentations de *Pacifico,* André enregistre *C'était bien*, plus connu sous le nom du *P'tit bal perdu.*

« Non je n'me souviens plus
Du nom du bal perdu
Ce dont je me souviens
C'est qu'ils étaient heureux
Les yeux au fond des yeux
Et c'était bien… Et c'était bien… »

À la neige **en famille**.

Cette chanson, Gaby Verlor et Robert Nyel étaient venus la proposer à André alors que celui-ci tournait *Le Capitan*. À l'audition du titre, André veut la chanter sans tarder, mais hélas le temps lui manque. Qu'à cela ne tienne, il sait que les auteurs ont besoin d'argent et que le titre est bon ; il l'enregistrera, c'est sûr, mais plus tard. « Mais en attendant, si vous pouvez la caser, n'hésitez pas », leur dit l'artiste. C'est ainsi que Juliette Gréco chante cette chanson avec un succès mitigé, avant que la version de Bourvil ne fasse l'unanimité. Encore une fois, il prouve qu'il peut briller dans tous les styles. Le 45 tours quatre titres comporte également *Tout l'monde peut s'tromper*, un titre fantaisiste.

Éditée en 1961 par Pathé-Marconi, une autre chanson suit les traces de *C'était bien* : *La Terre*, sur des paroles de Robert Chabrier et une musique de Jo Moutet, le compositeur de *Pacifico*. Comme cela avait déjà été le cas pour *Salade de fruits*, la chanson est publiée simultanément dans sept adaptations différentes : François Deguelt, Georges Guétary et Bourvil pour les versions chantées, Yvette Horner à l'accordéon, Georges Jouvin à la trompette, Franck Pourcel et son ensemble et le Jo Moutet Sextet pour des versions instrumentales. Les pochettes présentent la particularité de reproduire la maison où est né chaque interprète ; pour Bourvil, c'est donc la ferme de Prétot-Vicquemare.

En tournée à **Avignon**.

Non je n'me souviens plus
Du nom du **bal perdu**

Le bonheur
en **famille**.

Dans le rôle de **Mathieu Dumont**.

Mais voilà que démarre un nouveau tournage avec un maître du septième art : René Clair. Ce dernier vient d'entrer à l'Académie française et souhaite porter à l'écran un fait divers qui avait défrayé la chronique avant la guerre : une société immobilière projetait d'acheter tout un canton afin de construire des logements de luxe pour clients fortunés. Un habitant avait refusé de vendre son bien, préférant son verger aux millions de francs qu'on lui proposait. Le projet était tombé à l'eau. C'est sur cette trame que se construit *Tout l'or du monde*.

Fernandel avait réussi la performance de jouer six rôles dans *Le Mouton à cinq pattes*. Cette fois, André en tient trois : le Père Mathieu et ses deux fils, Martial et Toine. Un bel exploit salué par la critique parisienne lors de la sortie du film, en novembre 1961.
Rose, la promise de Toine, est jouée par Annie Fratellini, issue de la longue lignée des célèbres clowns Fratellini. Clown elle-même, elle fait ici ses débuts au cinéma… malheureusement sans lendemain.
Le tournage se déroule durant l'été à Castillonnès, dans le Lot-et-Garonne. C'est là qu'a lieu l'avant-première du film ; le lendemain, la première de gala se tient à une trentaine de kilomètres, à Villeneuve-sur-Lot. À noter encore : les deux assistants réalisateurs de René Clair – promis à un grand avenir – se nomment Costa-Gavras et Claude Pinoteau.

Tout ça n'vaut pas Un clair de lune à **Maubeuge**

Affiche espagnole par **Juno**.

TOUT L'OR DU MONDE

Suivant les statistiques, le village de Cabosse est le lieu où l'on vit le plus vieux en France. Victor Hardy (Philippe Noiret), promoteur immobilier, voit là une opportunité de faire fortune en créant « Le Domaine de longue vie ». Le promoteur, aidé par Fred (Claude Rich), son homme de confiance, achète tous les terrains du village à prix d'or. Tous sauf un, celui de Mathieu Dumont (Bourvil), un vieux paysan bourru.
Ce terrain est primordial car c'est là que jaillit la source qui, selon les dires des villageois, apporte force et santé jusqu'à cent ans. Suite à un accident, le père Dumont décède et lègue tous ses biens à son fils Toine (également joué par Bourvil), brave berger de montagne. Redescendu au village pour les funérailles, Toine est immédiatement harcelé par Victor Hardy, qui insiste pour qu'il lui vende la propriété. Toine hésite et demande à réfléchir. Pour convaincre le jeune homme, tous les moyens sont utilisés : la découverte de Paris, un passage à la télévision, et des fiançailles avec une vedette – ce qui a pour effet de rendre jalouse Rose, sa promise. Finalement, Toine cède. Mais pour que l'acte soit valable, il faut aussi la signature de son frère Martial (également joué par Bourvil !), la brebis galeuse de la famille, évadé de prison et réfugié en Argentine où il a fait fortune. Un voyage en Amérique du Sud s'impose pour Victor Hardy : il obtient la signature du papier et retourne en Europe. Les travaux vont pouvoir commencer… mais toutes ces péripéties ont fatigué le cœur du promoteur véreux qui s'écroule, victime d'un arrêt cardiaque juste au moment de signer l'acte final de vente.

Toine Dumont, interdit face à son double.

Affiche **française**.

LE TRACASSIN
OU LES PLAISIRS DE LA VILLE

Le tracassin n'est autre que ce que nous appelons aujourd'hui le stress, les aléas de la vie en ville.
André Loriot (Bourvil) est employé dans un laboratoire qui produit la pilule dynamisante et euphorisante BH33. Il nous raconte sa journée hyperstressante, avec le téléphone qui n'arrête pas de sonner, les exigences du patron (Armand Mestral), la recherche d'un appartement pour y vivre le grand amour avec sa fiancée Juliette (Pierrette Bruno), et ses déboires avec les banques pour obtenir un prêt immobilier. Pour aborder plus sereinement les problèmes, il gobe par-ci par-là une petite pilule de BH33, pour finalement arriver à un état d'euphorie extrême qui lui fait perdre pied : il demande un prêt de trois millions à son patron, qui le renvoie. Mais tout finit par s'arranger : son patron ne pouvant se passer de cet employé modèle, il le réengage et se porte garant pour son prêt immobilier.

COIN-COIN

Entre-temps, Pierre Perrin, un sympathique auteur-compositeur – chauffeur de taxi parisien dans le civil –, propose à Bourvil d'interpréter la chanson qui, déjà, rencontre un vif succès. Il lui semble que son *Clair de lune à Maubeuge*, chanté par André, pourrait atteindre une dimension comique encore plus irrésistible.
Il ne se trompe pas : ce titre fait partie des tubes incontournables de notre héros.
« Tout ça n'vaut pas
Un clair de lune à Maubeuge
Tout ça n'vaut pas
Le doux soleil de Tourcoing
Coin-coin ! »
Le passage d'André à la télévision, vêtu d'un maillot de bain 1900 sous une pluie battante, à l'abri de son parapluie, fait un véritable tabac. Si bien que cinquante ans plus tard, la bonne ville de Maubeuge rend toujours hommage à son *Clair de lune* !

Affiche **belge**.

Alex Joffé et son équipe.

Ci-dessus, Bourvil et Alex Joffé reçoivent le **Prix Georges Courteline** des mains de Madame Courteline.

À gauche : André est fait **citoyen d'honneur** de la ville de Maubeuge.

Alex Joffé aime décidément tourner avec Bourvil – et la réciproque est vraie. Avec lui, l'ambiance sur le tournage est assurée. Or le travail est toujours plus facile lorsque acteurs et techniciens sont de bonne humeur. Ayant remarqué que la nervosité et le mal-être sont de plus en plus accablants dans les grandes villes, le réalisateur crée un film sur le mal du siècle : le stress, et sur les moyens d'y remédier médicalement parlant.
Grâce à ce film qui prédit avec impertinence – et une bonne vingtaine d'années d'avance – l'explosion de la vente des tranquillisants et autres antidépresseurs, André remporte le Prix Georges Courteline qui récompense le film humoristique de l'année. Le trophée lui est remis par Madame Courteline elle-même, alors âgée de quatre-vingt-treize ans. Malheureusement, *Le Tracassin*, qui énerve plus qu'il ne divertit – tant il est vrai qu'il n'est pas toujours facile de voir la réalité quotidienne tournée en dérision –, ne remporte à sa sortie en décembre 1961 qu'un succès mitigé. Ce n'est pas grave, André a connu d'autres échecs ; ce n'est ni le premier, ni le dernier. Où serait l'intérêt de ce métier si on n'enchaînait que des succès ?

D'ailleurs une très bonne nouvelle vient de lui arriver par l'intermédiaire d'André Trives, son fidèle imprésario : une proposition venue d'Hollywood ! Le producteur Darryl F. Zanuck veut adapter le livre de Cornelius Ryan, *Le Jour le plus long*, reconstitution grandiose du débarquement du 6 juin 1944. Si André est d'accord, un rôle lui est réservé. Tu parles qu'il est d'accord ! Travailler pour Hollywood, dans un film aussi ambitieux, seul un idiot pourrait refuser.

Mais l'actualité immédiate, c'est un retour au théâtre. Bourvil veut se faire plaisir et a demandé à Michel André de lui écrire une pièce sur mesure, qu'il produira. Ce sera *La Bonne Planque*, un spectacle pétillant dans la grande tradition du théâtre comique français. Pour la distribution, André s'entoure d'amis : le premier rôle féminin est confié à sa partenaire fétiche, Pierrette Bruno. Les seconds rôles sont tous d'anciens collègues : Albert Michel, Robert Rollis, Max Desrau et Alix Mahieux, et même un petit rôle pour le metteur en scène lui-même, Roland Bailly, bâti comme une armoire à glace, parfait pour incarner un truand !

L'équipe de *La Bonne Planque* : Alix Mahieux, Robert Rollis, Bourvil, Roland Bailly Pierrette Bruno, Max Desrau et Albert Michel.

LA BONNE PLANQUE

Suite à un hold-up raté, Émile (Robert Rollis) se réfugie avec sa copine Lulu (Pierrette Bruno) – qui, inconsciente du danger, avait accompagné les malfrats « pour voir » – chez Antoine Perrin (Bourvil), fonctionnaire au ministère de l'Agriculture, dont il avait prévu d'utiliser l'appartement comme planque en cas de problème. Il cache les quinze millions de son butin, contenu dans une valise identique à celle d'Antoine, dans la penderie. Mais Antoine rentre inopinément chez lui. Il faut trouver une solution, et vite. Lulu réussit à sortir, pour aussitôt revenir sonner à la porte du fonctionnaire. Elle se fait passer pour une épouse délaissée, venant de Bourges pour rencontrer Antoine Perrin, « le célèbre guérisseur ». Se succèdent toute une série de quiproquos. Fernande (Alix Mahieux), maîtresse envahissante d'Antoine et épouse du voisin du dessus, l'inspecteur de police Péquinet (Albert Michel), voit en Lulu une rivale. Pour couronner le tout, un radio-reporter débarque dans l'appartement pour annoncer à Antoine sa victoire au concours radiophonique « Les Français chantent » : il va pouvoir suivre le Tour de France et se produire chaque soir dans la ville-étape. Tout finit par s'arranger : les truands iront en prison, Lulu tombera dans les bras d'Antoine, et ils partiront ensemble sillonner les routes de l'Hexagone.

– Mais je n'vais pas y aller à pied !
– À pied, à cheval ou en voiture, ça ne me regarde pas !

André ne pouvant se produire sur scène sans chanter, il confie la musique à son ami de toujours, Étienne Lorin. Les textes sont écrits par Pierrette Bruno et son mari Roland Bailly. La première a lieu à Rennes : c'est un véritable triomphe. Avant Paris, une tournée en province permet de bien roder le spectacle.

Entre-temps, Bourvil est à nouveau contacté par Alex Joffé, qui ne supporte pas l'idée de rester sur l'échec (relatif) du *Tracassin*. Avec Pierre Lévy-Corti, il a travaillé sur une idée d'Étienne Bierry : l'histoire de soldats prisonniers dans des camps allemands, durant la Seconde Guerre mondiale. Ces multirécidivistes de l'évasion sont obligés de porter des pantalons rouges, peu discrets pour se cacher.
Pour les rôles principaux, nous assistons à un choc des styles. Face à Bourvil, comédien populaire par excellence, Joffé oppose Laurent Terzieff, grand acteur de théâtre classique. Les deux hommes s'entendent à merveille : une réelle complicité s'installe, et, en dehors des prises, ils parlent théâtre. Le grand Terzieff encourage André à aborder le répertoire classique : Molière, Racine…

André et **Pierrette Bruno**.

« Vous croyez ?, lui demande André. Je ne sais pas, qui sait, peut-être un jour… »
Deux allusions sont faites dans le film. La première au rôle raté par Bourvil :
« S'évader jusqu'à la frontière allemande avec une vache, je n'y crois pas !
– Tu as tort, Fernand lui, il y a cru. »
Et quel succès pour cette *Vache et le prisonnier !*
Ensuite, ce bout de dialogue entre Bourvil et Terzieff, en forme de clin d'œil à l'une des chansons d'André :
« Tu fais ce que tu veux, tu es libre. La France c'est par là, tout droit.
– Mais je n'vais pas y aller à pied !
– À pied, à cheval ou en voiture, ça ne me regarde pas ! »
Dans le film, les prisonniers répètent l'opérette *Phi-Phi* de Christiné, ce qui permet à André de se replonger dans son passé, puisqu'il avait tenu le rôle de Phileas lors d'un enregistrement pour Pathé en 1952. Comme il n'y a pas d'opérette sans orchestre, c'est son ami Étienne Lorin et ses musiciens qui sont enrôlés.
Joffé a mis toutes les chances de son côté ; la reconstitution du stalag est tellement réaliste qu'il rappelle de bien mauvais souvenirs à ceux qui y ont vécu. Avec ce film, Joffé réussit à contrer l'échec du *Tracassin ;* la critique est unanime, et la performance des deux acteurs saluée à l'unisson.

Infatigable, André vient également d'enregistrer la version discographique de *L'Auberge du cheval blanc* de Ralph Benatzky. L'enregistrement a eu lieu à la salle Wagram, avec des pointures de l'opérette classique : Andrine Forli, Michel Dens, Jeannine Hervelle… et dans le rôle de Pistagne, Michel Galabru. La prestation est saluée par la critique ; le coffret est bientôt récompensé par le Grand Prix de l'Académie du disque.

Il est temps de passer au *Jour le plus long.* Les Américains débarquent ! Certes, Bourvil n'a pas un grand rôle, mais dans cette gigantesque fresque, tous les rôles sont importants. Et l'essentiel est de se retrouver à la même affiche que John Wayne, Henry Fonda, Peter Lawford ou Richard Burton !

– S'évader jusqu'à la frontière allemande **avec une vache,** je n'y crois pas !

– Tu as tort, Fernand lui, **il y a cru.**

LES CULOTTES ROUGES

Au stalag, Antoine Rossi (Laurent Terzieff), héros de la campagne de 1940, est repris après sa cinquième tentative d'évasion. Il doit désormais porter la culotte rouge destinée aux récidivistes. Antoine, personnage antipathique, manigance sans tarder une nouvelle évasion.
Jules Fendard (Bourvil) est un prisonnier poltron qui attend que la guerre se finisse. Il est enfant de chœur, régisseur du petit théâtre du camp, et s'est aménagé une planque sous la scène du bâtiment qui sert à la fois d'église et de salle des fêtes. Rossi parvient à se réfugier dans la cachette de Fendard, le temps de se faire oublier par ses geôliers.
Découvert par Fendard, Rossi lui impose sa présence. La cohabitation s'installe ; Jules se partage entre la messe, les répétitions de l'opérette *Phi-Phi*, montée par quelques prisonniers, et le ravitaillement de Rossi. Profitant d'une représentation de la troupe dans une ville voisine, Jules fait sortir Antoine, caché dans la malle des costumes. Ensuite, il se fait passer pour un infirmier et accompagne Antoine – qui simule la cécité – jusqu'au train sanitaire qui est censé rapatrier les soldats malades en France. Mais ils arrivent trop tard.
Laissant là Antoine, Jules regagne son stalag où un soldat allemand ne le laisse pas entrer. Il est donc « évadé » malgré lui et rejoint Antoine, qui l'éjecte de son refuge car il veut s'évader seul. Les deux hommes parviennent néanmoins à prendre un train. Pour Jules, le voyage s'effectue sous le train, accroché aux bogies d'un wagon, tandis qu'Antoine est découvert. C'est ainsi que, sans le vouloir, Jules est le premier des deux hommes à revoir son pays.

Affiche **française**.

Avec **Germain Muller**.

Avec **Laurent Terzieff**.

C'est **accroché** aux bogies que Jules reverra la France.

Cherchez
l'erreur.

Enregistrement de *L'Auberge du cheval blanc.*

À gauche, **Grand Prix** de l'Académie du disque.

Le budget est colossal : près de dix millions de dollars. Trois réalisateurs sont nécessaires : Andrew Marton, Bernhard Wicki et Ken Annakin – soit un Américain, un Allemand et un Anglais. C'est sous les ordres de ce dernier qu'André, qui joue le rôle du maire du village de Colleville, va tourner trois scènes.
La première, lors de la réception des messages envoyés de Londres : « Jean a de longues moustaches » lui est destiné, pour une mission de dynamitage de poteaux de télécommunication. La deuxième raconte le sabotage. La troisième montre le maire arrivant sur son vélo, à la rencontre du brigadier Lord Lovat (Peter Lawford), commandant un bataillon anglais dans lequel se trouve notamment Sean Connery – le futur James Bond. Lors du tournage de cette scène, le producteur Darryl F. Zanuck est présent, mâchouillant son Havane et riant aux histoires d'André qui, c'est connu, maîtrise à merveille la langue de John Wayne.

André enchaîne avec une courte participation dans le film de son ami Francis Blanche, *Tartarin de Tarascon.* Le 8 septembre 1962, il s'installe pour dix-huit mois au Théâtre des Nouveautés avec *La Bonne Planque.*

LE BUDGET DU JOUR LE PLUS LONG EST **COLOSSAL** :
PRÈS DE **DIX MILLIONS** DE DOLLARS

Bourvil avec **Peter Lawford**. **Scénario** du *Jour le plus long.*

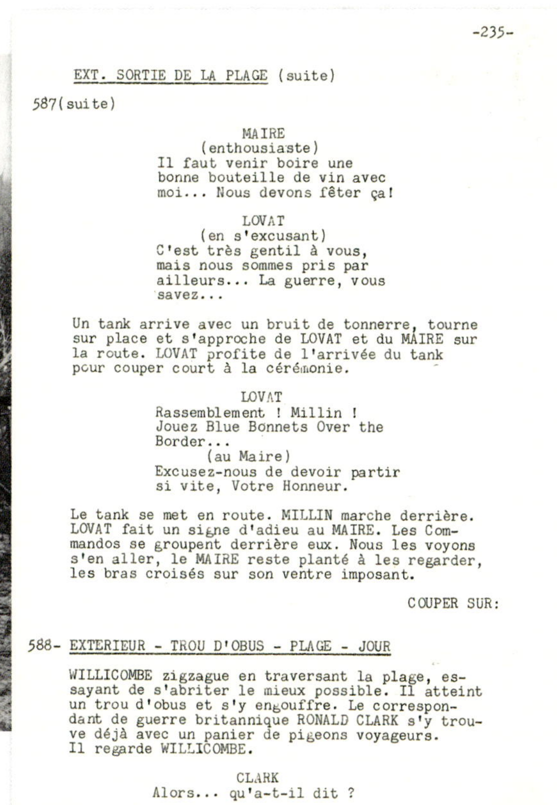

-235-

EXT. SORTIE DE LA PLAGE (suite)

587(suite)

MAIRE
(enthousiaste)
Il faut venir boire une
bonne bouteille de vin avec
moi... Nous devons fêter ça!

LOVAT
(en s'excusant)
C'est très gentil à vous,
mais nous sommes pris par
ailleurs... La guerre, vous
savez...

Un tank arrive avec un bruit de tonnerre, tourne sur place et s'approche de LOVAT et du MAIRE sur la route. LOVAT profite de l'arrivée du tank pour couper court à la cérémonie.

LOVAT
Rassemblement ! Millin !
Jouez Blue Bonnets Over the
Border...
(au Maire)
Excusez-nous de devoir partir
si vite, Votre Honneur.

Le tank se met en route. MILLIN marche derrière. LOVAT fait un signe d'adieu au MAIRE. Les Commandos se groupent derrière eux. Nous les voyons s'en aller, le MAIRE reste planté à les regarder, les bras croisés sur son ventre imposant.

COUPER SUR:

588- EXTERIEUR - TROU D'OBUS - PLAGE - JOUR

WILLICOMBE zigzague en traversant la plage, essayant de s'abriter le mieux possible. Il atteint un trou d'obus et s'y engouffre. Le correspondant de guerre britannique RONALD CLARK s'y trouve déjà avec un panier de pigeons voyageurs. Il regarde WILLICOMBE.

CLARK
Alors... qu'a-t-il dit ?

250e de *La Bonne Planque* en compagnie de Raymond Devos, Pierrette Bruno, Alix Mahieux et Darry Cowl.

Une fois de plus, pour cause de succès au théâtre, les prochains films devront se tourner en région parisienne. Christian-Jaque – qui filme depuis plus de trente ans déjà et qui a signé d'immenses succès populaires comme *Fanfan la Tulipe* avec Gérard Philipe (1952), ou *Babette s'en va-t-en guerre* avec Brigitte Bardot (1959) – adapte le roman de Jean Laborde, *Les Bonnes Causes,* sur des dialogues d'Henri Jeanson. Une histoire criminelle pour laquelle le réalisateur propose à André le rôle d'un juge d'instruction. Il hésite, ne se voit pas dans ce genre de personnage ; c'est finalement Henri Jeanson qui réussit à le convaincre.

Le premier jour de tournage, André n'est pas à l'aise. Sur le plateau, tout le monde craint le grand Pierre Brasseur, dont la voix tonne et fait trembler les décors. L'interprète des réalisateurs Marcel Carné (pour *Quai des brumes* et *Les Enfants du Paradis*) et Denys de La Patellière (pour *Les Grandes familles*) réussit à impressionner notre héros. Ce n'est qu'après avoir vu les premiers rushes que Bourvil est rassuré. Il se rend désormais au tournage nettement plus serein, et se met à raconter les blagues grivoises dont il a le secret, qui parviennent même à dérider Brasseur, qui lâche parfois : « Quand monsieur aura fini de faire le clown, on pourra travailler ! »

« Quand monsieur aura fini de faire **le clown**, on pourra **travailler** ! »

Durant la tournée provinciale, la saison précédente, la pièce a bien évolué, et surtout elle est devenue plus longue : de deux heures dix lors de la première représentation, elle est passée à deux heures quarante ! Alors qu'ils jouent à Clermont-Ferrand, André lance à Pierrette : « Le twist est à la mode... Ce serait bien un twist dans la pièce. » La jeune Marseillaise y travaille toute la nuit avec son mari. Le matin, coup de téléphone à Étienne Lorin : « André désire un twist, voilà les paroles, vois ce que tu peux faire... » Dès le lendemain soir, *La Bonne Planque* s'est enrichie d'une chanson, et le public découvre :

« J'pourrais faire ça dix fois par jour
J'pourrais faire ça la nuit le jour
Machinalement
Tout en twistant. »

L'improvisation est également au rendez-vous. Lors de la première représentation, la scène de la communication téléphonique sur le divan n'a duré que quatre minutes ; elle en est maintenant à quinze minutes. Le spectacteur n'y entend pas ce que le correspondant raconte à Bourvil, qui est pris d'un irrépressible fou rire provoquant l'hilarité du public qui en redemande.

Marcel Cuvelier, qui joue le rôle de l'assistant de l'avocat Cassidi, se souvient à quel point Bourvil était capable de concentration : passant en un instant des plaisanteries échangées avec l'équipe à une scène particulièrement émouvante, au cours de laquelle les autres comédiens et les figurants ont la gorge serrée par l'émotion... À sa sortie, la critique juge le film ambitieux, intelligent et réussi ; le succès commercial est donc au rendez-vous.

Sur ces entrefaites, le fidèle André Hunebelle contacte Bourvil. Il a une idée de comédie, et comme le duo formé par Bourvil et Jean Marais a bien fonctionné, il voudrait le reformer. André jouera un commissaire, et Jean un journaliste doublé d'un bandit. Titre du film : *Fantômas.* L'idée séduit André, mais entre ses divers engagements, *La Bonne Planque* et la règle qu'il s'est fixée de toujours passer ses vacances en famille, il se voit contraint de renoncer à contrecœur à ce rôle.

Bourvil, Marina Vlady et Pierre Brasseur.

LES BONNES CAUSES

Catherine Dupré (Marina Vlady) assassine son mari en changeant un flacon d'injection et fait porter le chapeau à l'infirmière particulière de son époux, Gina Bianchi (Virna Lisi). Madame Dupré, femme frivole, a pris cette décision suite à la déclaration de son avocat et ex-amant, Maître Charles Cassidi (Pierre Brasseur), qui se vantait de pouvoir faire condamner ou acquitter qui il voulait.

Catherine redéploie tous ses charmes auprès de l'avocat et redevient sa maîtresse alors que le cadavre de son mari est encore tiède dans la pièce voisine.

Durant la nuit, l'infirmière est renversée par une voiture. Accident ou suicide ? Il pourrait s'agir d'un aveu de culpabilité…

Le juge d'instruction Albert Gaudet (Bourvil) est chargé de l'affaire. L'infirmière est inculpée d'homicide involontaire par imprudence, ayant entraîné la mort sans intention de la donner. Madame Dupré ne l'entend pas de cette oreille, et charge son amant de prouver le crime. Mais le juge estime que quelque chose ne tourne pas rond dans cette affaire : il se trouve que le défunt avait changé son testament trois jours plus tôt, désignant l'infirmière comme légataire universelle. Voilà donc un motif en or pour Maître Cassidi, qui n'a aucun mal à faire condamner la jeune femme et annuler le testament au profit de l'épouse, alors qu'il sait, de l'aveu de sa maîtresse, qu'elle a imité l'écriture de son mari.

L'infirmière est condamnée pour de bon, et Catherine Dupré lavée de tout soupçon. Désormais très riche, elle quitte son amant, dont elle n'a plus besoin, pour un homme plus jeune et plus séduisant. Dindon de la farce, Maître Cassidi devient l'assistant de l'avocat de Gina Bianchi, et mène l'affaire en appel ; fort de ses connaissances, il n'a aucun mal à faire condamner Catherine, tenant par là même sa vengeance.

Affiche française par **Mascii**.

En interview avec **Jean-Pierre Mocky**.

LE SUJET EST **SCABREUX** : TOURNER DANS UN LIEU DE CULTE LES EXPLOITS D'UN **PILLEUR** DE TRONCS

Hunebelle contacte alors Louis de Funès ; le rôle du commissaire Juve va lui permettre de briller, lui qui est – enfin – devenu une valeur sûre du grand écran, après le succès de *Pouic-Pouic* et du premier *Gendarme de Saint-Tropez*.

Parmi les nouveaux engagements de Bourvil, il est question d'un tournage avec un jeune réalisateur qui ne fait partie ni de la Nouvelle Vague, ni d'aucune chapelle. Il a son style, ses idées, son caractère. Son nom ? Jean-Pierre Mocky. Celui-ci veut adapter le roman de Michel Servin *Deo Gratias,* et pressent qu'André peut en incarner à merveille le personnage central. Mocky dépose le scénario dans la boîte aux lettres du comédien ; une heure plus tard, il est très surpris de recevoir un appel téléphonique. C'est Bourvil : « Rencontrons-nous voulez-vous ? Et on en discute. »
André est emballé par l'idée. Mocky lui propose de jouer un bourgeois ruiné et oisif qui, sous des airs dévots, se mue en pilleur de troncs d'église. En voilà un contre-emploi ! Mocky avoue à André qu'il ne dispose pas d'un gros budget. « Ça ne fait rien », répond André, « il faut donner leur chance aux jeunes ». De son côté, Jeanne Raimbourg n'apprécie pas le jeune réalisateur, son côté anticlérical la dérange… Mais cela amuse plutôt Bourvil, qui va devenir *Un drôle de paroissien*.
Lors de la préparation de son film, Jean-Pierre Mocky rencontre les autorités ecclésiastiques de la Ville de Paris ; il souhaite tourner dans de vraies églises plutôt que dans un décor reconstitué en studio. De telles requêtes, formulées par des cinéastes, sont généralement accueillies avec bienveillance. Mais cette fois le sujet est scabreux : tourner dans un lieu de culte les exploits d'un pilleur de troncs, qui plus est se disant inspiré par Dieu, et cela sans être pris… Trop c'est trop ! L'accès aux églises est refusé à Mocky, qui se rend alors chez l'Archevêque de Paris pour une dernière tentative.
« Comprenez bien Monsieur Mocky que nous ne pouvons accepter ce tournage…
– Très bien, dans ces conditions je vais faire un film sur cette histoire de curé qui a mis sa bonne enceinte et lui a arraché le fœtus du ventre.
– Hum… D'accord, d'accord, je pense que nous allons pouvoir trouver un arrangement… »
Le planning de Bourvil étant très chargé, le film est tourné en quatre semaines à peine, et sort… au mois d'août 1963. Traditionnellement c'est un mauvais moment pour sortir un film, mais ça ne l'empêche pas d'obtenir un franc succès. Après la France, *Un drôle de paroissien* va être exploité en Grande-Bretagne, aux États-Unis et dans les pays de l'Est, et recevoir de nombreux prix, y compris celui de l'Office catholique !

Bourvil se mue ensuite en producteur de cinéma. Les productions Raimbourg ont déjà mis un peu de sous sur la table pour diverses créations – telle cette part minoritaire dans *La Jument verte* –, mais cette fois il est question de beaucoup d'argent. Bourvil est redevable à Claude Autant-Lara : si désormais les réalisateurs n'hésitent pas à lui confier les rôles les plus inattendus, c'est en partie grâce à *La Traversée de Paris*.
Et ça, André Bourvil s'en souvient très bien.
C'est pourquoi lorsque le réalisateur du *Diable au corps* vient le trouver pour lui proposer de cofinancer l'adaptation du roman de Catherine Claude *Le Magot de Josefa,* André lui répond sans hésiter : « Banco, allons-y ». Autant-Lara, également coproducteur, met toutes les chances de son côté en recrutant comme

Affiche **italienne**.

UN DRÔLE DE PAROISSIEN

La famille Lachesnaye vit place des Vosges, à Paris, mais est totalement désargentée. De par leur condition sociale, il n'est pas question pour les membres de la famille d'accepter un emploi : les Lachesnaye n'ont jamais travaillé, ce n'est pas maintenant que cela va commencer !

Fervents catholiques, ils préfèrent attendre un signe du Ciel. Celui-ci se manifeste lorsque Georges (Bourvil), le fils de la famille, prie à l'église et entend le doux son d'une pièce tombant dans un tronc. La voilà la solution ! Ils sont pauvres, or les gens *donnent* pour les pauvres... Autant se servir à la source ! C'est ainsi que Georges devient pilleur de troncs, avec l'aide de son ami Raoul (Jean Poiret).

Les débuts sont laborieux, mais très vite le grand bourgeois ingénieux met au point de nouvelles machines lui permettant d'être de plus en plus performant. La vie reprend chez les Lachesnaye ; le père (Jean Yonnel) place l'argent ainsi récolté. Rapidement, la fortune revient.

De leur côté, les autorités ecclésiastiques s'inquiètent de la baisse des recettes. Le clergé fait donc appel à la brigade de surveillance des églises, représentée par l'inspecteur Cucherat (Francis Blanche) et sa fine équipe. Ces derniers mettent tout en œuvre pour arrêter les agissements du pilleur, sans jamais parvenir à le jeter en prison : il réussit à s'éclipser à chaque fois. Jusqu'à son dernier méfait, après lequel il s'enfuit en voiture avec toute sa famille, pour une destination inconnue... non sans avoir glissé un chèque réparateur dans l'un des troncs.

Georges Lachesnaye pris au **piège** de la brigade de surveillance des églises.

Bourvil et **Anna Magnani** sous la direction de **Claude Autant-Lara**.

Affiche **française.**

vedette féminine une star internationale : Anna Magnani, surnommée depuis des années déjà « La » Magnani. Superbe quinquagénaire, la star de *Rome, ville ouverte* et de *La Rose tatouée* n'a rien perdu de son magnétisme. Pierre Brasseur, qui a apprécié tourner avec Bourvil dans *Les Bonnes Causes*, est également de l'aventure. Fidèle à ses vieux complices, Autant-Lara demande à Aurenche et Bost d'écrire avec lui le scénario. Pour les dialogues, en revanche, il fait appel à Bernard Dimey, l'un des plus grands poètes de l'époque, parolier de nombreuses chansons, notamment de *Mon truc en plumes* pour Zizi Jeanmaire – gros succès de l'année 1962 – et de *Syracuse* pour Jean Sablon et Henri Salvador.

« J'aimerais tant voir Syracuse
Et les jardins de Babylone… »

Petit problème : Bernard Dimey est alcoolique au dernier degré. Ce qui va causer quelques soucis majeurs aux acteurs… et aux producteurs de ce film maudit.

André sait **ce qu'il doit** au réalisateur de *La Traversée de Paris*

Le tournage est un fiasco total. L'ambiance entre Bost, Aurenche et Dimey est détestable. La note de ce dernier, au bistrot du village, est affolante. Au moment de la régler, Autant-Lara croit que la tenancière s'exprime encore en anciens francs, mais pas du tout ! Tout cela déteint sur le résultat final. Le bilan est catastrophique : un million deux cent mille francs de déficit.

Pour Autant-Lara c'est la faillite ; il a dû finir son dernier film à ses frais et n'a plus un sou devant lui.

Bourvil perd également de l'argent, mais en comparaison de ses revenus – tant au théâtre que par la vente de ses disques –, la situation n'est pas dramatique. Il sait ce qu'il doit au réalisateur de *La Traversée de Paris*. C'est pourquoi il envoie son fidèle imprésario, André Trives, au bureau de Monsieur Chéret, comptable du film. Il lui annonce que Monsieur André Raimbourg, directeur général des Productions Raimbourg, prend à sa charge la dette de Monsieur Claude Autant-Lara sous la forme d'un prêt à taux zéro. Éternellement reconnaissant, Autant-Lara le remboursera mois par mois, jusqu'à apurement total de la dette. Quant à Bourvil, ce n'est pas demain la veille qu'il se risquera de nouveau à produire un film !

LE MAGOT DE JOSEFA

Justin Truculia (Ramón Iglesias) est auteur et son ami Pierre Corneille (Bourvil) compositeur. La mère de Justin, Josefa (Anna Magnani) est devenue riche suite à l'héritage d'un oncle d'Amérique. Malgré tout, elle est épicière dans un petit village, car elle a tenu à garder son premier métier.

Avec ses premiers (modestes) droits d'auteur, Justin ouvre un compte en banque lui permettant d'obtenir un chéquier, et s'empresse de faire un chèque de trois millions à Pierre qui, bien entendu, se le voit refuser à la banque mais obtient un certificat prouvant que le chèque émis par Justin est en bois. Pierre va voir Madame Josefa avec l'attestation ; cette brave mère, pensent-ils, ne laissera jamais son enfant tomber entre les mains de la justice… Mais Josefa refuse de payer, ce qui contrarie les plans des deux amis et complices.

Pierre apprend par le fossoyeur que le père de Justin n'est autre que le maire du village, qui avait jadis cédé à la tentation d'une liaison extraconjugale. Josefa lui voue d'ailleurs une haine farouche. Pierre va trouver l'épicière et lui annonce qu'il a l'intention d'aller voir le maire pour obtenir l'argent… ce qui a pour effet de déclencher une violente colère chez cette maîtresse femme, qui finit par avouer qu'en réalité elle ne possède rien : l'héritage était une fable. Pierre rencontre néanmoins le maire pour lui faire « des révélations », mais ce dernier l'arrête aussitôt : « C'est moi le père, ne vous fatiguez pas… »

Las d'essayer d'escroquer la brave dame, Pierre avoue la vérité et l'entourloupe du fils, tandis que le maire rassemble la population et mène une révolte contre Josefa ; les villageois finissent par mettre le feu à l'épicerie. Josefa se défend en portant plainte contre le maire et reçoit un chèque de trois millions de dommages et intérêts, provenant cette fois d'un compte bien approvisionné. Josefa et Pierre regagnent alors Paris pour rejoindre Justin et goûter à une nouvelle vie.

Bourvil remet à **Fernandel** le Prix Courteline,
sous les yeux de son fils Franck.

UN RÊVE
DE JEUNESSE

La musique du *Magot de Josefa* est enregistrée sur un 45 tours quatre pistes comprenant *Un air de jeunesse*, mais c'est un autre titre qui se démarque par sa mélodie poignante : *La Tendresse*. Elle figure parmi les dix titres les plus connus d'André. Combien de fois, à l'heure actuelle, cette chanson n'est-elle pas diffusée lors d'un mariage… ou d'un enterrement !

« On peut vivre sans richesse
Presque sans le sou
Des seigneurs et des princesses
Y en a plus beaucoup
Mais vivre sans tendresse
On ne le pourrait pas
Non, non, non, non
On ne le pourrait pas. »

Mais vivre sans **tendresse**
On ne le pourrait pas
Non, non, non, non
On ne le pourrait pas

Le prochain tournage est pour André un aboutissement. Enfin ! il va tourner avec son idole, celui qui a bercé sa jeunesse et l'a inspiré lors de ses premiers crochets : Fernandel, celui qui l'avait tellement impressionné, en 1936 au théâtre de Rouen, qu'il en avait oublié d'applaudir. Bien sûr ils s'étaient déjà rencontrés, mais cette fois ils vont enfin travailler ensemble. Ce rêve de jeunesse va se réaliser grâce à Robert Dorfmann. Le célèbre producteur (*Le Passe-muraille*, *Touchez pas au grisbi*, *Les Tricheurs*…) y voit une opportunité qui présage d'un très gros chiffre d'affaires… en attendant les futurs triomphes du *Corniaud* et de *La Grande Vadrouille*. La réalisation est confiée à Gilles Grangier, coutumier des succès au box-office – notamment avec Jean Gabin (*Archimède le clochard*, 1959 ; *Le cave se rebiffe*, 1961). Il a déjà travaillé avec Fernandel (*L'Aventure de Cabassou*, 1946 ; *Le Printemps, l'automne et l'amour*, 1955) et Bourvil (*Par la fenêtre*, 1947 ; *Poisson d'avril*, 1954). Henri Vilbert, Andrex et Michel Galabru complètent la distribution.

LA CUISINE AU BEURRE

À Martigues, en Provence, André Colombey (Bourvil), normand de naissance, est l'époux de Christiane (Claire Maurier), veuve en premières noces de Fernand Jouvin (Fernandel), mort en captivité alors qu'il était propriétaire du café-restaurant *À la bonne bouillabaisse*. Loin d'être mort, Fernand a en réalité changé de vie aux côtés de Gerda (Anne-Marie Carrière), patronne de la ferme où il avait été mis au travail pendant la guerre. D'un naturel paresseux, Fernand y a coulé des jours heureux et en a profité pour éviter le rythme infernal du travail au restaurant et les humeurs de sa belle-mère. Le mari de Gerda, lui, est prisonnier en Sibérie... jusqu'au jour où, après dix ans de captivité, il rentre chez lui, contraignant Fernand à en faire autant. Dès son retour, Fernand constate les changements : son nom figure sur le monument aux morts, sa femme s'est remariée, et grâce aux efforts d'André son restaurant est devenu gastronomique et s'appelle désormais *À la sole normande*. À partir de là, les situations cocasses s'enchaînent : le mariage d'André et Christiane est déclaré illégal, Fernand et Christiane doivent divorcer pour que cette dernière puisse de nouveau épouser André, Gerda – dont le mari avait une maîtresse en Sibérie – fait irruption, et le spectateur assiste à un choc culturel entre la cuisine au beurre – telle qu'on la conçoit en Normandie – et celle à l'huile d'olive – comme il se doit quand on vit en Provence. Quant à la vie des deux hommes, elle est désormais accablante sous la férule des deux femmes qui ne pensent qu'à travailler et à faire fructifier l'affaire !

Affiche **italienne**.

Affiche **française**.

Affiche **argentine**.

Affiche **mexicaine**.

Claire Maurier, **Fernandel** et **Bourvil**.

Le début du tournage de *La Cuisine au beurre* se révèle relativement détestable. Alors qu'on lui présente Claire Maurier, trente-trois ans – qui doit jouer son épouse et celle de Bourvil –, Fernandel s'exclame sans aménité : « Mais ce n'est pas ma femme, c'est ma fille ! » Heureusement, l'accent méridional de la jeune femme, Cannoise d'origine, est plus que correct. Sans quoi le comédien aurait sans doute demandé son remplacement. Il déplace sa colère sur un autre sujet : il trouve l'histoire insipide et son rôle secondaire, ce qui est inacceptable à ses yeux. Il décide donc de quitter le tournage jusqu'à ce qu'un nouveau scénario lui soit présenté – et il a intérêt à tenir la route !

L'ambiance ne fut pas toujours des meilleures.

LA **QUALITÉ** PREMIÈRE DE BOURVIL EST SA CONSTANTE ET SOURIANTE **MODESTIE**

Nous sommes à la mi-juin 1963. La réécriture du scénario prendra quatre semaines. Bourvil se tient à sa ligne de conduite habituelle : les vacances approchent, il les passera en famille, c'est sacré ! Le tournage reprend donc fin août, dans une ambiance délicate. Comme l'a souligné Gérard Lenne[1], la qualité première de Bourvil est sa constante et souriante modestie. Il se trouve face à un Fernandel dominateur, constamment emphatique, donnant toutes les apparences d'un être imbu de sa personne, se retirant continuellement dans sa caravane comme sur l'Aventin. Une armée d'assistants et de stagiaires est dévolue à son service, sous l'œil amusé d'un Bourvil que ce genre de simagrées gênerait plutôt ! Il adopte une attitude relativement passive, ne voulant pas compromettre le film. Cela se verra à l'écran, le Marseillais prenant l'ascendant sur le Normand. Quant au scénario, même remanié il reste simpliste, tournant exclusivement sur la confrontation supposée hautement pittoresque entre les deux plus grands comiques régionaux de l'époque. Ce qui suffit effectivement à attirer les foules : plus de six millions

La **famille Raimbourg** sur le tournage.

Quelques **bons repas** durant le tournage.

1. Dans *Bourvil... c'était bien*, éditions Albin Michel, 2000.

Chanson dédiée à tous les maîtres d'école.

trois cent mille spectateurs se ruent dans les salles dès la sortie du film, le 20 décembre 1963. Dorfmann a gagné son pari… tandis que Bourvil se promet de ne plus jamais tourner avec l'idole de sa jeunesse qui l'a tant déçu.

Dès le tournage terminé, André remonte à Paris où l'attendent les dernières représentations de *La Bonne Planque*, au Théâtre des Nouveautés, ainsi que l'enregistrement d'un nouveau 45 tours comprenant une chanson dédiée à Monsieur Lemonnier, celui qui, dans les années 1920, avait été son instituteur et lui avait fait découvrir la musique.

« Monsieur le Maître d'école
Vous souvenez-vous encore de moi ?
D'un p'tit garçon qui fut, je crois
Pas toujours sage
(…)
Malgré le temps qui s'envole
Il n'en est pas moins vrai
Que les souvenirs d'école
Ne s'oublient jamais. »

Et André d'inscrire, sur le petit format commercialisé, cette dédicace de sa main :
« Aux Instituteurs, Institutrices de France
et à Monsieur Lemonnier, mon Maître d'école.
Bien cordialement.
Bourvil 64. »

Début 1964, démarre la deuxième tournée de *La Bonne Planque*, qui commence par un mois complet au Théâtre du Vaudeville, à Bruxelles, suivi de quelques dates à travers la Belgique. Un soir, Louis Verlant, réalisateur à la Radio Télévision Belge, demande à rencontrer Bourvil : « Voilà, nous voudrions filmer votre pièce, nous serons très discrets, vous ne nous verrez même pas. On va placer deux caméras et, deux soirs durant, vous filmer. Êtes-vous d'accord ? » André en parle aux autres comédiens. Pourquoi pas ? Au moins cela fera des souvenirs. La captation est impeccable : Louis Verlant – qui est aussi un homme de théâtre, à la fois comme acteur et metteur en scène – effectue un découpage aussi précis que novateur. Jamais une pièce n'a été filmée de la sorte pour la télévision. Une fois le montage terminé, les bobines sont remisées pour être diffusées lorsque l'occasion se présentera, tandis que la tournée s'achève avec un succès jamais démenti.

André retrouve ensuite Jean-Pierre Mocky. Ce dernier, fort du succès de *Un drôle de paroissien,* a demandé à Bourvil d'être le principal interprète de l'adaptation du roman fantastique de Jean Ray : *La Cité de l'indicible peur*. Une fois encore, André ne prend pas de cachet fixe : il demande une participation, parce qu'il a confiance en Mocky, même s'il s'agit d'un réalisateur profondément subversif et d'un « personnage » atypique.
Le tournage, rapide, se déroule dans le Cantal, à Salers.

« Monsieur **le Maître d'école**
Vous souvenez-vous encore de moi ?
D'un p'tit garçon qui fut, je crois
Pas toujours sage »

Lors de la tournée de *La Bonne Planque*, rencontre avec **Françoise Sagan** et **Juliette Gréco**.

Bourvil présente à Paris son ami d'enfance, **Roger Douville**, sculpteur sur bois.

Repos à **Crans-Montana**.

LA CITÉ DE L'INDICIBLE PEUR

(OU LA GRANDE FROUSSE)

Simon Triquet (Bourvil), inspecteur subalterne dans un commissariat parisien, arrête par hasard Mickey le bénédictin (Joë Davray), faussaire et dangereux criminel. L'homme est condamné à la guillotine. Le jour de l'exécution, à la suite d'un problème technique, le malfrat parvient à s'échapper. À la poursuite du malfaiteur, Triquet arrive à Barges, village inquiétant dont les habitants ont un comportement bizarre.

Une série de meurtres laisse penser à Triquet que Mickey le bénédictin agit dans le secteur : un homme déguisé en bête terrorise la région et tue sans pitié. Au terme d'une poursuite, Triquet met la main sur l'assassin… qui n'est pas Mickey, ce dernier ayant été arrêté par la police avant d'avoir pu reprendre ses funestes activités.

Affiche française par **Téaldi**.

Avec **Jean Poiret**.

Avec **Francis Blanche**.

Comme d'habitude avec Mocky, le casting est imposant : outre Bourvil, il inclut Jean-Louis Barrault, Francis Blanche, Victor Francen, Jean Poiret, Jacques Dufilho et Raymond Rouleau. Malgré ces atouts, Mocky rencontre des problèmes : pour commencer, ses producteurs n'aiment pas le titre et lui imposent *La Grande frousse*. Ils jugent ensuite le montage trop long ; certaines scènes intéressantes doivent être coupées. La mort de Jean Ray, en septembre 1964, alors que Mocky termine son film dans l'urgence, n'augure rien de bon. De fait, le film est très mal accueilli tant par la critique que par le public, qui jugent qu'il manque de rythme.
Il faudra attendre 1972 pour que le réalisateur, déçu du résultat initial, réussisse à racheter les droits et insère les scènes qu'il avait dû couper huit ans plus tôt. Il en profitera pour lui redonner son titre initial. Cette fois la magie opère, le film ressortira et la critique se répandra en louanges. Malheureusement, à cette date, André Bourvil ne sera plus de ce monde. *La Cité de l'indicible peur* est devenu un film culte – si Les Nuls ont intitulé leur unique film *La Cité de la peur*, ce n'est évidemment pas un hasard…

LA CITÉ DE L'INDICIBLE PEUR EST DEVENU UN **FILM CULTE**

Attaqué par « **la Bête** ».

À bicyclette…

« Elle va marcher beaucoup moins bien,
forcément… »

JE N'SUIS PAS SI KOUN-KOUN

LE CORNIAUD

Alors qu'il part en vacances en Italie au volant de sa 2 CV, Antoine Maréchal (Bourvil) est percuté par la Rolls Royce de Léopold Saroyan (Louis de Funès). Le véhicule complètement démoli de Maréchal annonce-t-il la fin de ses vacances ? Non ! Pour se faire pardonner, Saroyan lui offre de ramener la Cadillac d'un ami américain de Naples à Bordeaux. En réalité, Saroyan est un truand en col blanc, et la Cadillac un véritable trésor : de la drogue est cachée dans les ailes, de l'or dans les pare-chocs, des diamants – butin d'un hold-up – dans la batterie, et le You Koun-Koun – le plus gros diamant du monde – dans le volant, sous le klaxon. Saroyan exerce une surveillance serrée du véhicule en le suivant, accompagné de deux acolytes, au volant d'une Jaguar. Ayant eu vent du stratagème, Mickey (Venantino Venantini) suit également la Cadillac, en attendant le moment propice pour s'emparer du butin. Après de nombreuses aventures hilarantes, le véhicule arrive à destination… aux mains des gendarmes, les gangsters ayant été arrêtés. Antoine Maréchal reçoit une généreuse récompense de la compagnie d'assurance pour avoir retrouvé le You Koun-Koun.

Affiche **belge**.

Gérard Oury a déjà une bien belle carrière derrière lui, d'abord comme acteur – tant au théâtre qu'au cinéma –, mais aussi comme scénariste – notamment pour *Le Miroir à deux faces,* dans lequel il jouait également, ce qui lui avait permis non seulement de côtoyer Bourvil, mais aussi et surtout de tomber amoureux de la sublime Michèle Morgan. Lorsqu'il a l'idée de son prochain film, intitulé *Le Corniaud*, Gérard Oury pense immédiatement à André. Les deux hommes se connaissent bien et ont le même agent, André Trives. L'accord de Bourvil, qui est une immense vedette, est primordial. Certes, Oury a déjà obtenu l'accord de Louis de Funès, mais celui-ci n'a pas encore la même notoriété que le Normand.
En tout cas, pas au moment où les contrats sont signés. Coup de chance : alors que démarre le tournage, à l'automne 1964, de Funès enchaîne deux triomphes avec *Le Gendarme de Saint-Tropez* (qui sort en septembre) et *Fantômas* (qui cartonne dès le mois de novembre). Pour autant, malgré plus d'une centaine de films à son actif depuis 1945, sa carrière est encore fragile.
L'idée de Gérard Oury est astucieuse : associer à Bourvil, acteur comique et tendre, un de Funès sautillant et surexcité. En somme, marier l'eau et le feu. Les deux acteurs sont enthousiastes. Et puis un tournage sous le soleil de l'Italie, cela ne se refuse pas, alors *avanti* !

André, une fois encore, emmène toute sa famille sur le tournage ; Louis de Funès l'imite.
À Rome, ce dernier va même applaudir le Pape.

Discussion avec **Gérard Oury**.

Première du film.

Mais un incident se produit : le fils d'un assistant réalisateur décide un soir de faire une virée dans Rome en empruntant la Jaguar de Saroyan. Au retour, ayant éclusé quelques verres, il a un accident. Sans gravité pour le jeune homme, mais la voiture est hors d'usage. Gérard Oury pique une colère noire : la voiture a été équipée sur mesure pour les besoins du film, sa couleur spécialement étudiée pour bien passer à l'écran. C'est une catastrophe ! Trois semaines sont nécessaires pour qu'un modèle de remplacement soit livré. En attendant, Oury tourne plusieurs scènes avec Bourvil et la Cadillac… qui manque de peu de se retrouver au fond du port de Naples. Une bitte d'amarrage stoppe de justesse le véhicule piloté par Bourvil, comme il est prévu dans le scénario, sauf que la manœuvre a *vraiment* failli mal tourner…

Venantino Venantini, charmeur italien qui joue le rôle du bandit bègue, est devenu l'ami des épouses des deux vedettes, Jeanne de Funès et Jeanne Raimbourg. Il confie qu'après une journée de tournage, cette dernière venait le trouver :
« Venantino, est-ce que mon Bourvil a bien joué aujourd'hui ?
– Oui madame, il a très bien joué. »
Le lendemain, Jeanne de Funès fait de même :
« Venantino, est-ce que mon Louis a bien joué aujourd'hui ?

« Est-ce que **mon Bourvil** a **bien joué** aujourd'hui ? »

– Oh madame, aujourd'hui pas très bien… »
L'épouse, affolée :
« Comment ça, pas très bien ? »
Et Venantino Venantini d'esquisser un sourire devant le désarroi de Jeanne :
« Mais non madame, il était parfait ! »

Un soir, tout le monde est invité à visionner les rushes. Rapidement, Louis de Funès et sa femme sont livides. On ne voit que Bourvil, et encore Bourvil à l'écran. Où est donc Louis ? Celui-ci a été engagé à égalité avec André, et il compte bien le faire savoir. Avec son épouse, il dénombre, durant toute la nuit, les répliques de chacun. Un point rouge pour Bourvil, un point bleu pour Louis. Pas de doute : le rouge domine. Et de loin.
Après avoir été victime d'un acteur imbu de sa personne, Fernandel, voilà Bourvil soupçonné de vouloir écraser son partenaire. Ce qui n'est évidemment pas de son fait.

Une danse toute « bourvilienne ».

Le matin, très remonté, de Funès va trouver Gérard Oury et lui demande des explications. Devant le courroux de l'acteur, ce dernier lui promet de trouver une solution. C'est ainsi que deux scènes sont ajoutées : celle du garage, où de Funès répare la voiture sur la musique de Rossini, et une autre avec Michèle Morgan au cours de laquelle Louis arrête la Cadillac de la comédienne faisant du tourisme en Italie. Elle ne vous dit rien ? C'est normal : elle a finalement été coupée au montage !
Le budget du film a explosé en cours de route : de trois millions cinq cent mille francs, il est passé à cinq millions trois cent mille francs[1]. Gérard Oury a bien proposé à André d'entrer, *via* les Productions Raimbourg, dans le capital du film, mais la déconvenue du *Magot de Josefa* le fait renoncer. « Une fois mais pas deux », avait-il dit. Quelle erreur !

1. Ce qui équivaut à huit cent sept mille euros au lieu de cinq cent trente-trois mille.

En compagnie de **Beba Loncar**.

Même pas **peur** !

Affiche **belge**.

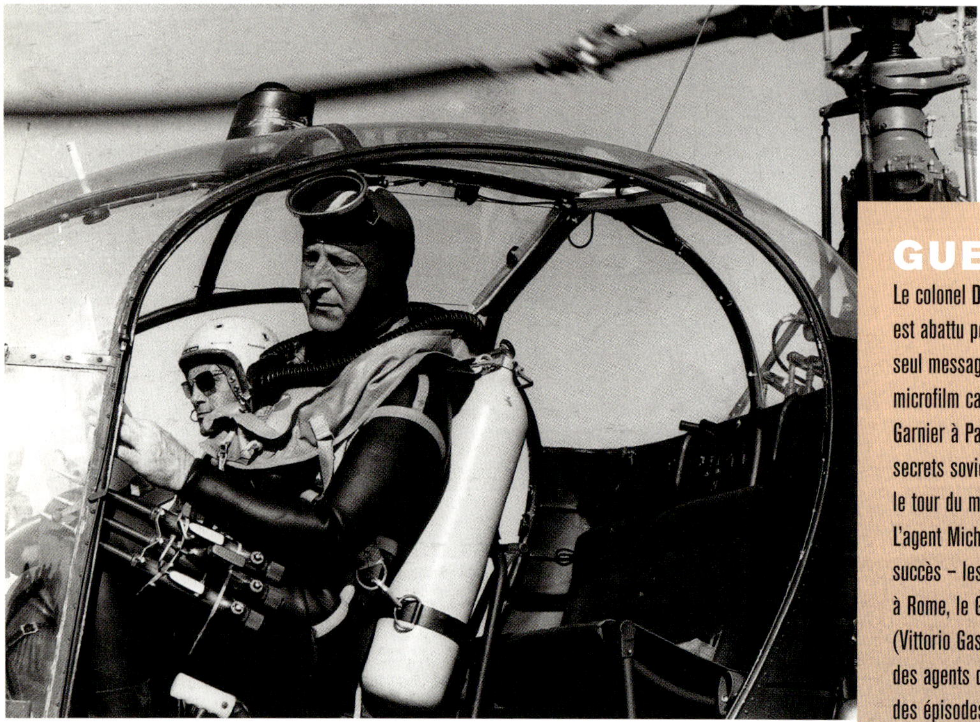

James... Bourvil... **Bond**.

GUERRE SECRÈTE

Le colonel Dimitri Kourlov (Henry Fonda), détenteur de secrets militaires, est abattu peu de temps après avoir passé le Mur de Berlin, laissant pour seul message : « Opéra 3 ». Grâce à ce renseignement, on découvre un microfilm caché dans un trou aménagé dans l'une des marches de l'Opéra Garnier à Paris. Le décryptage du document dévoile un plan des services secrets soviétiques visant à couler deux sous-marins américains faisant le tour du monde sans escale et sans contact extérieur, dans le golf d'Aden. L'agent Michel Lalande (Bourvil) est envoyé à Djibouti pour déjouer – avec succès – les plans soviétiques, et arrêter les espions. Pendant ce temps, à Rome, le Général Bruce (Robert Ryan), avec l'aide d'un agent italien (Vittorio Gassman), parvient à éviter l'enlèvement d'un savant atomiste par des agents du bloc de l'Est. Puis l'on procède à l'échange des prisonniers des épisodes de Djibouti et de Rome contre deux espions américains.

Le film est présenté au public le 24 mars 1965. C'est un triomphe, les rires se muent en délires. Cette fois, la presse est unanime, c'est du beau, du grand cinéma populaire. Neuf cent quinze mille spectateurs uniquement à Paris, près de onze millions sept cent quarante mille spectateurs en France, auxquels il faut ajouter les Belges, les Suisses, les Italiens… Prodigieux, simplement prodigieux. Personne ne s'attendait à un tel succès.

Avant même de connaître ces scores fabuleux, début 1965, Christian-Jaque veut transformer André en James Bond. Son nouveau film, *Guerre secrète*, propulse Bourvil de Paris à Djibouti. La réalisation de ce film à sketches est internationale : Christian-Jaque pour la partie française, Terence Young pour les États-Unis, Werner Klingler pour la partie berlinoise, et enfin Carlo Lizzani pour l'Italie. À l'affiche, neuf vedettes internationales : Bourvil, Henry Fonda, Robert Hossein, Vittorio Gassman, Robert Ryan, Annie Girardot, Georges Marchal, Mario Adorf et Peter Van Eyck. Refusant d'être doublé par un cascadeur, Bourvil participe à une poursuite en voiture, saute depuis un mur sur le capot d'une voiture, plonge d'une falaise, saute à l'eau habillé en homme-grenouille depuis un hélicoptère… Il aime ça, et en rit. En revanche, lorsque Annie Girardot sort de sa douche sous ses yeux, il ne sait plus où se mettre. Le réalisateur n'avait pas prévenu l'acteur qu'elle serait nue, par crainte qu'André refuse de tourner la scène. Bourvil, comme à son habitude, met l'ambiance hors caméra, par ses blagues et ses chansons. À la fin du tournage, à la demande des soldats français en poste à Djibouti, il improvise un tour de chant.
Guerre secrète sortira en France le 23 juin 1965, trois mois après *Le Corniaud* ; c'est un échec. Les dialogues, écrits par Philippe Bouvard – futur créateur des « Grosses Têtes » –, sont drôles et raffinés, peut-être trop pour ce genre de cinéma. De plus, le noir et blanc rend le film triste. Alors que les scènes sous-marines, ou celles tournées à Pompéi, auraient pu être spectaculaires en couleur !

C'EST UN **TRIOMPHE** :
ONZE MILLIONS SEPT CENT QUARANTE MILLE
SPECTATEURS EN FRANCE

Début mars 1965, l'ORTF, en grève, diffuse un programme minimum comprenant un journal d'informations raccourci suivi d'une fiction. Les réserves de programmes sont rapidement épuisées. Pierre Sabbagh, directeur de la Première chaîne, appelle son collègue de la télévision belge pour lui demander s'il a quelque chose à lui proposer en dépannage. La RTB[1] a bien cette pièce avec Bourvil, *La Bonne Planque*, enregistrée l'année précédente et qui, lors de sa diffusion en Belgique, a obtenu un énorme succès. « Un Bourvil inédit, pourquoi pas ? », se dit Sabbagh. Aussitôt dit, aussitôt négocié : l'ORTF achète *La Bonne Planque* aux Belges et la diffuse le soir même. Le lendemain, les critiques tirent à boulets rouges : « Comment peut-on passer un programme aussi stupide et aussi immoral à une heure de grande écoute ? »
Il est vrai – à y regarder de plus près – que la pièce n'a rien d'un chef-d'œuvre. C'est du sur-mesure pour le public populaire de Bourvil, celui qui faisait un triomphe à ses opérettes. De plus, la libération des mœurs de mai 1968 n'est pas encore passée par là.
Voir le personnage principal cocufier son meilleur ami, présenter l'épouse de ce dernier comme une nymphomane et se moquer de la police, quel scandale ! Mais la *vox populi* va s'exprimer. En même temps que sont publiées ces critiques fielleuses, l'ORTF est submergée de courrier : des milliers de lettres qui – hormis quelques grincheuses – sont unanimes : « Jamais on n'a autant ri en regardant la télévision ! On en veut d'autres ! »
Pierre Sabbagh observe cette réaction massive – à l'époque, en l'absence de sondages, le courrier est le seul moyen de connaître les attentes du public – avec le plus grand intérêt. Il a aussi constaté l'originalité de la réalisation : le théâtre mis en images de cette façon, c'est du jamais vu. Soudain, une idée jaillit : pourquoi ne pas faire comme les Belges ? Plaçons les caméras dans une salle parisienne, filmons le succès du moment – de préférence une bonne comédie de boulevard – et voyons ce que ça donne… Et voilà comment est né « Au théâtre ce soir », dont le succès va durer plus de trente ans !

1. Radio Télévision Belge (sans F à l'époque).

LA GROSSE CAISSE

La « grosse caisse » est le surnom donné par les employés de la RATP à la rame des finances, qui collecte la recette journalière des trois cents stations du réseau métropolitain, soit six cents millions de francs. Louis Bourdin (Bourvil), poinçonneur de son état – comme l'a chanté Gainsbourg, c'est celui qui fait des p'tits trous dans les billets –, est passionné de livres policiers. Il écrit lui-même un roman, sous le pseudonyme Louis Normand, intitulé *Rapt à la RATP* : l'histoire du vol de la « grosse caisse ». Il fait lire son manuscrit à Angélique (Françoise Deldick), la poinçonneuse du quai d'en face, pour qui il a le béguin. Celle-ci trouve le livre formidable et se demande même comment le coup n'a jamais été tenté. Refusé par plusieurs éditeurs qui trouvent le récit invraisemblable, Louis en a assez des railleries de ses collègues et décide de remettre son œuvre à un truand fraîchement sorti de prison, Paul Filippi (Paul Meurisse), grand nom de la pègre parisienne. Intéressés, le gangster et son équipe décident de tenter le coup avec la complicité du brave Louis. Une fois le hold-up réussi, les sacs contenant l'argent doivent être jetés dans la Seine pour y être récupérés plus tard. Le soir du casse, Angélique est de service ; quand elle comprend que le hold-up est en cours, elle prévient la police. Comme elle a lu le roman, elle sait où les policiers pourront cueillir les truands. Une fois arrêté, Filippi innocente Bourdin, dont le livre est publié et devient un best-seller, tandis qu'il trouve l'amour dans les bras de la belle Angélique.

Affiche française par **Jouineau Bourduge**.

Bourvil, Françoise Deldick et Roger Carel.

GROSSE CAISSE, GRANDES GUEULES ET GRANDE VADROUILLE

En 1962, il avait été question d'une adaptation du *Bon Roi Dagobert* par Alex Joffé, avec Bourvil. Un projet d'affiche avait même été dessiné par un certain René Goscinny. Mais le projet n'avait pas pu aboutir, par manque de temps. Finalement, le film avait été mis en scène par Pierre Chevalier avec Fernandel dans le rôle principal. Mais Alex et André s'entendent trop bien pour en rester là, d'autant que le metteur en scène a un rôle taillé sur mesure pour André : poinçonneur de métro et auteur de roman policier dans *La Grosse Caisse*. Le tournage a lieu au studio d'Épernay-sur-Seine et à la station Quai de la Rapée, à Paris.

La classe de Paul Meurisse irrite un peu la critique, même si ce dernier est dans la continuité par rapport au personnage du Monocle – qu'il a interprété dans *Le Monocle noir* (1961), *L'Œil du Monocle* (1962) et *Le Monocle rit jaune* (1964). En ce qui concerne Bourvil, dans *Le Figaro* du 14 juillet 1965, Louis Chauvet ne tarit pas d'éloges, soulignant les attitudes prises par

Paul Meurisse et Bourvil.

le personnage : « L'ennui, l'amour, la mélancolie, l'espoir, la joie exubérante, la déception, l'amertume, la colère, l'indignation, la jubilation, la méfiance et la peur. Ces douze sentiments donnent douze façons de poinçonner les tickets de métro. » Pas mal pour un seul film !
La distribution fait la part belle à Tsilla Chelton, Daniel Ceccaldi, Roger Carel, Bernard Fresson, Jacques Legras, Françoise Deldick et Pierre Vernier. Alex Joffé, à l'instar d'Alfred Hitchcock, fait lui aussi une apparition dans son film.

Discussion virile entre Lino Ventura et Bourvil.

Avant de remonter sur scène pour sa nouvelle opérette, Bourvil enchaîne avec un film d'hommes, une sorte de western contemporain : *Les Grandes Gueules*, mis en scène par un jeune réalisateur de trente-quatre ans, Robert Enrico. Ses deux précédents films – le court-métrage *La Rivière du hibou* (1962) et *La Belle Vie* (1962) – ont obtenu de nombreux Prix, et il a été choisi par le romancier José Giovanni pour adapter son livre *Le Haut-Fer* au cinéma. Giovanni[1], qui cosigne le scénario et les dialogues avec Enrico, a longtemps parcouru les Vosges afin de s'imprégner de l'ambiance et de la vie de ces bûcherons qui travaillent dans des conditions pénibles, isolés dans les montagnes.
Une distribution parfaitement adaptée, constituée de forces de la nature – Ventura, Rolland, mais aussi Michel Constantin et Jess Hahn – rendent ce film tout à fait crédible. Bourvil ne dénote pas dans le paysage. Enrico tourne au lieu-dit La Clairière de Cellet, non loin de Gérardmer, dans une scierie équipée d'un haut-fer. Ce système archaïque, mû par l'eau, est en piteux état ; les équipes du film le rénovent pour le tournage.
Encore une fois, pas de doublure pour André : quand il descend le schlitte[2] rempli de bûches, c'est lui qui est devant l'engin ; pour ne pas prendre de risques inutiles, on s'est contenté d'évider les bûches, mais la scène reste périlleuse. Lors des bagarres, malgré les précautions, ça cogne sec. Un jour, André est légèrement touché à la tête et récolte une petite blessure derrière l'oreille, sans gravité – du moins le croit-on. On désinfecte, un pansement et on n'en parle plus.
Le dernier jour de tournage est consacré à l'incendie de la scierie et à une autre bagarre, célèbre, entre Ventura, l'ancien catcheur, et Bourvil, avec le brasier en toile de fond.

LORS DES **BAGARRES,** ÇA COGNE **SEC.**

Bagarre devant la scierie en feu.

1. José Giovanni, condamné à mort puis gracié, a publié ses premiers livres (*Le Trou*, *Classe tous risques*) après être sorti de prison.

2. Traîneau roulant sur des troncs d'arbre.

LES GRANDES GUEULES

Hector Valentin (Bourvil), de retour du Canada, reprend l'exploitation forestière de son père décédé. Therraz (Nick Stephanini), qui est à la tête de la plus grosse industrie de sciage de la région, veut lui racheter son entreprise, mais il refuse. C'est bientôt la guerre ouverte entre les deux hommes. Sortant de prison, Laurent (Lino Ventura) et Mick (Jean-Claude Rolland) se font embaucher dans l'exploitation d'Hector ; ils lui suggèrent d'employer des détenus libérés sur parole. D'abord sceptique, Hector finit par engager cette main-d'œuvre peu ordinaire. En réalité, Laurent espère faire venir un ancien complice dont il veut se venger ; celui-ci n'arrivera jamais.
Suite à une bagarre lors de la fête du village, Mick trouve la mort, les détenus doivent regagner leur prison, et Hector, voulant en finir, met le feu à sa scierie. Il est sauvé de justesse par Laurent. Après une solide explication, les deux hommes partent ensemble vers une nouvelle destinée.

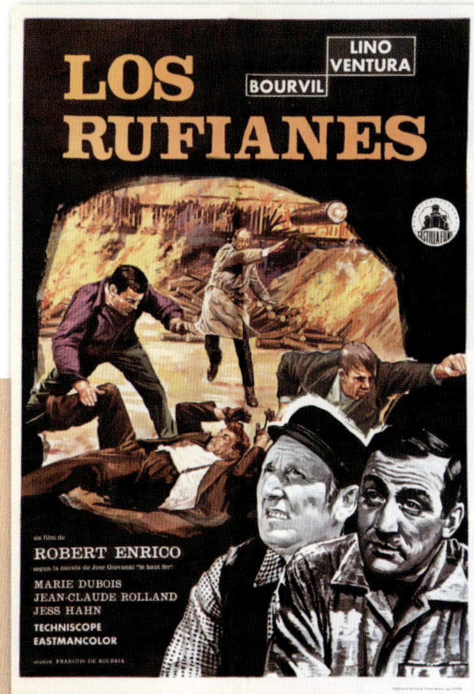

Affiche **espagnole**.

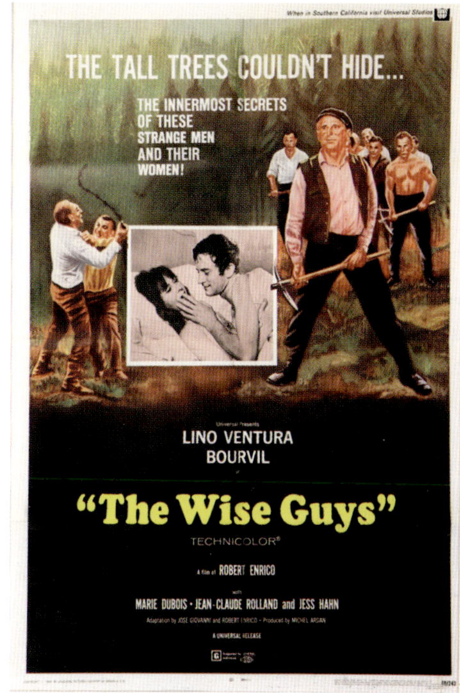

Affiche **américaine**.

Le film est présenté à Gérardmer le 22 octobre 1965, en présence de l'équipe et des figurants, choisis parmi les habitants des lieux où s'est déroulé le tournage. C'est un succès : Bourvil tient la route dans son rôle. En souvenir du tournage, une piste de ski vosgienne est baptisée « Bourvil », et au lieu-dit Le Cellet est installée une plaque, plantée dans un arbre, commémorant le film.

Mais déjà il faut rentrer à Paris pour les retrouvailles avec Annie Cordy, sa partenaire de *La Route fleurie*, avec qui il va partager la vedette d'une nouvelle opérette intitulée *Ouah ! Ouah !*
Le livret est de Michel André, la musique d'Étienne Lorin et Gaby Wagenheim, et les paroles de Max François. Comme pour *La Bonne Planque*, la mise en scène est confiée à Roland Bailly, le mari de Pierrette Bruno, les chorégraphies à Arthur Plasschaert, et les décors à Roger Pellerin. Enfin, la réalisation est signée Michel André, Max François et Bourvil – qui est coproducteur. Autour de Bourvil et d'Annie Cordy, la distribution regroupe des collaborateurs fidèles et talentueux parmi lesquels Max Desrau, Robert Rollis, Françoise Deldick, Gaby Verlor, Marco Perrin, André Tomasi et Janou.

Jules Bourvil et **Cléo Cordy**.

Bzz bzz bzz les abeilles…

OUAH ! OUAH !

Ouah ! Ouah ! est le nom d'un petit Yorkshire, le dernier cadeau que Caroline (Annie Cordy) a reçu de son fiancé, mort dans un accident de voiture juste avant leur mariage ; le petit chien se trouvait avec lui dans la voiture.

Le père du fiancé, fou de désespoir et inconsolable, s'imagine que l'âme de son fils s'est réincarnée dans le corps du chien. Caroline enlève Ouah ! Ouah ! car il représente le dernier souvenir de son amour brisé. Le père réussit à récupérer le chien et lui adjoint un garde du corps, Nicolas (Bourvil). Après bien des péripéties, Caroline et Nicolas finissent par tomber dans les bras l'un de l'autre.

De nombreux costumes agrémentent l'opérette ; le programme en mentionne trois cents. André est tour à tour pompier, Wisigoth ou Jules César ; Annie Cordy est Cléopâtre.
L'histoire est rocambolesque à souhait. Le succès va se révéler nettement inférieur aux spectacles précédents, mais certaines chansons se démarquent : le duo avec Annie Cordy, *Le P'tit Coup de chance*, et surtout *L'Essaim* au titre évocateur (aussi connu sous le titre *Les Abeilles)*, avec ses paroles immortelles :
« L'essaim se gonfle et s'abandonne
À la caresse du printemps
Et dans la ruche tourbillonnent,
Prêtes à prendre leur élan,
Bzz, bzz, bzz,
Bzz, bzz, bzz… les abeilles ! »
La première a lieu le 31 octobre 1965. Suivent plusieurs mois de représentations à Paris, avant la province que Bourvil visite en pointillé, au gré des libertés que lui laissent ses tournages. Mieux encore, les villes où doit être jouée l'opérette sont choisies en fonction des lieux où André est en train de filmer : pas question de traverser la France pour une représentation !

Dans un premier temps, pas de souci pour *Trois enfants dans le désordre* de Léo Joannon, qui se tourne à Paris, dans les studios de Saint-Maurice et dans le chantier des futures halles de Rungis. André retrouve Jean Lefebvre, avec qui il avait joué en 1958 dans *Un drôle de dimanche*. André écrit les paroles de la chanson du film sur une musique de son amie Gaby Verlor, qui lui a déjà offert par le passé de bien belles compositions, notamment *C'était bien (Le P'tit bal perdu)*. D'ailleurs, André est le parrain de sa fille, devenue comédienne.

BZZ, BZZ, BZZ,
BZZ, BZZ, BZZ… **LES ABEILLES !**

Dès les premiers jours de tournage, Jean Lefebvre et Bourvil sentent qu'ils sont embarqués dans une galère et un bide annoncé. Ils tentent bien d'améliorer les textes ou les situations, mais rien n'y fait : le résultat final correspond à ce qu'ils craignaient. Le film est descendu en flèche par la critique, qui note qu'avec une telle idée, il y avait moyen de faire mieux, beaucoup mieux…

Pendant ce temps, André continue d'enregistrer régulièrement de nouvelles chansons. Il a reçu une proposition d'un auteur-compositeur âgé d'à peine vingt ans nommé Michel Berger. Sa carrière révèlera un auteur à la grande sensibilité. Sa chanson est sérieuse malgré son titre : *Les Girafes*.
« Les girafes au long cou
Se promènent dans l'été
brûlant
L'été brûlant
Si lentement. »
Capable de tourner un film anticonventionnel avec Mocky, une fantaisie à succès avec Oury ou un western à la vosgienne avec Enrico, Bourvil mélange également les genres en musique : sur le même 45 tours figurent une autre chanson tendre *(La Valise)* et deux titres gais (*Un p'tit coup Monsieur* et *La Marche des matelassiers* – titre préféré de Bérurier, l'adjoint du commissaire San-Antonio de Frédéric Dard).
Comme il faut quelqu'un pour lui donner la réplique, c'est son fils aîné, Dominique Raimbourg, seize ans, qui s'y colle, pour sa première – et dernière – expérience musicale !

Uta Taeger,
Anne-Marie Carrière,
Jean-François Maurin,
Rosy Varte,
Bourvil,
Gérard Lartigau
et Jean Lefebvre.

Affiche **roumaine.**

TROIS ENFANTS DANS LE DÉSORDRE

Eugène Laporte (Bourvil), entrepreneur de travaux publics, est arrêté pour divulgation de secrets d'État. En réalité, il est victime d'une manigance de ses concurrents, qui ont volé dans son coffre des plans classés top secret. En vertu de l'article 37 qui stipule que tout condamné à une peine intéressant la sécurité de l'État verra ses biens confisqués, notre entrepreneur se voit non seulement accusé à tort, mais aussi ruiné.
Avec l'aide de Fernand (Jean Lefebvre), son homme de confiance, Eugène trouve le moyen de contourner la loi grâce à l'article 38 qui prévoit que les enfants d'un coupable ne peuvent être déshérités. Supposons qu'il ait trois enfants : les trois-quarts des biens leur reviendraient. Petit problème : Eugène n'a pas d'enfants. Certes il y pense, car il est secrètement amoureux de l'inspectrice du travail Elisabeth (Jeanne Colletin), à qui il espère bien déclarer sa flamme… mais ce n'est pas pour demain étant donné qu'il se trouve sous les verrous. Du fond de sa prison, il reconnaît trois enfants abandonnés par leur père : un petit caïd prénommé Roger (Gérard Lartigau), une chanteuse yéyé prénommée Zoé (Uta Taeger), et un véritable sale gamin, Georges (Jean-François Maurin[1]).
L'affaire est en grande partie sauvée. De son côté, Elisabeth a mené son enquête et trouvé les vrais coupables ; ceux-ci sont arrêtés et Eugène relâché. De retour chez lui, il se retrouve avec « ses enfants » et deux de leurs mères (Rosy Varte et Anne-Marie Carrière), qui sont prêtes à tout pour l'avenir de leur progéniture, même à s'inventer une relation passée avec Eugène. Mais Roger fait un casse. Découvrant l'ampleur du désastre, Eugène et Fernand s'empressent d'organiser une opération commando pour aller rendre l'argent volé.
Exaspéré par la situation, Eugène avoue à la police son stratagème pour sauver son entreprise… Mais on ne badine pas avec la loi, et les deux comploteurs sont arrêtés le jour du mariage d'Eugène et Elisabeth. Emprisonnés, ils sont graciés par le Président de la République, suite à la naissance de quintuplés !

1. L'un des petits frères de Patrick Maurin, futur Patrick Dewaere.

Entre-temps, Gérard Oury a refusé – malgré l'insistance compréhensible de ses producteurs – de réaliser une suite du *Corniaud*. En revanche, l'idée de reformer son duo fétiche le titille depuis un moment ; en fait il y pense depuis le dernier jour de tournage de son *blockbuster* aux onze millions d'entrées.
Pour ce faire, Marcel Jullian et lui ont recruté une jeune femme de vingt-quatre ans, Danièle Thompson, qui n'est autre que la fille de Gérard Oury.

UN BIDE ANNONCÉ

Elle était déjà intervenue – discrètement – sur le scénario du *Corniaud*, en donnant son avis sur telle ou telle scène. Un bon indice du talent naissant de la jeune femme, confirmé par ce nouveau film dont elle est cette fois la coscénariste officielle. Pour la première fois, le nom de la future scénariste de tant de succès (*La Folie des grandeurs*, *Les Aventures de Rabbi Jacob*, *La Boum*…) et réalisatrice de *La Bûche* et *Le Code a changé*, apparaît au générique.
Pour son nouveau projet avec Bourvil et de Funès, Oury a sorti de ses cartons une ébauche d'histoire imaginée quelques années plus tôt avec Jean-Charles Tacchella. Cela se passe durant la Seconde Guerre mondiale : deux sœurs jumelles – l'une un peu bigote, l'autre prostituée – font passer des aviateurs alliés en zone libre. Tandis que la première cache ses pilotes de couvent en abbaye, l'itinéraire de la seconde passe par un lupanar parisien et des maisons closes à Marseille. L'idée initiale est reprise et transformée radicalement : au lieu de deux sœurs, il est cette fois question de deux hommes, l'un peintre en bâtiment, l'autre chef d'orchestre.
Et en avant pour *La Grande Vadrouille !*

À gauche, affiche **belge**.

À droite, programme **japonais**, affiche **tchèque**, et affiche **cubaine**.

LA GRANDE VADROUILLE

Un avion de la Royal Air Force est touché par la défense aérienne allemande alors qu'il survole Paris par erreur. Les trois aviateurs anglais doivent sauter en parachute pour espérer garder la vie sauve. Ils se promettent de se retrouver plus tard aux Bains Turcs de la capitale. Le premier, Sir Reginald Brook (Terry-Thomas), chute dans le bassin des phoques du zoo de Vincennes. Il est recueilli par le gardien (Henri Genès).
Le deuxième, Peter Cunningham (Claudio Brook), accroche malencontreusement son parachute sur un mur donnant dans la cour de la Kommandantur. Coup de chance : le peintre en bâtiment Augustin Bouvet (Bourvil), qui a monté son échafaudage au même endroit, l'aide. Ils se réfugient dans l'appartement d'une jeune parisienne prénommée Juliette (Marie Dubois).
Le troisième soldat, Alan Mac Intosh (Mike Marshall, fils de Michèle Morgan), se pose sur le toit de l'Opéra Garnier et se cache dans le bureau du chef d'orchestre, Stanislas Lefort (Louis de Funès).
Chacun de leur côté, Augustin et Stanislas sont sommés par les Anglais de rejoindre Sir Reginald, leur *Squadron Leader*, décrit comme portant de « *big* moustaches » – qu'il a d'ailleurs coupées sur les conseils avisés du gardien du zoo. Les trois hommes se retrouvent sous l'air du célèbre *Tea For Two*, choisi comme signe de reconnaissance.
Il faut à présent récupérer Mac Intosh au sein même de l'Opéra Garnier ; c'est déguisés en officiers allemands qu'Augustin et Sir Reginald se présentent dans le magnifique édifice. Mais entre-temps, le major Achbach (Benno Sterzenbach) a découvert que le chef d'orchestre a aidé à cacher un parachutiste anglais. Les deux faux officiers profitent de la confusion créée par un attentat raté contre le commandant en chef allemand à Paris pour récupérer le pilote et le chef d'orchestre. Avec l'aide de Méphisto (Jacques Bodoin), ils fuient par les égouts parisiens.
Malheureusement, ils arrivent en retard à la Gare de l'Est et voient partir sous leur nez le train dans lequel se trouvent Juliette et Peter Cunningham. De leur côté, Sir Reginald, Mac Intosh, Augustin et Stanislas volent un fourgon postal pour rejoindre la Côte-d'Or.
En panne de carburant, ils abandonnent leur véhicule et empruntent une camionnette chargée de citrouilles, dans laquelle se trouve Sœur Marie-Odile (Andréa Parisy). Après une course-poursuite mémorable avec la maréchaussée allemande, tout ce petit monde trouve refuge aux Hospices de Beaune, placés sous la férule de la Mère supérieure (Mary Marquet).
Stanislas et Augustin enfourchent des vélos et atteignent en pleine nuit l'Hôtel du Globe, à Meursault, lieu du rendez-vous initial. Madame Germaine (Colette Brosset) et Juliette les accueillent en les faisant passer pour leurs maris respectifs. Après une nuit mouvementée, Augustin et Stanislas, habillés en soldats allemands, se perdent avec des chiens supposés leur servir de guides. Arrêtés par une patrouille, ils sont amenés à la Kommandantur de Meursault où ils sont interrogés : « De moi vous osez vous fouter ! »
Finalement, tous les protagonistes en cavale se retrouvent et parviennent à s'échapper de Meursault, avec l'aide de Sœur Marie-Odile, à bord d'un chariot tiré par des chevaux. Après une nouvelle poursuite au sol et dans les airs, ils atteignent un aérodrome abandonné, où ils découvrent des planeurs qui leur permettront de survoler la zone libre et, plus tard, de s'y poser.

Bourvil saluant **Elvire Popesco** lors de la première du film.

En interview pour le **Rotary Club** de Beaune.

À MEURSAULT, L'HÔTEL DE VILLE EST **RÉQUISITIONNÉ**

Le tournage, qui doit durer dix-sept semaines, débute le 16 mai 1966. Le voyage de Paris à Beaune traverse la Bourgogne et ses vignobles, très appréciés par Terry-Thomas qui ne manque pas de visiter quelques chais.
À Meursault, l'Hôtel de Ville est réquisitionné pour devenir la Kommandantur – une plaquette placée sur la grille d'entrée du bâtiment rappelle le tournage. Durant l'incendie du bâtiment, ce sont les vrais pompiers de Meursault qui interviennent au volant d'un camion des années 1930, exposé depuis par la municipalité.
Les repas sont pris à *l'Auberge du Chevreuil*, où chacun peut déguster la terrine de la Mère Augier, une recette vieille de plus d'un siècle, accompagnée par les fameux vins de Meursault. Bourvil et de Funès en profitent pour regarnir leurs caves respectives.
Pour autant, malgré ces détails agréables, Gérard Oury se trouve confronté à un véritable problème. Lors du *Corniaud*, les deux comédiens vedettes avaient très peu de scènes en commun. Cette fois, ils sont pratiquement toujours ensemble. Et si André est excellent dès les trois premières prises, Louis a besoin de se chauffer : six, sept, huit prises sont parfois nécessaires pour qu'il soit au meilleur de lui-même. Oury choisit rapidement de laisser Louis répéter le plus longtemps possible avant l'entrée en scène de Bourvil.

Malgré cela, les deux hommes sont très complices et s'amusent à manigancer des gags qu'ils proposent ensuite au metteur en scène. Celui-ci achète ou n'achète pas, mais cela nous vaut – entre autres – la scène cultissime où de Funès atterrit sur les épaules d'André.
Notons encore que l'*Hôtel du Globe* n'existe pas : il a été créé de toutes pièces aux studios de Billancourt ; les scènes qui en montrent la façade sont filmées à Noyers-sur-Serein, devant le *Café de la Paix*. Quant aux rues, lors de l'arrivée à vélo, ce sont celles de Vézelay, à cent trente kilomètres de Meursault[1].
Le film sort le 8 décembre 1966, lors d'une soirée de gala à l'Opéra Garnier. Le score historique du *Corniaud* est bientôt pulvérisé : plus de dix-sept millions deux cent mille spectateurs se pressent dans les salles.
Un record qui ne sera battu que trente ans plus tard par *Titanic*, de James Cameron (vingt millions huit cent mille spectateurs) ; en 2008, *Bienvenue chez les Ch'tis*, de et avec Dany Boon, est à ce jour le seul film français à avoir fait mieux avec vingt millions cinq cent mille spectateurs.

1. Toutes ces références proviennent de l'excellent livre de Vincent Chapeau : *Sur la route de La Grande Vadrouille*, éditions Hors Collection, 2004.

Sur la **Grange-Batelière**.

« Vous voyez, c'est ça **les Anglais** ».

POUR DEVENIR LA **KOMMANDANTUR**

« **Tea for two**
and two for tea ».

Premier film pour **Adamo**.

À droite, affiche **turque**.

LES ARNAUD

Henri Arnaud (Bourvil) est juge pour enfants à Aix-en-Provence et vit avec sa sœur Belle (Marcelle Ranson-Hervé). Resté très simple malgré sa fonction, il ne se déplace qu'à vélo. André Arnaud (Salvatore Adamo), orphelin, est étudiant en droit et ne peut assurer sa subsistance que grâce au mandat mensuel envoyé par son oncle, maçon de son état.

Les deux hommes, qui partagent donc le même patronyme, se rencontrent dans une salle de tribunal où l'homme de loi juge avec clémence un berger accusé d'agression sur la personne d'un jeune bourgeois. Progressivement, une amitié se tisse entre les deux Arnaud.

L'oncle d'André décède inopinément, privant le jeune étudiant de ses moyens financiers. André doit alors emprunter de l'argent à un antiquaire homosexuel, Josseron (Michel de Ré), qui en échange veut abuser de lui. S'ensuit une bagarre au cours de laquelle André tue accidentellement le prêteur.

Traumatisé, le jeune meurtrier parvient à déjouer l'enquête et poursuit ses études. Il s'est confié à sa petite amie Laëtitia (Christine Delaroche). Le juge Arnaud, qui a deviné la situation dramatique dans laquelle se trouve le jeune homme, choisit de l'adopter, afin de l'épauler lors de la redoutable épreuve qui l'attend. Diplôme de droit en poche, André se dirige vers les marches du Palais de Justice, accompagné par son père adoptif, sa tante et Laëtitia. Il va dévoiler la vérité.

Marcelle Ranson-Hervé, **Christine Delaroche**, **Adamo** et **Bourvil**.

LA PETITE REINE

Le réalisateur, Léo Joannon, déçu par le résultat de *Trois enfants dans le désordre*, doit une revanche à Bourvil. Celle-ci va prendre la forme d'une comédie dramatique avec, pour la première fois à l'écran, Salvatore Adamo. Le jeune homme est déjà une grande vedette de la chanson, avec entre autres tubes *Tombe la neige* et *Vous permettez, Monsieur*. Des propositions de cinéma, Adamo en a déjà eues : Ray Ventura voulait de lui pour un film musical, Claude Autant-Lara l'avait contacté pour le rôle de Lucien Leuwen – d'après l'œuvre de Stendhal… – mais le jeune homme ne se sentait pas prêt.
Lorsque le producteur Michel Ardan lui propose de tourner avec Bourvil, Adamo se remémore les imitations que son père faisait du comique français en chantant *La Tactique du gendarme* avec son accent italien. Il sent bien que s'il doit débuter au cinéma, c'est avec lui !
La première rencontre a lieu à l'Olympia, après un tour de chant de Salvatore. André Bourvil lui rend visite dans sa loge : comme victimes d'un coup de foudre d'amitié, les deux hommes se sentent aussitôt sur la même longueur d'ondes.

Tu vois,
moi, je ferais plutôt
comme ça…

Séance de **dédicaces** dans les rues d'Aix en Provence.

Moment de détente pendant la tournée de *Ouah ! Ouah !* en compagnie d'Annie Cordy.

Le tournage des *Arnaud*, qui a lieu à Aix-en-Provence et ses alentours, débute le 3 avril 1967. André prend alors le jeune Italo-belge sous son aile. Devant son inexpérience, Bourvil lui joue la scène, lui dicte son jeu en toute simplicité : « Tu vois, moi je ferais plutôt comme ça… » et le jeune comédien n'a plus qu'à calquer son interprétation sur son illustre professeur.
Les deux mois de tournage se déroulent en douceur, comme dans une bulle familiale. Comme à son habitude, Bourvil y va de ses grosses blagues, pas toujours fines, mais jouées avec tant de talent qu'elles déclenchent l'hilarité de tous, comédiens et techniciens.
Un jour, Adamo remarque une invraisemblance de scénario. Le commissaire venant l'arrêter doit lui lancer « Enfin, je vous tiens ! » à voix normale, alors que ce personnage se trouve à plusieurs mètres d'Adamo, qui ne peut l'entendre. Il confie le problème à Bourvil, qui acquiesce et lui conseille d'aller voir Joannon. Adamo hésite, André insiste, et finalement le jeune comédien va trouver le réalisateur… qui le remet illico à sa place.
Souvent, le soir, les deux hommes parlent musique. André confie au créateur de *Vous permettez, Monsieur* que, lui aurait-on proposé la chanson, il l'aurait acceptée sans hésitation. Qui sait, peut-être un jour auront-ils l'occasion de se rencontrer à nouveau dans un studio d'enregistrement ?

Lors de la sortie du film, le 13 octobre 1967, la critique l'accueille avec bienveillance et souligne la complémentarité des acteurs. Dans *Le Canard enchaîné*, Michel Duran nous confie qu'il a « pris un grand plaisir à regarder ce film qui ruisselle de bons sentiments et qui a le courage de ne pas nous montrer de filles à poil, ni aucune scène de lit ou de baisers-ventouses (…) les jeunes étudiants n'ont pas l'air de crétins, ni les filles de putains ! »

Pendant ce temps, la tournée de *Ouah ! Ouah !* se poursuit partout en France. Mais André a un petit problème : à l'endroit de sa blessure à la tête, causée lors du tournage des *Grandes Gueules*, est apparu un petit bouton, probablement une mauvaise cicatrisation. Il faudra voir ça plus tard, car cela le gêne lorsqu'il met son casque de pompier pour chanter *Les Abeilles*.

Pour la sixième fois, Alex Joffé sollicite le comédien normand pour l'histoire rocambolesque d'un génial inventeur du début du XXe siècle, qui a mis au point un vélocipède révolutionnaire. Son titre : *Les Cracks*. Jean-Bernard Luc, Gabriel Arout, Pierre Lévy-Corti et Alex Joffé collaborent au scénario et aux dialogues. La musique est commandée au célèbre Georges Delerue – qui a écrit les musiques de *Tirez sur le pianiste*, *Le Mépris*… Le tournage débute dans le Vexin, mais en ce mois de mai 1967, on ne peut pas dire que la météo soit clémente : de la pluie et encore de la pluie. Pour une course censée se dérouler entre Paris et San-Remo, ce n'est pas l'idéal ! Joffé décide alors de transporter son petit monde dans le Midi, ce qui suppose un dépassement des délais et du budget. Sous les yeux de Patrick Préjean, Alex Joffé et son producteur en viennent presque aux mains.

Pour la **sixième fois**, Alex Joffé sollicite le comédien

LES CRACKS

Nous sommes en 1901. Jules Duroc (Bourvil) a mis au point une bicyclette avec selle et guidon réglables, roue libre, système à papillons, pneus boyaux, bref, tous les attributs du vélo moderne. Ayant investi jusqu'à son dernier franc – et même plus –, Jules compte sur son beau-frère Lucien Médard (Patrick Préjean), cycliste professionnel, pour remporter la course Paris-San Remo avec son prototype. Armé d'un tel cycle, il ne peut que remporter la victoire et apporter la prospérité à son inventeur !

Mais Maître Mulot (Robert Hirsch), huissier de justice, frappe à la porte afin de tout saisir. Jules n'a que le temps de s'enfuir avec son invention, direction la ligne de départ de la course. Entre-temps son beau-frère l'a trahi en signant avec l'équipe française « La Gauloise ». Jules décide alors de prendre le départ de la course lui-même, poursuivi par son épouse Delphine (Monique Tarbès) et par Maître Mulot, montés dans un triporteur. Après des aventures désopilantes, l'huissier et le créancier finissent par faire équipe et décrochent la victoire sous le ciel italien.

Affiche **italienne**.

Robert Hirsch, **Monique Tarbès** et **Bourvil**.

Patrick Préjean et Bourvil.

Séance de **massage**.

Ferdi Kübler, Bourvil et une charmante dame.

Un autre désagrément survient lors de la scène de la poursuite : alors que le triporteur, conduit par Monique Tarbès et transportant Robert Hirsch, aborde un virage à grande vitesse en collant la roue d'André, un problème de freins survient ; Monique Tarbès ne peut plus contrôler son véhicule, qui renverse malencontreusement André et passe au-dessus de lui. L'équipe se précipite sur les lieux du drame. Pour Robert Hirsch et Monique Tarbès, ça va, pas de bobos… mais chacun retient son souffle lorsque Bourvil tente de se relever. Il ressent une vive douleur dans le dos ; on craint une fracture des vertèbres… mais il finit par se redresser en grimaçant de douleur. Par mesure de précaution, il est emmené à l'hôpital de Nice pour un contrôle. Le médecin ordonne un allègement du programme ; il va falloir lever le pied. Cependant, le tournage s'achève et André peut enfin remonter sur Paris. Il rend visite aux plus éminents professeurs, suit un traitement comprenant des massages et des infiltrations, mais son mal de dos empire. Il ne le quittera plus jamais.

À la fin de l'année, à l'invitation des organisateurs du Festival international du film de Moscou, André se rend en famille dans la capitale russe, où il fait un peu de tourisme. Quelle n'est pas sa surprise d'être reconnu dans la rue et de se faire appeler Fortunat ! En Union soviétique, ce film de 1960, avec Michèle Morgan, avait fait un véritable tabac, et son personnage avait marqué les esprits.

Pour oublier son mal de dos, André se réfugie dans le travail. Là, il n'a pas le temps de penser à la douleur, et curieusement cela va mieux, le mal disparaît un moment… pour revenir, plus virulent, quelques jours plus tard. La tournée de *Ouah ! Ouah !* prend fin début 1968, au terme d'une tournée triomphale en Belgique. Quant à la présentation des *Cracks*, en mars 1968, c'est un succès : son côté burlesque est apprécié. On compare Robert Hirsch à Max Linder – fameux comique des débuts du cinéma muet –, on évoque les Marx Brothers.

« Je lui fais **pouet-pouet** !

Rencontre avec une classe française à **Léningrad**.

Lors de la promotion en Suisse, André a l'occasion de faire son entrée en tandem avec le grand champion Ferdi Kübler, vainqueur du Tour de France 1950.

En 1967, André n'avait sorti aucun disque, par manque de temps. L'année suivante n'est pas très riche non plus : un seul 45 tours quatre pistes, qui propose une fois encore un mélange des genres : *Mon village au clair de lune*, *Devant l'enfant*, *Ma pioupioute* et *Pouet-pouet*, qui remporte un franc succès, notamment dans les cours de récré.

« Je lui fais pouet-pouet !
Elle me fait pouet-pouet !
On se fait pouet-pouet
Et puis ça y est ! »

Elle me fait **pouet-pouet** ! »

Extrait du *Zoo des Vedettes* par **Georges Bastia**.

À Montainville, Philippe, Dominique et André.

ANDRÉ
AU TRIBUNAL

Les fêtes de fin d'année 1967 se déroulent en famille, à Crans-Montana, en Suisse : l'altitude, le bon air et la présence de ses proches font un bien fou à André ; il skie, profite de la vie.

En famille à Crans-Montana.

Un changement physique s'opère également : il se laisse pousser la barbe pour les besoins du nouveau film du trublion du cinéma français, Jean-Pierre Mocky. Après le bourgeois et l'inspecteur, voici Bourvil transformé en professeur de lettres et de latin s'attaquant au pouvoir grandissant de la télévision. Titre de travail : *Le Tube*, en référence au tube cathodique de la télé.
Pour cette création, Mocky a reconstitué sa bande de fidèles : Francis Blanche, Jean Tissier, Roland Dubillard, Jean Poiret… L'adaptation est d'Alain Moury et Jean-Pierre Mocky, aidés de Claude Pennec.
Le tournage est rapide, trois prises maximum par scène. L'équipe profite des vacances de Pâques pour tourner les scènes d'école au lycée Fénelon, dans le 6ᵉ arrondissement de Paris.
Profitant d'un jour de relâche, André est allé encourager son ami Georges Guétary qui participe à un match-exhibition de volley-ball au stade Pierre de Coubertin, pour une œuvre de charité. Les journalistes interviewent Bourvil : pourquoi ne joue-t-il pas ? « Je ne peux pas : je me suis déplacé deux vertèbres sur le tournage des *Cracks*, je récupère. »
Suite à un changement de titre, *Le Tube* devient à sa sortie *La Grande Lessive (!)* ; un point d'exclamation est ajouté sur les affiches pour montrer la désapprobation de Jean-Pierre Mocky à l'égard de cette modification de dernière minute, imposée par les producteurs.
Le film sort le 15 novembre 1968, dans un Paris qui se remet doucement des graves événements du mois de mai.

Rencontre avec **Gilbert Bécaud** et **Sheila**.

BOURVIL S'**ATTAQUE** AU POUVOIR GRANDISSANT DE **LA TÉLÉVISION**

Avec Georges Guétary lors d'un **match** d'exhibition de volley-ball.

Devant le **tribunal**, lors de l'affaire *Shalako*.

À l'époque, il s'agit d'un créneau délicat : la carrière du film est limitée à trois semaines, jusqu'à la deuxième semaine de décembre, date à laquelle sortent traditionnellement les grandes productions de fin d'année. À cette date, à moins d'une fréquentation suffisante, les films sont retirés de l'affiche. Les chiffres sont établis du mercredi au dimanche ; le dernier dimanche avant la date fatidique, Francis Blanche et sa nombreuse famille arrivent au cinéma Ambassade Champs-Élysées et se voient refuser l'entrée, sous prétexte de salle comble. Usant de son nom, il force la porte et se retrouve dans une salle vide ! Il constate ainsi un procédé utilisé afin de ne pas atteindre le nombre d'entrées suffisant pour assurer l'exploitation ultérieure du film. Francis Blanche ne se démonte pas et appelle un huissier afin de faire constater les faits. Jamais les exploitants de salles n'auraient parié sur le succès du film, d'autant que *La Grande Lessive (!)* doit – selon la programmation qu'ils ont établie – céder la place à *Shalako,* une production internationale avec Sean Connery et Brigitte Bardot.
Mocky et ses coproducteurs saisissent sans tarder la justice : le procès est d'autant plus retentissant que Bourvil s'implique énormément. Au final, le metteur en scène récupère des dommages et intérêts et une ressortie de *La Grande Lessive (!)* dans les salles.

Travailler, travailler encore et toujours

Pendant ce temps, Bourvil n'en finit plus de souffrir du dos. Lors d'une nouvelle visite chez le médecin, on lui enlève le petit kyste qui n'a cessé de grossir derrière son oreille.
Lors de la biopsie le verdict tombe : maladie de Kahler. Autrement dit myélome multiple, une tumeur de la moelle osseuse… dont l'issue est fatale à court terme. Bourvil n'a pas cinquante-et-un ans lorsqu'il apprend la terrible nouvelle. Il est anéanti : pourquoi ? Pourquoi, alors qu'il a pris soin de sa santé depuis des années, alors qu'il mange sainement les repas préparés par son épouse, alors qu'il s'entretient physiquement par une gymnastique régulière ? Pourquoi ? Le moral est au plus bas mais il veut lutter, la maladie ne l'emportera pas facilement, il faut continuer. Le meilleur moyen, c'est de ne rien changer à ses habitudes : travailler, travailler encore et toujours.

Avec pour commencer un aller-retour à Rome pour une semaine de tournage. Le metteur en scène britannique Ken Annakin s'est souvenu du comédien français qu'il a dirigé dans *Le Jour le plus long* ; il avait apprécié son talent et sa sympathie. Annakin a récemment fait un tabac avec *Ces merveilleux fous volants dans leurs drôles de machines.* Pour son nouveau long-métrage, après l'aviation, il souhaite s'attacher aux débuts de l'automobile.

Le professeur devient **coiffeur**.

LA GRANDE LESSIVE (!)

Armand Saint-Just (Bourvil), professeur de français et de latin, est stupéfait par le manque d'assiduité de ses élèves durant les cours. Il s'avère que ceux-ci sont victimes de la télévision : ils veillent tard devant le petit écran, et arrivent donc fatigués le lendemain matin. Et nous sommes en 1967, à une époque où il n'existe que deux chaînes en France !
Armand met au point des opérations commando avec quelques collègues, comme Missenard (Roland Dubillard), le professeur de gymnastique. Il s'agit d'asperger un produit mis au point par Benjamin (Jean Tissier), un ami droguiste, sur les antennes de télévision, afin de brouiller la réception des émissions de télévision. Mais ils sont observés par un dentiste malveillant nommé Loupiac (Francis Blanche) qui décide de les faire chanter.
Le résultat de l'opération est positif car les enfants viennent aux cours frais et dispos, prêts à ingurgiter le savoir dispensé par leurs maîtres. Mais devant l'ampleur des sabotages, le directeur de l'ORTF, Jean-Michel Lavalette (Jean Poiret), fait appel à la « brigade radiophonique » afin d'arrêter les coupables. Des traces du produit brouilleur d'ondes sont relevées près de l'appartement du dentiste, là où les saboteurs ont caché leur matériel de pulvérisation. Loupiac doit alors fuir avec la bande.
Lors d'une opération, Missenard et son complice Benjamin sont arrêtés au terme d'une folle poursuite. Voulant participer à une émission depuis la Tour Eiffel, Saint-Just et Loupiac sont reconnus et arrêtés, mais au moment d'être menés à la maison d'arrêt, un délégué du Président de la République fait libérer Saint-Just et lui offre de développer son projet pour le bien-être de nos chères têtes blondes.

Affiche **tchèque**.

Sur **les toits** de Paris.

GONFLÉS À BLOC

C'est l'histoire du premier rallye de Monte-Carlo, en 1920, et des pilotes qui vont le courir, soit une brochette de personnages hauts en couleur.
En Angleterre, nous assistons à une course épique entre l'anglais Sir Ware-Armitage (Terry-Thomas) et Chester (Tony Curtis), un jeune Américain qui a gagné au poker la moitié de l'usine automobile de Sir Armitage. Les deux hommes ont parié que celui qui distancera l'autre à Monte-Carlo sera le seul propriétaire de l'usine.
À Rome, deux policiers, Marcello (Lando Buzzanca) et son chef Angelo (Walter Chiari), réalisent leur rêve après avoir gagné à la loterie, en se payant une magnifique Lancia pour participer au rallye. Ils sont suivis par un trio de jeunes et jolies françaises, étudiantes en médecine (Mireille Darc, Marie Dubois et Nicoletta Machiavelli), émancipées et prêtes à prouver la supériorité féminine derrière un volant.
De Suède part Willi Schickel (Gert Fröbe), as du volant mais aussi détenu évadé de force par une bande de malfrats qui veulent qu'il convoie une voiture chargée des diamants des Romanov.
De leur côté, deux majors britanniques (Peter Cook et Dudley Moore), précédemment en poste en Afrique, ont fabriqué une voiture truffée de gadgets qui, ils en sont persuadés, vont assurer leur victoire.
Tout ce petit monde se retrouve à Chambéry pour une étape commune jusqu'à Monte-Carlo, avant un contre-la-montre, sous l'œil vigilant de Monsieur Dupont (Bourvil), le directeur de course.

Affiche **française**.

À gauche, tournage à Rome en compagnie de **Mireille Darc** et de **Marie Dubois**.

À gauche, venu assister au tournage de *Gonflés à bloc*, à **Montmartre**.

À droite, avec **Mireille Darc**.

AVEC UN BUDGET DE TRENTE MILLIONS DE FRANCS, LE CERVEAU BAT TOUS LES RECORDS

Côté anglo-saxon, le film sortira sous le titre *Monte-Carlo Or Bust* (Grande-Bretagne) ou *Those Daring Young Men In Their Jaunty Jalopies* (États-Unis). En France, ce sera *Gonflés à bloc* ou *Les Casse-cou du rallye de Monte-Carlo*.
Même si le tournage est bref, André retrouve avec joie Marie Dubois ; ils reparlent des *Grandes Gueules* et du plaisir qu'ils ont eu à tourner *La Grande Vadrouille*. Bourvil lui confie qu'il aimerait se rendre à Hollywood.

On vient d'ailleurs de le solliciter à nouveau pour une grosse production américaine, dont le tournage doit se dérouler en France. Notre héros aura pour partenaire William Holden, et pour réalisateur Terence Young – qui a mis en scène plusieurs James Bond (*Bons baisers de Russie*, *James Bond 007 contre Dr. No*…) et quelques films à grand spectacle comme le récent *Mayerling*, avec Catherine Deneuve et Omar Sharif. André Trives, l'imprésario d'André, lui a écrit un mot pressant : « Fixez-moi vite pour *L'Arbre de Noël*. Je crois en ce rôle pour vous. Robert Dorfmann prie les Dieux du cinéma de vous inspirer une réponse favorable… » Bourvil hésite longuement avant de donner son accord, tout en étant embarqué dans une autre aventure.

Fort des succès colossaux du *Corniaud* et de *La Grande Vadrouille*, Gérard Oury peut désormais se montrer plus exigeant sur le budget. Il en profite même pour changer de producteur : au fameux Dorfmann, il préfère Alain Poiré, pilier de la maison Gaumont. Pour *Le Cerveau*, Oury obtient tout simplement le plus gros budget de la décennie pour le cinéma français. Les Américains sont dans le coup, *via* la Paramount : ce nouveau film sera tourné en français et en anglais, avec une distribution internationale. C'est ainsi que l'Américain Eli Wallach, l'Anglais David Niven et l'Italienne Silvia Monti sont recrutés pour seconder les rôles principaux, tenus par Bourvil et Jean-Paul Belmondo.

Planche contact du *Cerveau*.

Affiche **australienne**.

LE CERVEAU

À Londres circule une nouvelle sensationnelle : l'enquête sur le vol du train postal Glasgow-Londres[1] révèle que le principal instigateur aurait un cerveau tellement développé que le poids de celui-ci lui ferait pencher la tête à la moindre émotion.

Pendant ce temps, Arthur (Jean-Paul Belmondo), une petite frappe, s'évade de prison quatre jours avant sa libération, avec la complicité de son ami Anatole (Bourvil). Pourquoi prendre de tels risques si près de la liberté ? Parce qu'Arthur a imaginé un coup, LE coup ; s'inspirant du vol commis en Grande-Bretagne, il veut dépouiller le train qui achemine les fonds de l'OTAN de Paris à Bruxelles. En effet, le Général de Gaulle a décidé le retrait de la France de cette institution internationale, aussi le quartier général de l'OTAN doit-il déménager pour quitter l'Hexagone.

Nos amis français ignorent que le colonel Matthews (le flegmatique David Niven), chargé de surveiller le convoi, n'est autre que « le Cerveau » de l'affaire du train postal Glasgow-Londres ; pas question pour lui de laisser échapper un tel butin.

La mafia est également de la partie en la personne de Frankie Scannapieco (Eli Wallach), chargé, en accord avec le Cerveau, d'écouler le butin.

Pour corser le tout, le Cerveau s'est amouraché de la sœur du mafioso, Sofia (Silvia Monti). Son frère, très jaloux, défend l'honneur de la famille et interdit cette liaison amoureuse à sa sœur.

Des aventures plus rocambolesques les unes que les autres entraînent nos protagonistes jusqu'au port du Havre, où le mythique paquebot *France* attend à quai l'embarquement d'une réplique de la Statue de la Liberté. Celle-ci contient tous les billets du casse. Arthur le devine, et, en dévissant le socle, il les fait tomber tels des confettis. Le colonel, Arthur et Anatole montent à bord du paquebot et arrivent à New York. Sur le pont du *France*, le colonel Matthews dévoile sa véritable identité à ses nouveaux amis, en inclinant la tête ! Et il leur propose un autre hold-up, visant cette fois le wagon du Trésor américain qui rallie Fort Knox.

1. Le film s'inspire de faits réels : le hold-up du train Glasgow-Londres, réalisé par Ronnie Biggs et Bruce Reynolds, a eu lieu le 8 août 1963.

Avec **Eli Wallach**, **Jean-Paul Belmondo**, **Gérard Oury** et **David Niven**.

Déjeuner en présence d'**Ursula Andress**.

David Niven et Eli Wallach rient aux larmes de ses **blagues**

Ce dernier a fait du chemin depuis le tournage de *Un drôle de dimanche* sur lequel il avait rencontré André à la fin des années 1950 : il est devenu l'un des plus grands acteurs français. En mariant action et fantaisie, il a attiré des millions de spectateurs, au fil de succès comme *Cartouche* (1962), *L'Homme de Rio* (1964), *Cent mille dollars au soleil* (1964), *Pierrot le fou* (1965), *Les Tribulations d'un Chinois en Chine* (1965) ou encore *Paris brûle-t-il ?* (1966).
Avec un budget de trente millions de francs[1], *Le Cerveau* bat tous les records. Parmi les postes les plus onéreux : la construction d'une réplique de la Statue de la Liberté[2], la location du *France*, le tournage en français *puis* en anglais… Sans oublier que le premier tour de manivelle devait avoir lieu en juin 1968, mais qu'il a été retardé par les évènements du mois de mai, quelque peu agité…
Côté santé, ça ne va pas trop mal. Les douleurs au dos sont toujours là, mais André refuse de se faire doubler : c'est bien lui qui court pour monter dans le train en marche. Mais voilà qu'il commet un faux mouvement et la douleur réapparaît, plus fulgurante que jamais. Pour la première fois, André se plaint auprès de Gérard Oury.
Ses soucis de santé ne l'empêchent nullement de mettre de l'ambiance sur le tournage. David Niven et Eli Wallach rient aux larmes de ses blagues, en se demandant sur quelle planète ils sont tombés.
Un petit différend apparaît entre Gérard Oury et David Niven : le célèbre acteur britannique voudrait que son nom soit écrit plus gros que les autres sur l'affiche.
Il n'en est pas question : chaque acteur sera crédité avec sa photo par ordre alphabétique, et ce sera même taille et même typo pour tout le monde !
Deux mois et demi ont été nécessaires pour mettre le film en boîte.

Tandis que Gérard Oury s'enferme en salle de montage, André prend un peu de repos puis se rend dans le Sud,

Bourvil, Alain Poiré, Gérard Oury et David Niven.

1. Soit quatre millions cinq cent mille euros.
2. D'après *La liberté éclairant le monde* (1896) de Bartholdi.

1
2
2A
3
3A
KODAK
9A
10
10A
KODAK
4
14A
15
15A
16

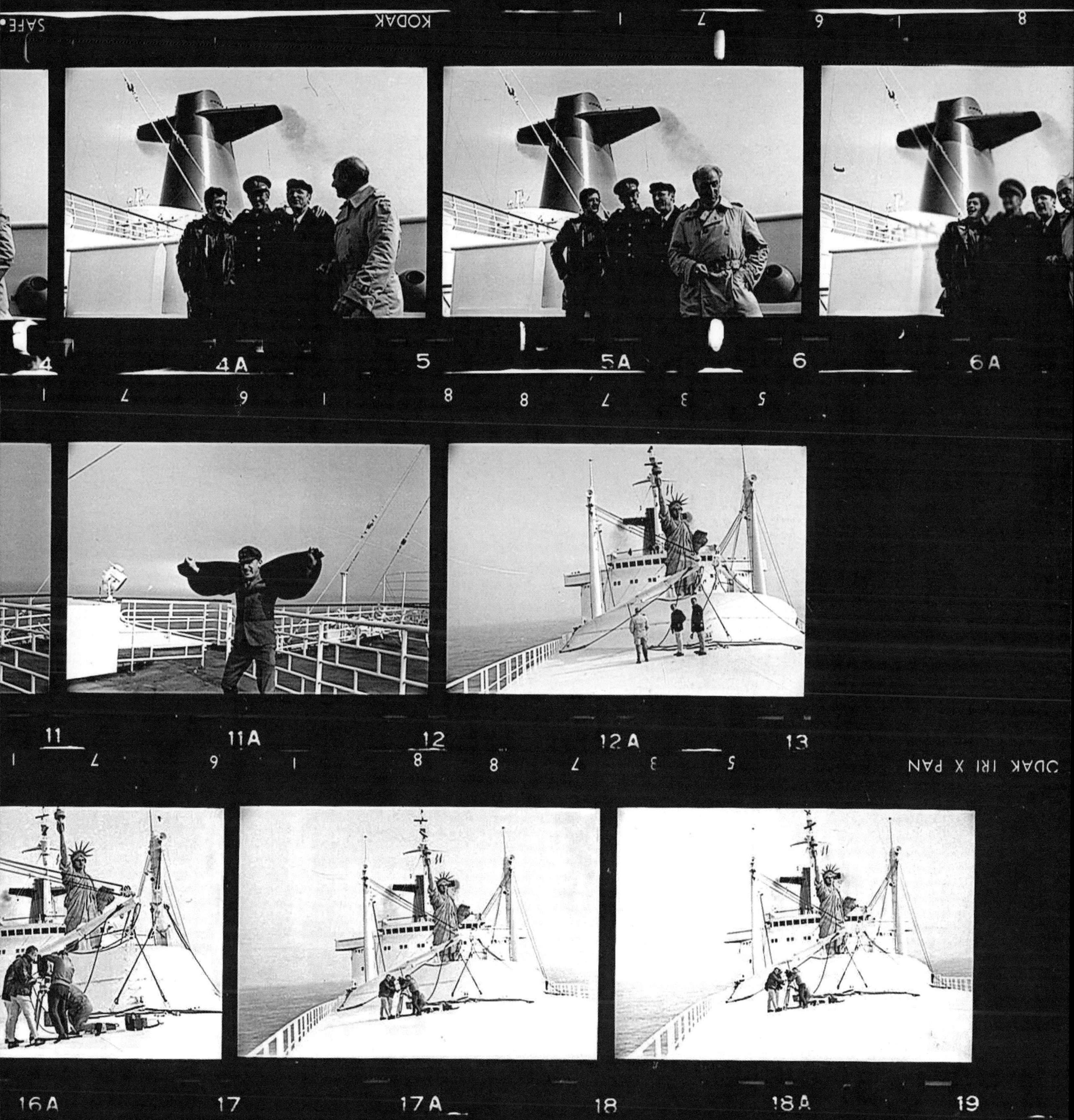

KODAK
4A
5
5A
6
6A
11
11A
12
12A
13
16A
17
17A
18
18A
19

Bourvil fait **le kangourou** pour le jeune Brook Fuller.

William Holden et **Bourvil.**

ANDRÉ VA CULPABILISER, **SON MORAL**, DÉJÀ SI BAS, VA **S'EFFONDRER**

pour retrouver Terence Young et son *Arbre de Noël*, tiré du roman de Michel Bataille. Si André a longuement hésité avant d'accepter ce rôle, c'est parce que le sujet le touche directement.

André prend son rôle très à cœur. Sur le tournage, il donne tout ce qu'il peut, tellement le drame que vit l'enfant est proche du sien. Néanmoins, il amuse la galerie : il a emporté son piston – celui de *La Bonne Planque* – qui doit lui servir dans quelques scènes ; pendant les pauses, il ne se prive pas de donner à ses partenaires des concerts classico-humoristiques. Il fait rire le jeune Brook Fuller avec ses grimaces favorites, notamment celle du kangourou, qui mettait en joie Dominique et Philippe quand ils avaient son âge. Ce sont maintenant de grands ados : en ce printemps 1969, le premier a fêté ses dix-neuf ans, le second ses seize ans. Bourvil souffre mais ne se plaint pas, alors que le mal gagne du terrain ; par moments, la langue du comédien se paralyse. Comme *Le Cerveau*, ce film est tourné en français et en anglais ; ce handicap soudain lui pose des soucis, en particulier pour son élocution anglaise. On doit recommencer les prises. Il en parlera à son amie Pierrette Bruno : « Ils ont dû croire que je n'avais pas travaillé mon anglais ! » Plus grave encore, les douleurs au dos sont tellement violentes que le tournage doit être interrompu. Le médecin qui l'examine ne lui donne plus que quinze jours à vivre s'il continue à ce rythme. André sent ses jambes se dérober. Un représentant de la compagnie qui assure le film arrive de Paris et négocie avec Terrence Young : lorsque le tournage reprendra, il faudra épargner l'acteur, réduire les scènes ; il exige la présence permanente d'un médecin sur le plateau. Les assureurs savent que si le film doit être arrêté, André va culpabiliser, et son moral, déjà si bas, va s'effondrer. Pour son bien, la meilleure chose à faire est de continuer, à tout prix.

Aux États-Unis, le film sort le 25 septembre 1969. L'accueil est chaleureux ; André reçoit le Prix du box office américain. En revanche, lors de sa sortie française, trois semaines plus tard, la critique est sévère et évoque un mélodrame tire-larmes alourdi par une mise en scène fade. Mais elle épargne Bourvil qui, lit-on ici et là, « tire son épingle du jeu ».

Affiche **belge.**

L'ARBRE DE NOËL

Cédant au souhait du jeune Pascal (Brook Fuller), dix ans, dont la maman est morte, son père Laurent Ségur (William Holden), riche homme d'affaires, accepte de passer des vacances non plus dans de somptueux palaces, mais dans un camping en Corse, au bord de la mer. Alors qu'ils sont partis pêcher à bord d'un canot à quelques dizaines de mètres de la plage, ils observent un avion à réaction qui explose et lâche un objet volumineux qui s'abîme dans les flots, soutenu par un parachute. À cet instant précis, Laurent est dans l'eau et le gamin dans le canot.

Inquiets, le père et le fils quittent les lieux et rejoignent l'hôtel le plus proche. Les informations leur apprennent que le colis tombé du ciel n'est autre qu'une bombe atomique. Laurent emmène le petit Pascal à l'hôpital : dans un premier temps, les examens sont rassurants, on ne décèle pas d'exposition aux radiations. Le père qui, au moment de l'accident, avait plongé pour libérer une ligne de pêche accrochée à un rocher, a été protégé.

L'enfant, rassuré, part en camp scout. Mais bientôt des traces suspectes apparaissent sur le corps de Pascal. De nouveaux examens médicaux révèlent un diagnostic implacable : leucémie. Pascal est condamné, il n'a plus qu'un an à vivre, tout au plus.

Devant cette injustice qui condamne son fils et le laisse sauf, Laurent décide de rendre la fin de vie de Pascal la plus agréable possible. Avec l'aide de sa compagne Catherine (Virna Lisi) et de Verdun (Bourvil), un ami de résistance, il lui passe tous ses caprices : si l'enfant rêve de loups, Laurent et Verdun enlèvent un couple de ces animaux au Zoo de Vincennes. Mais le gamin n'est pas dupe ; il a remarqué l'attitude des médecins et de son entourage, il sait qu'il va mourir.

C'est la veille de Noël, au pied d'un superbe sapin apporté par Verdun, que Pascal pousse son dernier soupir.

BOURVIL GAGNE SON PRÉNOM

Première du *Cerveau* en présence de **Gérard Oury** et de **Louis de Funès**.

cet homme plein de vie et de joie, pourquoi lui ? Que la vie est injuste ! Du coin de l'œil, Oury observe André tout au long de la soirée. Celui-ci ne laisse rien paraître, il plaisante, s'amuse, fait le zouave. Gérard décide de faire comme lui : comme si de rien n'était, il va poursuivre l'écriture de *La Folie des grandeurs*.

André doit se reposer. Ordre du médecin. En famille, il prend la direction de Montainville ; ensuite, il ira retrouver les siens à la mer, sur *sa* plage de Saint-Aubin-sur-Mer, et participer modestement aux travaux de la ferme. Dès son retour, il doit subir un traitement pénible à base de bombardements au cobalt, à l'hôpital Armand-Trousseau. Les douleurs disparaissent peu à peu, le moral revient, mais le médecin qui le soigne sait que l'issue sera fatale à court terme.

ANDRÉ DOIT SE REPOSER. ORDRE DU **MÉDECIN**.

Flash-back sur le 7 mars 1969. André est à Paris pour la première du *Cerveau*. Toute l'équipe est réunie ; au premier rang Belmondo et sa compagne, la sublime Ursula Andress. Louis de Funès est venu soutenir ses amis Oury et Bourvil. Plus de cinq millions cinq cent mille spectateurs se ruent bientôt dans les salles ; un tiers du score de *La Grande Vadrouille* « seulement », est-on tenté de dire, assez en tout cas pour amortir rapidement le film.
Avant la projection, Gérard Oury appelle un ami médecin qu'André a consulté récemment, sur ses conseils.
La nouvelle tombe : il ne lui reste que six mois de répit, un an peut-être, mais pas plus. Jamais ne se reformera le duo de Funès-Bourvil. Oury, qui a déjà réfléchi avec sa fille Danièle Thompson et son ami Marcel Jullian – en s'inspirant du *Ruy Blas* de Victor Hugo – à la tournure que pourrait prendre *La Folie des grandeurs*, sait qu'il ne pourra pas le tourner avec ses acteurs fétiches. Il maudit le destin. Il pense à son ami, son complice,

André a été un peu déçu du résultat de *La Grande Lessive (!)*, et lorsque Jean-Pierre Mocky vient lui proposer le premier rôle de son nouveau film, *L'Étalon*, il décline l'invitation. Certes il en avait déjà parlé avec le metteur en scène, un jour qu'ils prenaient un café ensemble sur une terrasse et avaient remarqué un bellâtre qui jouait de la guitare. Les femmes n'avaient d'yeux que pour lui, ce qui avait beaucoup amusé les deux complices.

Dernière participation au **gala** de l'Union des Artistes.

Monsieur Paillasson, invité de l'émission *Leur vérité.*

Mais le scénario proposé ne plaît pas trop à Bourvil. De plus Jeanne, qui n'apprécie toujours pas le réalisateur, pousse son mari à refuser, ce qu'il fait. Non, il ne tournera pas *L'Étalon.*

Ce qui l'occupe dans l'immédiat, du lundi au vendredi, c'est l'émission quotidienne « Monsieur Paillasson », dans laquelle il incarne le portier d'Europe n° 1, sous la direction de Lucien Morisse ; les textes sont écrits par Maurice Horgues et Robert Rocca, comme au bon vieux temps. André aime ce retour sur les ondes, cela lui rappelle ses débuts, « Pêle-mêle » et compagnie !

Moins de deux semaines plus tard, un journal à scandales titre : « Le drame de Bourvil. Jamais plus il ne tournera. » On parle de cancer, des assurances qui refuseraient désormais de le couvrir. Le secret jusque-là bien gardé est réduit à néant. La réaction de Bourvil ne se fait pas attendre : Ah c'est comme ça ! Eh bien, ils vont voir s'il ne tourne plus. Sans attendre, il appelle Mocky et accepte *L'Étalon.*

Le tournage sera rapide, **dix-huit jours** à peine

Mocky réunit son équipe et la met au parfum : le tournage sera très rapide, dix-huit jours à peine ; les salaires ne seront payés que si le film va à son terme. Tout le monde accepte ces conditions, même ceux qui ont d'autres propositions plus intéressantes, à l'exception de Philippe Noiret, qui s'en excusera plus tard. Francis Blanche le remplace.

Séance de **dédicaces** dans les rues de Cerbère.

Mocky parvient à faire assurer le film, mais à des conditions exorbitantes. André Bourvil payera lui-même son assurance. Le tournage débute en septembre et a lieu dans les Pyrénées-Orientales, à Cerbère, petit port de pêche. La population du village participe à la figuration, et Bourvil, bien que souffrant le martyre, se plie aux séances d'autographes. Quelquefois, le soir, il prend le volant de sa DS et monte sur la colline voisine pour admirer le panorama, et surtout s'isoler, loin du regard des autres. Le délai de tournage est respecté, tout le monde touchera son salaire. Le film sort le 13 février 1970 et provoque – on s'en doute – un tollé

« **Mais voyons** M. Bourvil ! »

L'ÉTALON

William Chaminade (Bourvil), vétérinaire de son état, décide de s'exiler suite à un échec : il n'a pas réussi à faire rembourser par la Sécurité sociale les soins qu'il prodigue aux animaux. Attendant le bateau qui va l'emmener loin de ce pays d'ingrats, il sauve *in extremis* une jeune femme du suicide. La malheureuse a décidé d'en finir avec la vie à cause de l'indifférence de son mari, le percepteur Dupuis (Francis Blanche).
En réalité, Dupuis et ses amis préfèrent jouer à la pétanque plutôt que de s'occuper de leurs épouses respectives. Devant un tel constat, notre vétérinaire monte une écurie d'étalons chargés de remplacer au lit ces messieurs déficients, au grand dam de Dupuis et de ses collègues.
Devant le succès de son entreprise auprès de ces dames, William décide de faire reconnaître son initiative d'utilité publique, et se bat pour obtenir le remboursement des services de ses étalons par la Sécurité sociale. Le débat a lieu à l'Assemblée nationale, et avec l'aide du commissaire Donald Both (Michael Lonsdale), Chaminade obtient la confiance des députés et un vote favorable.

Affiche française dessinée par **Ferracci**.

À gauche, en compagnie de **Francis Blanche**.

Jean-Pierre Melville réajustant le chapeau d'« André Bourvil ».

LE CERCLE ROUGE

Une citation de Krishna ouvre le film : « Quand des hommes, même s'ils s'ignorent, doivent se retrouver un jour, tout peut arriver à chacun d'entre eux et ils peuvent suivre des chemins divergents. Au jour dit, inexorablement, ils seront réunis dans le cercle rouge. »

Corey (Alain Delon) quitte un matin la prison des Baumettes, à Marseille, et regagne Paris au volant d'une grosse voiture américaine.

Alors que le commissaire Mattei (André Bourvil, ainsi crédité au générique) surveille le transfert en train du détenu Vogel (Gian Maria Volonté), il voit l'homme lui échapper. Toutes les forces de police se lancent aux trousses du malfrat qui trouve refuge dans le coffre de la voiture de Corey.

À Paris, les deux hommes font connaissance et s'adjoignent les services d'un troisième larron, Jansen (Yves Montand), ancien tireur d'élite de la police qui a sombré dans l'alcool. Les trois malfrats mettent au point le cambriolage d'une grande bijouterie de la Place Vendôme. Leur méfait accompli, ils cherchent à fourguer leur butin à un receleur. Toujours sur les talons des voleurs, Mattei exerce un chantage sur Santi (François Périer), membre actif du milieu parisien, informé de tout ce qui s'y passe : son fils a été arrêté pour trafic de stupéfiants, une histoire montée de toutes pièces mais qui, finalement, s'avère exacte. Santi finit par craquer et une embuscade est tendue aux truands, au cours de laquelle Corey et Jansen trouvent la mort.

général. Certes, la révolution des mœurs de 1968 – qui prône la libération sexuelle – est passée par là, mais pour le Français moyen, le sujet est encore tabou.

Alors que *L'Étalon* sort sur les écrans, André a déjà commencé le tournage de ce qui sera son avant-dernier film, sous la direction du grand Jean-Pierre Melville : *Le Cercle rouge*. Le réalisateur de *Léon Morin, prêtre* (1961, avec Jean-Paul Belmondo), du *Doulos* (1962, avec le même Belmondo), ou encore du *Samouraï* (1967, avec Alain Delon) est le seul en France à tourner des films dignes de rivaliser avec les productions américaines les plus noires. Melville – qui a coutume de porter un Stetson et des lunettes noires – organise pour Bourvil une projection de *De sang-froid*, de Richard Brooks, afin de montrer ce qu'il attend de lui : un personnage de flic implacable, comme celui joué dans ce film de 1967 par John Forsythe.
« Voilà, je veux que vous jouiez comme lui…
– Mais, il est beau, il est bien habillé !
– On fera de même pour vous ! »
André lui parle bien sûr de sa maladie, mais Melville a confiance, il rétorque à André que John Wayne a tourné

Bourvil n'a jamais été aussi **élégant** sur grand écran

Gag sur le tournage, Bourvil fuyant avec le magot.

Le **commissaire** Mattei.

Affiche **belge** d'après Ferracci.

Bourvil, **Alain Delon** et **Yves Montand**.

plus de dix films après son opération du cancer des poumons. Il confie André à son tailleur. Deux costumes sur-mesure sont confectionnés dans les plus belles étoffes, on lui choisit des chemises à col italien, deux trench-coats de modèle militaire arrivent de Londres. De fait, Bourvil n'a jamais été aussi élégant sur grand écran. Et le tournage débute à Marseille le 18 janvier 1970.
Un jour de relâche, André se rend à La Madrague, non loin de là, chez ses amis Roland Bailly et Pierrette Bruno. La comédienne, forte de sa réussite dans l'écriture de chansons, a franchi une étape en écrivant des pièces de boulevard. Sa dernière création, *Pepsie*, vient de passer le cap des mille représentations parisiennes.
Le couple retrouve un Bourvil métamorphosé par la

Jean-Pierre Melville et André Bourvil.

Allez, this is the happy end !

Derniers enregistrements avec **Jacqueline Maillan**.

maladie, mais comme toujours il leur parle de ses projets, du film qu'il est en train de tourner, de Delon qu'il a retrouvé onze ans après *Le Chemin des écoliers*, de Melville, de son rôle.
Au cours du tournage, malgré les douleurs de plus en plus insupportables, André refuse de se faire doubler, même pour les courses dans les bois, à la poursuite de Gian Maria Volonté. Les dernières scènes sont tournées au château de Monthyon, propriété de Jean-Claude Brialy.
Mission accomplie, le dernier plan montre le commissaire Mattei et son adjoint, avant une ultime rencontre avec son supérieur. La prise est bonne, Melville est satisfait. Néanmoins, André demande de la retourner, arguant qu'il peut faire mieux. La scène étant muette, comment peut-il faire mieux ? On tourne, silence, moteur.
André est suivi de son subalterne et lui pose la question : « Vous savez comment j'ai résolu cette affaire ? Eh bien c'est parce que j'ai appliqué (il se met à chanter) la taca taca taca tique du gendarme, c'est de bien observer, sans se faire remarquer ! »
L'assistant reste stoïque, mais André est pris de fou rire. « Allez », crie-t-il, « *this is the happy end !* »
Par ce geste, André souhaitait partir dans un grand éclat de rire, ce rire auquel il a consacré toute sa vie.

La post-synchronisation se fait en studio, à Paris. André arrive tous les matins au volant de sa DS. En réalité, c'est Jeanne qui conduit la voiture, mais à cent mètres du studio, à l'abri des regards, elle confie le volant à son mari.

Un jour qu'il n'a pas de scène, André se rend en studio afin d'enregistrer son ultime 45 tours, une parodie du *Je t'aime moi non plus* de Jane Birkin et Serge Gainsbourg, rebaptisée *Ça*. André prend la place de Serge, et Jacqueline Maillan celle de Jane.
« Maillan. – Oh ben, j'en fais autant.
Bourvil. – Tu te mets nue ? Eh bien moi aussi…
On ne sera pas les seuls, ils l'ont dit dans une émission à la télé : 45 % des Français couchent à poil.
Maillan. – Et après ils s'étonnent d'avoir des rhumatismes. »
La chanson fait se plier de rire André et Jacqueline, sous le regard de Gainsbourg et Birkin, qui assistent à l'enregistrement. À plusieurs reprises il faut recommencer, car les deux comiques ne se contrôlent plus. En face B, ils proposent *Pauvre Lola*, un autre titre de Gainsbourg.

LE MUR DE L'ATLANTIQUE

Jeff (Peter McEnery), fils d'un évêque et pilote à la Royal Air Force, est attaqué alors qu'il survole la Normandie. Son avion est abattu, mais il trouve refuge sous le toit – et dans les bras – de Juliette (Sara Franchetti), fille de Léon Duchemin (Bourvil), tenancier d'un café. Il y vit avec sa sœur (Sophie Desmarets) et sa fille depuis le départ de sa femme. Alors qu'il se rend chez le tapissier afin de lui confier un travail, Léon est emmené à la Kommandantur suite à un quiproquo ; croyant avoir affaire à l'entrepreneur, les Allemands lui demandent de remplacer le tissu couvrant les murs du bureau de leur commandant.
Sans s'en rendre compte, Léon emporte un plan ultra-secret d'implantation d'une nouvelle arme allemande après avoir présenté les échantillons de papier peint.

Présenté à Jeff par sa fille, il lui remet le document. Avec l'aide d'Armand (Jean Poiret), chef de la section locale de la Résistance, le pilote regagne l'Angleterre, accompagné par Léon, contraint et forcé. Ce dernier est cuisiné par les services secrets quant à la provenance des documents. Sa bonne foi prouvée, il est incorporé dans l'armée alliée, subit un entraînement intensif, et fait un retour parachuté sur la terre de ses ancêtres en compagnie de Jeff. Leur mission : abattre le général Rommel, en tournée dans la région. Un an s'est passé depuis son départ ; à sa grande surprise, Léon apprend que sa fille a eu un bébé… dont le père n'est autre que le pilote anglais. Il devient donc le « joli papa » de Jeff et se débrouille pour ne pas verser le sang. Au terme de leur expédition, Jeff et Léon s'enfuient de nouveau vers l'Angleterre. Sur les flots, ils croisent une armada de vaisseaux de guerre… nous sommes le 6 juin 1944.

Affiche **belge**.

Bourvil, **Sara Franchetti** et **Sophie Desmarets**.

PARTIR, OUI ! MAIS DANS LA DISCRÉTION

Les post-synchros du *Cercle rouge* sont terminées.
Le dernier mois, André a perdu dix kilos. La douleur est telle que les séances de rayons sont devenues régulières, et c'est très affaibli qu'il se rend sur le plateau du *Mur de l'Atlantique*.
Le colonel Rémy a soumis son idée à Marcel Camus : adapter une histoire vraie de la Seconde Guerre mondiale, le vol – par inadvertance – du plan du Mur de l'Atlantique par un peintre chargé de retapisser un bureau d'une Kommandantur.

Le premier clap est donné le 6 avril 1970, à Barfleur, dans la Manche. Le lendemain, André se fait plaisir : dans un restaurant gastronomique, il déguste des homards.

Affiche **italienne**.

DES PROJETS PLEIN LA TÊTE QUI L'AIDENT À TENIR

Qui sait, c'est peut-être la dernière fois qu'il en mange… Mais le fait de travailler lui redonne le moral ; il reprend du poids, fait des projets.
Lors d'une interview pour la télévision suisse, il parle d'un tournage prochain avec Louis de Funès, en Espagne : une adaptation fantaisiste du *Ruy Blas* de Victor Hugo, mise en scène par Gérard Oury. Ensuite, il compte enchaîner sur une nouvelle version du film de Jean Renoir, *La Chienne*. Enfin, il évoque quelque chose qui lui tient à cœur depuis longtemps : remonter sur scène à l'Olympia, la salle – devenue mythique – de son ami Bruno Coquatrix ; un tour de chant où il reprendra ses succès, accompagné peut-être par les Compagnons de la chanson. Des projets plein la tête qui l'aident à tenir. Tout comme sa femme et ses enfants ; Philippe doit passer son bac et Dominique sa licence de français. Pour eux, il doit se battre.

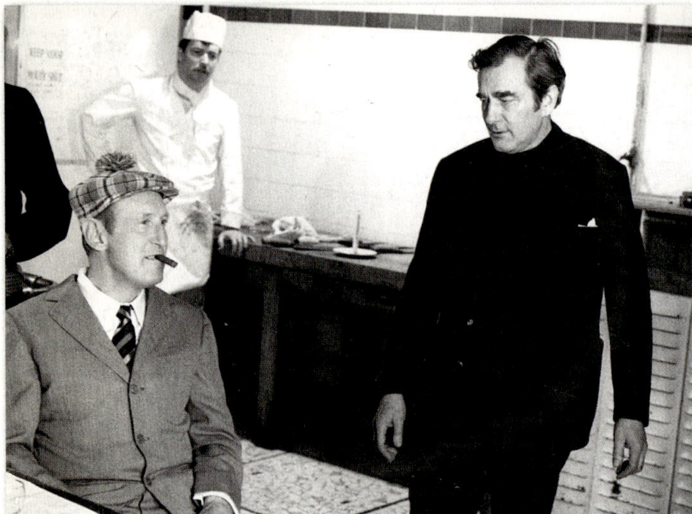

Bourvil et **Marcel Camus**.

Scène de **tournage** du *Mur de l'Atlantique*.

Peter McEnery, **Bourvil** et **Annabel Leventon**.

Mais dès la fin du tournage reprennent ses atroces souffrances. Bourvil remonte sur Paris et trouve la force de participer bénévolement – par amitié – au tournage de *Clodo*, dans un rôle muet. Il apparaît dans un cadre accroché au mur ; il joue le rôle du grand-père, reproduit en photo, qui réagit aux situations se déroulant sous ses yeux, à table. Un jour de tournage seulement, pour faire plaisir à Georges et Arlène Clair ; cette dernière avait été sa partenaire dans *Ouah ! Ouah !*

Il ferme la grille.

Fin juin 1970, les résultats scolaires tombent : Dominique a réussi sa licence de français, ainsi que sa deuxième année de droit ; Philippe a obtenu son bac avec mention. Bourvil est fier de ses enfants, qui ne l'ont jamais déçu. Il a su leur transmettre ses valeurs : travail, respect, gentillesse, humanité.
Début juillet, il se repose à Montainville, dans cette maison qui lui a apporté tant de joies. Le 16 juillet, il retourne à Paris où, à la demande de l'ORTF, il se rend au sommet de la Tour Eiffel pour une émission consacrée à Jean-Pierre Mocky. Puis il repart à Montainville ; son fils aîné, Dominique, est parti en voyage.
Son état se dégrade de jour en jour. Début août, Bourvil regarde avec nostalgie les jolis paysages montainvillais. Il ferme la grille de sa propriété. Il sait qu'il ne reviendra plus jamais. La mort dans l'âme, il rejoint son appartement du boulevard Suchet, à Paris.

Le 6 août, à la demande de Jean-Pierre Melville, il retourne en studio pour post-synchroniser une phrase. Le réalisateur est abasourdi par l'état physique d'André. Faut-il l'hospitaliser ? Cela ne servirait à rien. L'issue fatale est proche. Début septembre, Dominique est revenu parmi les siens. André passe un peu de temps dans son fauteuil, à regarder par la fenêtre. Quelques jours plus tard, il n'a plus la force de se lever et ne sort plus de son lit. Durant l'après-midi du 22 septembre 1970, entouré de sa femme et de ses enfants, il tombe dans le coma ; son visage est détendu. À une heure trente du matin, le 23 septembre, son cœur s'arrête de battre. Bourvil est parti, il avait cinquante-trois ans.

Une de ses **dernières sorties** en compagnie de Jeanne, pour le concert de Sacha Distel.

Il sait qu'il ne reviendra **jamais.**

Jeanne prévient la famille en Normandie, les amis, les proches. Ses funérailles, il les voulait en toute simplicité, dans la plus stricte intimité. Mais c'était sans compter sur une indiscrétion : Europe n° 1 est avertie.
Après vérification, les radios annoncent la nouvelle.
Sur les Champs-Élysées, les voitures s'arrêtent, les conducteurs tournent le bouton pour monter le son…
Comment, lui ? Ce n'est pas possible !
La nouvelle se répand comme une traînée de poudre, et dans les yeux de monsieur et madame Tout-le-Monde naissent des larmes.
Boulevard Suchet, les télégrammes arrivent de partout.
Gérard Oury, qui travaillait avec Danièle Thompson sur *La Folie des grandeurs,* se trouve à New York ; il est effondré. Il saute dans le premier avion pour Paris, afin de soutenir ses amis. Seuls les intimes sont là : Étienne et Jeanne Lorin, leur fils Michel et son épouse Huguette.
Les visites sont incessantes, tout le milieu du cinéma défile. Des paparazzi ont le culot d'essayer de photographier l'acteur sur son lit de mort ; ils sont mis dehors *manu militari*.
La cérémonie d'inhumation a lieu au petit cimetière de Montainville, ce village qu'il aimait tant parcourir à pied ou à vélo.
Trois semaines après sa disparition, son nom brille de mille feux sur les Champs-Élysées. Sortis à une semaine d'intervalle, *Le Mur de l'Atlantique* et *Le Cercle rouge* permettent de voir une dernière fois ce grand, cet immense acteur dans deux registres totalement différents, mais qu'il affectionnait tant : le rire et le drame.
Pour la première fois, Jean-Pierre Melville lui a rendu son prénom : au générique du *Cercle rouge*, il est *André* Bourvil.

ÉPILOGUE

Paris, le Sénat, lundi 4 avril 2005, vingt-et-une heures trente.

Depuis quarante-cinq minutes est diffusée en direct à la télévision l'émission « Le Plus grand Français de tous les temps », présentée par Thierry Ardisson et Michel Drucker.

Suite à un sondage réalisé auprès d'un échantillon de la population, les producteurs ont dressé la liste des « Cent plus grands Français ». Ceux-ci ont été présentés lors d'une première émission, diffusée trois semaines plus tôt. Le classement a été présenté comme un hit-parade ; les dix premiers sont Édith Piaf, l'Abbé Pierre, Louis Pasteur, le général de Gaulle, Marie Curie, Coluche, Victor Hugo, Molière, Jacques Cousteau et… Bourvil.

Sur Internet, dans les forums de discussions, le nom de Bourvil suscite énormément de réactions. Certains ne comprennent pas que Napoléon ait été écarté. Il faut dire que le Corse, s'il a pratiquement conquis l'Europe en donnant à la France une grandeur inédite, a aussi mené à la mort des millions d'hommes. Tandis que le comédien normand s'est contenté, toute sa vie durant, d'apporter de la bonne humeur, des sourires et des rires dans tous les foyers de France, et ce parmi toutes les générations.

Au standard de l'émission, c'est l'effervescence ; les appels arrivent de partout. La surprise est énorme : à vingt-et-une heures trente, André Bourvil est largement en tête. Michel Drucker et Thierry Ardisson se gardent bien de l'annoncer, pour maintenir le suspense jusqu'au bout, d'autant qu'ils ont invité Philippe de Gaulle, fils du général. Il ne manquerait plus que ça, qu'il soit doublé dans la dernière ligne droite par un fantaisiste, genre Bourvil ou Coluche, qui regagne du terrain…

En fin de soirée, Bourvil termine septième. Le grand Charles de Gaulle est élu « Plus grand Français de tous les temps » et son fils peut prendre la parole et accepter les félicitations.

Dimanche 25 septembre 2005.

Le village de Bourville vient de rendre hommage à son plus célèbre fils, durant les deux mois de vacances d'été. Plus de dix-huit mille visiteurs sont venus redécouvrir la carrière de ce grand bonhomme, lors d'une exposition présentée à la Ferme du Moulin, qui était exploitée par son frère Marcel.

En ce dimanche 25 septembre, toute la famille Raimbourg-Ménard est réunie pour l'inauguration de la stèle rendant hommage à l'enfant du pays. Le voile est tiré par l'un de ses petits-fils, et une fresque apparaît relatant sa carrière, ses tournages, sous les bravos de la foule émue.

Samedi 20 mars 2010.

J'écris ces dernières phrases. Depuis plus de vingt ans, mon épouse Annie et moi œuvrons modestement pour la mémoire de ce grand personnage. Grâce à lui, depuis 1987, nous avons pu vivre des instants magiques et émouvants, emplis d'humanité.

Merci à lui, pour avoir suscité la vocation de toute une génération de comédiens : Patrick Sébastien, les Frères Taloche, Valérie Lemercier, Shirley et Dino, André Lamy, Michel Leeb, Dany Boon, François Morel et bien d'autres encore.

Merci à lui de nous redonner le moral quand, après une journée de boulot, la vision du *Corniaud* ou de *La Grande Vadrouille* sur le petit écran nous redonne la pêche pour redémarrer le lendemain.

Pour tout cela, **merci Monsieur Bourvil**.

Pascal Delmotte

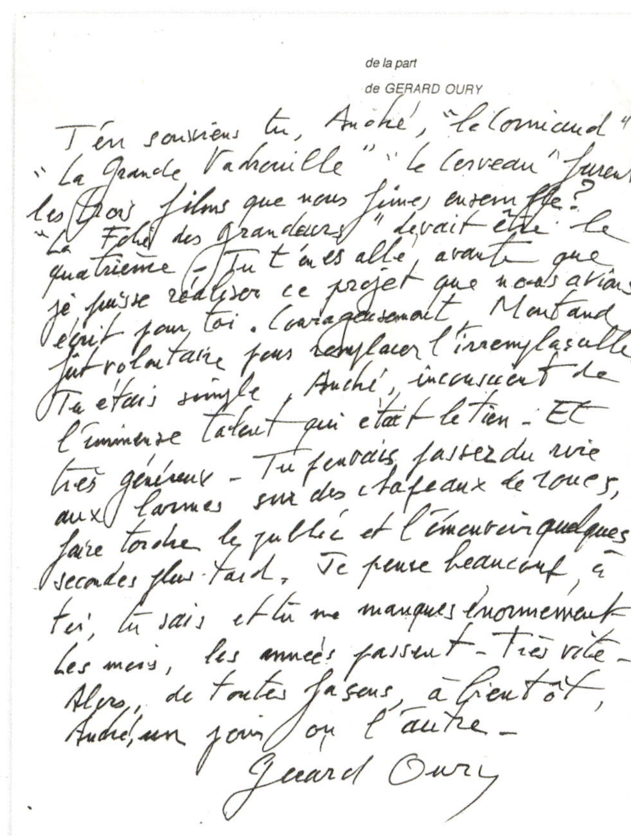
de la part
de GERARD OURY

T'en souviens tu, André, "le Corniaud"
"La Grande Vadrouille" "le Cerveau" furent
les trois films que nous fîmes ensemble?
"La Folie des grandeurs" devait être le
quatrième. Tu t'en es allé, avant que
je puisse réaliser ce projet que nous avions
écrit pour toi. Courageusement Montand
fut volontaire pour remplacer l'irremplaçable
Tu étais simple, André, inconscient de
l'immense talent qui était le tien. Et
très généreux. Tu pouvais passer du rire
aux larmes sur des chapeaux de roues,
faire tordre le public et l'émouvoir quelques
secondes plus tard. Je pense beaucoup à
toi, tu sais et tu me manques énormément
Les mois, les années passent très vite.
Alors, de toutes façons, à bientôt,
André, un jour ou l'autre.
Gérard Oury

Hommage de **Gérard Oury**

Chapeau
M. Bourvil !

DISCOGRAPHIE

Classée par ordre chronologique des enregistrements (jusqu'en 1955)

puis par ordre de parution (à partir de 1956)

1946

(78 t. 25 cm Pathé)
Reviens, dis !, Les Hirondelles

1er mars 1946

P.G. 144 (78 t. 25 cm Pathé)
La Plume, L'Inventeur
(monologues)

P.G.145 (78 t. 25 cm Pathé)
Le Conservatoire,
Les Castagnettes (monologues)

P.H.146 (78 t. 25 cm Pathé)
L'Ingénieur, Le Vélo (monologues)

9 mai 1946

P.G. 163, puis P.G. 248 (78 t. 25 cm Pathé)
Les Crayons,
Timichiné la Pou-Pou,
avec l'orchestre Faustin Jeanjean

P.G. 174, puis P.G. 218 (78 t. 25 cm Pathé)
Houpetta la Bella,
Quand même,
avec l'orchestre de Faustin Jeanjean

11 juin 1946

P.A. 2352, puis P.G. 243 (78 t. 25 cm Pathé)
Pour sûr,
Il a suffit d'un hasard,
avec l'orchestre Quintin Verdu

13 novembre 1946

P.A. 2380, puis P.G. 233 (78 t. 25 cm Pathé)
Le « Bougie »,
Prends mon bouquet,
avec l'orchestre Marius Coste

P.A. 2391 (78 t. 25 cm Pathé)
Attachement,
avec l'orchestre Marius Coste,
Je suis chansonnier (monologue)

22 mai 1947

P.A. 2340, puis P.G. 251 (78 t. 25 cm Pathé)
Ma place, À bicyclette,
avec l'orchestre Marius Coste

P.A. 2420, puis P.G. 219 (78 t. 25 cm Pathé)
Je suis content, ça marche
(extrait de l'opérette *La Bonne Hôtesse*),
À pied, à cheval et en voiture
(extrait de l'opérette *La Bonne Hôtesse*,
avec l'orchestre Marius Coste)

P.A. 2438, puis P.G. 220 (78 t. 25 cm Pathé)
La Brave fille des abattoirs,
avec l'orchestre Marius Coste,
Le Ministre de l'Agriculture
(monologue)

15 octobre 1947

P.A. 2455, puis P.G. 237 (78 t. 25 cm Pathé)
La Rumba du pinceau
(extrait du film *Par la fenêtre*),
C'est l'piston
(extrait du film *Blanc comme neige*),
avec l'orchestre Marius Coste

P.A. 2484 (78 t. 25 cm Pathé)
Le Boogie-yogi
(extrait de l'opérette *Le Maharadjah*),
Musique ! Musique !
(extrait de l'opérette *Le Maharadjah*),
avec l'orchestre Marius Coste

Avril 1948

L.F.X. 797 (16 disques 78 t. 30 cm Columbia)
Les Contes d'Hoffmann,
opéra comique de Jacques Offenbach avec l'orchestre et les chœurs du Théâtre national de l'Opéra-Comique, sous la direction d'André Cluytens ; Bourvil interprète les rôles d'Andrès, Cochenille, Pitichinaccio et Frantz.

5 mai 1948

P. A. 2514, puis P.G. 247 (78 t. 25 cm Pathé)
Avec ses castagnettes,
Nénesse d'Epinal,
avec l'orchestre Marius Coste

P.A. 2528 (78 t. 25 cm Pathé)
Menteries, Le Poisson rouge
(monologues)

P.A. 2567 (78 t. 25 cm Pathé)
Chanson anglaise,
Sous la lune
(extrait du film *Le Cœur sur la main*),
avec l'orchestre Marius Coste

P.A. 2568 (78 t. 25 cm Pathé)
Idylle, Dimanche,
avec l'orchestre Marius Coste

14 février 1949

P.G. 242 (78 t. 25 cm Pathé)
Le Maître-nageur, Comme moi,
avec l'orchestre Marius Coste

10 juin 1949

P.G. 304 (78 t. 25 cm Pathé)
Adèle, La Dondon dodue,
avec l'orchestre Marius Coste

5 décembre 1949

P.G. 346 (78 t. 25 cm Pathé)
La Tactique du gendarme
(extrait du film *Le Roi Pandore*),
Pin-up,
avec l'orchestre Marius Coste

P.G. 349 (78 t. 25 cm Pathé)
D'où viens-tu ?,
Pêcheur et paysan,
avec les Hélianes, Patoum
et l'orchestre Jacques Hélian

P.G. 373 (78 t. 25 cm Pathé)
Ah ! l'éloquence,
À la campagne,
avec l'orchestre Marius Coste

14 février 1950

P.G. 472 (78 t. 25 cm Pathé)
M'sieur Nanar,
La Parisienne
(extrait de l'opérette *M'sieur Nanar*)
avec l'orchestre Marius Coste

P.G. 480 (78 t. 25 cm Pathé)
Papa joue du trombone,
Le Garçon d'ascenseur,
avec l'orchestre Marius Coste

29 juin 1950

P.G. 406 (78 t. 25 cm Pathé)
Le Grand dindon blanc
(extrait du film
Le Rosier de Madame Husson),
C'est la fille à tout le monde,
avec l'orchestre Marius Coste

P.G. 421 (78 t. 25 cm Pathé)
Caroline, Caroline,
En rev'nant d'la revue,
avec l'orchestre Marius Coste

24 octobre 1950

P.G. 452 (78 t. 25 cm Pathé)
Nana, avec l'orchestre Marius Coste,
Causerie anti-alcoolique
(monologue)

Du 28 au 30 janvier 1952

33 DTX 111 (33 t. 30 cm Pathé)
Phi-Phi, opérette de Christiné.
Principaux extraits. Orchestre et chœurs sous la direction de Marcel Cariven ; Bourvil interprète le rôle de Phidias.

5 février 1952

P.G. 587 (78 t. 25 cm Pathé)
Fredo l'porteur,
Vive la mariée,
(monologues)

6 février 1952

P.G. 589 (78 t. 25 cm Pathé)
Graffouigne-moi, Tu aimes
faire pleurer les femmes,
avec Simone Alma et l'orchestre Marius Coste

22 février 1952

P.G. 598 (78 t. 25 cm Pathé)
À Joinville-le-Pont,
avec Étienne Lorin et son ensemble,
En nourrice,
avec l'orchestre Marius Coste

25 juin 1952

P.G. 632 (78 t. 25 cm Pathé)
Vive la chasse,
Les Enfants fan-fan,
avec l'orchestre Marius Coste

P.G. 640 (78 t. 25 cm Pathé)
Candide, Papa joue
du trombone,
avec l'orchestre Marius Coste

25 novembre 1952

P.G. 677 (78 t. 25 cm Pathé)
La Vie de bohème
(extrait de l'opérette *La Route fleurie*),
avec Georges Guétary
et l'orchestre Jacques-Henry Rys

31 décembre 1952

P.G. 685 (78 t. 25 cm Pathé)
ou 45 G 1006 (45 t. 17 cm Pathé)
On est poète, Les Haricots
(extrait de l'opérette *La Route fleurie*),
avec l'orchestre Jacques-Henry Rys

P.G. 686 (78 t. 25 cm Pathé)
Madagascar, Pas d'chance
(extrait de l'opérette *La Route fleurie*),
avec l'orchestre Jacques-Henry Rys

25 mars 1953

P.G. 720 (78 t. 25 cm Pathé)
La Belle Abeille, Le Petit Coq,
avec Les Pierrots Parisiens
et l'orchestre Nelly Marco

P.G. 721 (78 t. 25 cm Pathé)
Le Papeau des pompiers,
Le Petit Sapin, avec Les
Pierrots Parisiens et l'orchestre Nelly Marco

P.G. 722 (78 t. 25 cm Pathé)
Sébastien le pingouin,
Une jolie trompette, avec Les
Pierrots Parisiens et l'orchestre Nelly Marco

33 AT 1024 (33 t. 25 cm Pathé)
Reprise des P.G. 720 à 722
Bourvil chante
pour les enfants,
Grand Prix de l'Académie du disque français

30 juin 1953

P.G. 769 (78 t. 25 cm Pathé)
Tiens, voilà le facteur, Niaca,
avec l'orchestre Marius Coste

23 décembre 1954

P.G. 944 (78 t. 25 cm Pathé)
Qui donc eût dû ? Bling ! Bling !
avec l'orchestre Jacques Cahan

P.G. 945 (78 t. 25 cm Pathé)
Par ici les ballots,
La Môme Rustine,
avec l'orchestre Étienne Lorin

21 janvier 1955

P.G. 963 (78 t. 25 cm Pathé)
ou 45 G 1111 (45 t. 25 cm Pathé)
Nous n'irons pas à Calcutta,
Abonné au gaz,
avec l'orchestre Jacques Hélian

27 avril 1955

P.G. 1011 (78 t. 25 cm Pathé)
Odile, Les Jaloux,
avec l'orchestre Marius Coste

1956

45 EG 201 (45 t. 17 cm Pathé)
Mam'zelle Bigoudi,
Le Figurant, Le Lait de Lolo,
Ma Lulu,
avec l'orchestre Jerry Mengo

1957

33 AT 1106 (33 t. 25 cm Pathé)
Bourvil dit neuf poèmes de Camille François
Vive la mariée,
Les Terrassiers, Fredo
l'porteur, Une redingote, Mon
chien, Le Charcutier,
La laide, Père nourricier,
Quand il pleut

45 EG 275 (45 t. 17 cm Pathé)
Le Voyage de noces,
La Mandoline, Tu ne m'as
pas ré..., La Morte saison

45 EG 352 (45 t. 17 cm Pathé)
Elle faisait du strip-tease,
Allumett'Polka, Le Hoquet,
Le Croque-Madame
avec l'orchestre Jerry Mengo

1958

45 EG 373 (45 t. 17 cm Pathé)
La Ballade irlandaise, Et ta
sœur, Le Baïon de Cupidon,
Ne reviens pas sur ton passé,
avec l'orchestre Jerry Mengo

45 EG 247 (45 t. 17 cm Pathé)
Bourvil chante Fernand Bonifay
La Polka du colonel, Pstt !,
Mon vieux phono, T'épier

45 EG 440 (45 t. 17 cm Pathé)
C'est du nanan, Bonne année,
Je t'aime bien
(extrait de l'opérette *Pacifico*),
avec Pierrette Bruno et l'orchestre Jo Moutet

45 EG 450 (45 t. 17 cm Pathé)
Berceuse à Frédéric, Tatane,
Monsieur Balzac,
Les Pruneaux,
avec l'orchestre Jerry Mengo

45 G 1480 (45 t. 17 cm Pathé)
Le Chemin des écoliers,
Comme t'étais,
avec l'orchestre Jerry Mengo

ATX 133 (33 t. 30 cm Pathé)
Opérette Pacifico,
avec Georges Guétary, les Mélodians,
Corinne Marchand et Pierrette Bruno.
Orchestre dirigé par Jo Moutet

1959

45 EG 488 (45 t. 17 cm Pathé)
On a vécu pour ça,
avec Pierrette Bruno et l'orchestre Jerry Mengo

45 G 1496 (45 t. 17 cm Pathé)
Salade de fruits, Les Rois fainéants, avec l'orchestre Jerry Mengo

45 G 1545 ou 45 EG 506 (45 t. 17 cm Pathé)
Abuglubu, abugluba, Aux quatre saisons,
avec Pierrette Bruno et l'orchestre Jerry Mengo

45 G 1548 (45 t. 17 cm Pathé)
ou 45 E 506 (45 t. 17 cm Pathé)
Si on l'faisait faire, Hay di ho,
avec l'orchestre Jerry Mengo

45 G 1569 ou 45 EG 523 (45 t. 17 cm Pathé)
Les Papous, Ma p'tite chanson,
avec l'orchestre Jerry Mengo

45 G 1571 (45 t. 17 cm Pathé)
Baladin, Pour se parler d'amour,
avec Pierrette Bruno et l'orchestre Jerry Mengo

EG 502 (45 t. 17 cm Pathé)
La Causerie anti-alcoolique, Vive la mariée, La Tactique du gendarme

AT 1128 (33 t. 25 cm Pathé)
Amicalement vôtre, Ballade irlandaise, Papa joue du trombone, Mon frère d'Angleterre, La Mandoline, Salade de fruits, La Tactique du gendarme, Ma p'tite chanson, C'est l'piston, Le Voyage de noces, Les Crayons

1960

EG 535 (45 t. 17 cm Pathé)
Je fais ce que tu veux, Mets tes petits souliers, De fil en aiguille, Des hauts et des bas,
avec l'orchestre Jerry Mengo

EG 537 (45 t. 17 cm Pathé)
C'était bien, Tout l'monde peut s'tromper, Puisqu'on s'aime, Au jardin du temps passé,
avec l'orchestre Jerry Mengo

45 G 1604 ou 45 EG 535 (45 t. 17 cm Pathé)
De fil en aiguille, Mets tes petits souliers,
avec l'orchestre Jerry Mengo

45 G 1605 ou 45 EG 535 (45 t. 17 cm Pathé)
Des hauts et des bas, Je fais ce que tu veux,
avec l'orchestre Jerry Mengo

45 EG 543 (45 t. 17 cm Pathé)
Notre petit caniche, Dent de lait, Tu peux, tu peux, Il s'en est fallu de peu,
avec Pierrette Bruno et l'orchestre Jerry Mengo

45 EG 565 (45 t. 17 cm Pathé)
Kilimandjaro, Angèle, Joli, joli mois de mai, Tchin tchin à ton cœur,
avec l'orchestre Jerry Mengo

1961

45 EG 550 (45 t. 17 cm Pathé)
La Terre, Douce, si douce, Mon frère d'Angleterre, C'est toujours la mode,
avec l'orchestre Jerry Mengo

45 EG 578 (45 t. 17 cm Pathé)
Les Sourires de Paris, Vieux frère, Un clair de lune à Maubeuge, Notre amour est en grève, avec l'orchestre Jerry Mengo

45 EG 587 (45 t. 17 cm Pathé)
Les Printemps d'aujourd'hui, C'est l'piston, Pom, pom, pom, Le Voleur de pervenches,
avec l'orchestre Jerry Mengo

1962

45 EG 696 (45 t. 17 cm Pathé)
Bourvil chante Pierre Feyt
Maurice, Passe-moi les crudités, Oh ! la, la, qu'c'est beau, J'ai six femmes à la maison,
avec l'orchestre Jerry Mengo

45 EG 611 (45 t. 17 cm Pathé)
J'pourrais faire ça, C'est pas l'Pérou, Ce p'tit air là, Bien, si bien
(extrait de la pièce *La Bonne Planque*), avec Pierrette Bruno et l'orchestre Jerry Mengo)

2 C 057 10599 (2 x 33 t. 30 cm Pathé)
L'Auberge du cheval blanc,
opérette de Ralph Benatzky. Orchestre et chœurs sous la direction de Félix Nuvolone ; Bourvil interprète le rôle de Léopold. Prix de l'Académie du disque français

1963

45 EG 625 (45 t. 17 cm Pathé)
Toi, tu es ma maison, La Complainte du boucher, Tricoter près d'un transistor, Antarès, avec l'orchestre Jerry Mengo

45 EG 657 (45 t. 17 cm Pathé)
La Tendresse, Du fromage et du pain, Un air de jeunesse, Ta mère est là,
avec l'orchestre Jerry Mengo

1964

45 EG 627 (45 t. 17 cm Pathé)
J'suis papa et j'suis dans l'coup, Bonjour, Monsieur le Maître d'école, Du côté de l'Alsace, Dans la bruyère de Quimperlé,
avec l'orchestre Jerry Mengo

1965

45 EG 845 (45 t. 17 cm Pathé)
Je voudrais bien être, Au son de l'accordéon, Nous vieillirons ensemble, Heureusement qu'y en a,
avec l'orchestre Jerry Mengo

1966

45 EG 863 (45 t. 17 cm Pathé)
Ballade irlandaise, Mon frère d'Angleterre, C'était bien, La Tendresse,
avec l'orchestre Jerry Mengo

45 EG 934 (45 t. 17 cm Pathé)
Ton cor, Je promène le chien, Moi j'te regrette, La Ronde du temps, avec l'orchestre Jerry Mengo

EG 1016 (45 t. 17 cm Pathé)
Les Abeilles, Le P'tit Coup de chance, J'ai un lion dans le moteur,
extrait de l'opérette *Ouah ! Ouah !*
avec Annie Cordy

1967

45 EG 1047 (45 t. 17 cm Pathé)
Les Girafes, La Valise, Un p'tit coup Monsieur, La Marche des matelassiers
(avec Dominique Raimbourg),
avec l'orchestre Jerry Mengo

1968

45 EG 1084 (45 t. 17 cm Pathé)
Pouet, pouet, Ma pioupioute, Mon village au clair de lune, Devant l'enfant,
avec l'orchestre Jerry Mengo

45 FC 006-10530 M (45 t. 17 cm Pathé)
Le Fromage au lait, Des sous de côté, avec l'orchestre Jerry Mengo

1969

45 C 006-10698 M (45 t. 17 cm Pathé)
Le Convoyeur, Tout le monde est artiste,
avec l'orchestre Jerry Mengo

1970

12C 178 14997/8 (2 x 33 t. 30 cm Pathé)
Ça, Pauvre Lola
avec Jacqueline Maillan
et l'orchestre Paul Piot

THÉÂTROGRAPHIE

1946
La Bonne Hôtesse
De Jean-Jacques Vital et Serge Veber
Musique de Bruno Coquatrix
Avec Bourvil, André Claveau, Duvaleix, Irène de Trébert, Coco Aslan, Alice Tissot, Gisèle Pascal...

1947
Le Maharadjah
De Serge Veber et Jean-Jacques Vital
Musique de Bruno Coquatrix
Avec Bourvil, Lysiane Rey, Dréan, Henri Legay, Jacques Bodoin, Lydia George, Alice Tissot...

1949
Le Bouillant Achille
De Paul Nivoix
Avec Bourvil, Duvaleix, Jean Vinci, Charles Bouillaud, Jacques Derives, Numes Fils, Suzet Maïs, Perrette Souplex, Madeleine Suffel

1950
M'sieur Nanar
De Jean-Jacques Vital, Pierre Ferrari et André Hornez
Musique de Bruno Coquatrix
Avec Bourvil, Pierre Mingant, René Bourdon, Jean-Jacques Lecot, Charles Rigoulot, Tilda Thamar, Geneviève Kervine...

1952
La Route fleurie
De Raymond Vincy
Musique de Francis Lopez
Avec Bourvil, Georges Guétary, Hennery, Frédéric O'Brady, Jean-Louis Allibert, Claude Arvelle, Annie Cordy, Annie Dumas...

1958
Pacifico
De Paul Nivoix
Musique de Jo Moutet
Avec Bourvil, Georges Guétary, Marcel Journet, Hennery, Max Elloy, Pierrette Bruno, Corinne Marchand, Nadia Dauty...

1962
La Bonne Planque
De Michel André
Musique d'Étienne Lorin
Avec Bourvil, Albert Michel, Robert Rollis, Max Desrau, Roland Bailly, Pierrette Bruno, Alix Mahieux

1965
Ouah ! Ouah !
De Michel André
Musique d'Étienne Lorin et Gaby Wagenheim
Avec Bourvil, Marco Perrin, Robert Rollis, Max Desrau, Annie Cordy, Françoise Deldick, Gaby Verlor, Janou...

FILMOGRAPHIE

1942
Croisières sidérales
Réalisation de André Zwoboda
Bourvil est un simple figurant
Avec Julien Carette, Robert Arnoux et Madeleine Sologne

1943
Une Étoile au soleil
Réalisation de André Zwoboda
Bourvil est un simple figurant
Avec Martine Fougère, Jean Davy, Pierre Larquey, Julien Carette

1945
La Ferme du pendu
Réalisation de Jean Dréville
Bourvil dans le rôle du bourrelier
Avec Charles Vanel, Alfred Adam et Lucienne Laurence

1946
Pas si bête
Réalisation de André Berthomieu
Bourvil dans le rôle de Léon Ménard
Avec Jacques Louvigny, Yves Deniaud, Suzy Carrier et Mona Goya

1946
Le Studio en folie
Réalisation de Walter Kapps
Bourvil dans son propre rôle
Avec Fred Adison et son orchestre et Josette Daydé

1947
Par la fenêtre
Réalisation de Gilles Grangier
Bourvil dans le rôle de Pilou
Avec André Alerme, Roland Armontel, René Dupuy et Suzy Delair

1948
Blanc comme neige
Réalisation de André Berthomieu
Bourvil dans le rôle de Léon Ménard
Avec Jacques Louvigny, Robert Berri, Michèle Philippe et Lolita de Sylva

1949
Le Roi Pandore
Réalisation de André Berthomieu
Bourvil dans le rôle de Léon Ménard
Avec Georges Lannes, Charles Bouillaud, Mathilde Casadesus et Paulette Dubost

1949
Miquette et sa mère
Réalisation de Henri-Georges Clouzot
Bourvil dans le rôle de Urbain de la Tour Mirande
Avec Louis Jouvet, Saturnin Fabre, Danièle Delorme, Mireille Perrey, Pauline Carton et Jeanne Fusier-Gir

1950
Le Rosier de Madame Husson
Réalisation de Jean Boyer
Bourvil dans le rôle d'Isidore Pastouret
Avec Georges Baconnet, Christian Lude, Jean Duvaleix, Germaine Dermoz et Mireille Perrey

1951
Le Passe-muraille
Réalisation de Jean Boyer
Bourvil dans le rôle de Léon Dutilleul
Avec Gérard Oury, Raymond Souplex, Frédéric O'Brady, Joan Greenwood et Marcelle Arnold

Mister Peek-a-Boo
Réalisation de Jean Boyer
Bourvil dans le rôle de Léon Dutilleul
Avec Payne Williams, Frédéric O'Brady, Charles Jarrell, Joan Greenwood et Marcelle Arnold
Il s'agit de la version anglaise du *Passe-muraille* avec des seconds rôles différents de la version française. Le jeu de Bourvil étant également différent, on peut considérer ce film comme faisant partie intégrante de sa filmographie

1951
Seul dans Paris
Réalisation de Hervé Bromberger
Bourvil dans le rôle de Henri Milliard
Avec Camille Guérini, Jean Dunot, Magali Noël et Jeanne Véniat

1952
Grrr…
Réalisation de André Rigal
Dessin animé de 10 minutes où Bourvil se transforme en personnage dessiné

1952
Le Trou normand
Réalisation de Jean Boyer
Bourvil dans le rôle de Hippolyte Lemoine
Avec Roger Pierre, Georges Baconnet, Jean Duvaleix, Pierre Larquey, Noël Roquevert, Nadine Basile, Jeanne Fusier-Gir et Brigitte Bardot

1953
Cent francs par seconde
Réalisation de Jean Boyer
Bourvil dans son propre rôle
Avec Philippe Lemaire, Henri Génès, Pasquali, Jean-Jacques Vital, Ray Ventura, Geneviève Kervine et Jeannette Batti

1953
Les Trois Mousquetaires
Réalisation de André Hunebelle
Bourvil dans le rôle de Planchet
Avec Georges Marchal, Gino Cervi, Jean Martinelli, Jacques François, Yvonne Sanson, Danielle Godet et Marie Sabouret

1953
Si Versailles m'était conté
Réalisation de Sacha Guitry
Bourvil dans le rôle du guide du château
Avec Jean-Pierre Aumont, Jean-Louis Barrault, Aimé Clariond, Jean Desailly, Daniel Gélin, Jean Marais, Georges Marchal, Gérard Philipe, Tino Rossi, Orson Welles, Brigitte Bardot, Pauline Carton, Claudette Colbert, Danièle Delorme, Jeanne Fusier-Gir, Mary Marquet, Gaby Morlay, Édith Piaf et Micheline Presle

1954
Poisson d'avril
Réalisation de Gilles Grangier
Bourvil dans le rôle d'Émile Dupuy
Avec Pierre Dux, Louis de Funès, Maurice Biraud, Annie Cordy et Denise Grey

1954
Cadet Rousselle
Réalisation de André Hunebelle
Bourvil dans le rôle de Jérôme Badinguet
Avec François Périer, Noël Roquevert, Jean Parédès, Alfred Adam, Jacques Dufilho, Dany Robin, Madeleine Lebeau et Christine Carrère

1955
Le Fil à la patte
Réalisation de Guy Lefranc
Bourvil dans le rôle de Camille Bouzin
Avec Noël-Noël, Henri Guisol, Henri Crémieux, Suzy Delair et Gabrielle Dorziat

1955
Les Hussards
Réalisation de Alex Joffé
Bourvil dans le rôle de Jean-Louis Fricot
Avec Bernard Blier, Georges Wilson, Louis de Funès, Giani Esposito, Giovanna Ralli, Virna Lisi et Rosy Varte

1956
La Traversée de Paris
Réalisation de Claude Autant-Lara
Bourvil dans le rôle de Marcel Martin
Avec Jean Gabin, Louis de Funès, Jeannette Batti et Myno Burney

1956
Le Chanteur de Mexico
Réalisation de Richard Pottier
Bourvil dans le rôle de Bilou
Avec Luis Mariano, Fernando Rey, Annie Cordy, Gisèle Grandpré, Tilda Thamar et Pauline Carton

1957
Les Misérables
Réalisation de Jean-Paul Le Chanois
Bourvil dans le rôle de Thénardier
Avec Jean Gabin, Bernard Blier, Giani Esposito, Fernand Ledoux, Béatrice Altariba, Silvia Monfort et Danièle Delorme

1958
Le Miroir à deux faces
Réalisation de André Cayatte
Bourvil dans le rôle de Pierre Tardivet
Avec Ivan Desny, Gérard Oury, Julien Carette, Georges Chamarat, Michèle Morgan, Elisabeth Manet, Sandra Milo et Sylvie

1958
Sérénade au Texas
Réalisation de Richard Pottier
Bourvil dans le rôle de Jérôme Quillebœuf
Avec Luis Mariano, Yves Deniaud, Paul Mercey, Gil Delamare, Sonia Ziemann, Germaine Damar et Arlette Poirier

1958
Un drôle de dimanche
Réalisation de Marc Allégret
Bourvil dans le rôle de Jean Brévent
Avec Roger Hanin, Jean-Paul Belmondo, Jean Lefebvre, Fernand Sardou, Jean Carmet, Danielle Darrieux et Arletty

1959
Le Chemin des écoliers
Réalisation de Michel Boisrond
Bourvil dans le rôle de Charles Michaud
Avec Lino Ventura, Alain Delon, Jean-Claude Brialy, Pierre Mondy, Françoise Arnoul, Paulette Dubost, Sandra Milo et Micheline Luccioni

1959
Le Bossu
Réalisation de André Hunebelle
Bourvil dans le rôle de Passepoil
Avec Jean Marais, François Chaumette, Jean Le Poulain, Sabina Selman et Paulette Dubost

1959
La Jument verte
Réalisation de Claude Autant-Lara
Bourvil dans le rôle de Honoré Haudouin
Avec Francis Blanche, Yves Robert, Julien Carette, Achille Zavatta, Georges Wilson, Sandra Milo et Valérie Lagrange

1960
Le Capitan
Réalisation de André Hunebelle
Bourvil dans le rôle de Cogolin
Avec Jean Marais, Arnoldo Foà, Piéral, Elsa Martinelli, Lise Delamare et Pierrette Bruno

1960
Fortunat
Réalisation de Alex Joffé
Bourvil dans le rôle de Noël Fortunat
Avec Teddy Bilis, Patrick Millow, Michèle Morgan, Gaby Morlay et Rosy Varte

1961
Dans la gueule du loup
Réalisation de Jean-Charles Dudrumet
Bourvil dans son propre rôle
Avec Félix Marten, Pierre Mondy, Daniel Ceccaldi, Magali Noël, Pascale Roberts

1961
Tout l'or du monde
Réalisation de René Clair
Bourvil dans les rôles de Mathieu, Toine et Martial Dumont
Avec Philippe Noiret, Claude Rich, Alfred Adam, Colette Castel, Annie Fratellini et Françoise Dorléac

1961
Le Tracassin
(ou *Les Plaisirs de la ville*)
Réalisation de Alex Joffé
Bourvil dans le rôle de André Loriot
Avec Armand Mestral, Teddy Bilis, Mario David, Harry-Max, Léo Campion, Charpini, Pierrette Bruno, Maria Pacôme, Rosy Varte et Micheline Luccioni

1962
Les Culottes rouges
Réalisation de Alex Joffé
Bourvil dans le rôle de Jules Fendard
Avec Laurent Terzieff, Étienne Bierry

1962
Le Jour le plus long
Réalisation de Andrew Marton, Ken Annakin et Bernhard Wicki
Bourvil dans le rôle du maire de Colleville
Avec John Wayne, Robert Mitchum, Henry Fonda, Robert Ryan, Robert Wagner, Rod Steiger, Richard Burton, Sean Connery, Arletty, Madeleine Renaud

1962
Tartarin de Tarascon
Réalisation de Francis Blanche
Bourvil dans le rôle du curé de Tarascon
Avec Francis Blanche, Alfred Adam, Michel Galabru, Jacqueline Maillan, Annick Tanguy

1962
Un clair de lune à Maubeuge
Réalisation de Jean Chérasse
Bourvil apparaît au travers d'un poste de télévision
Avec Claude Brasseur, Jean Carmet, Sophie Hardy, Bernadette Lafont, Mathilde Casadesus

1962
Les Bonnes Causes
Réalisation de Christian-Jaque
Bourvil dans le rôle du juge Albert Gaudet
Avec Pierre Brasseur, Umberto Orsini, Jacques Monod, Robert Vidalin, José Luis de Vilallonga, Marina Vlady et Virna Lisi

1963
Le Magot de Josefa
Réalisation de Claude Autant-Lara
Bourvil dans le rôle de Pierre Corneille
Avec Pierre Brasseur, Ramon Iglesias, Henri Virlojeux, Anna Magnani et Maryse Martin

1963
Un drôle de paroissien
Réalisation de Jean-Pierre Mocky
Bourvil dans le rôle de Georges Lachesnaye
Avec Francis Blanche, Jean Poiret, Jean Tissier, Jean Yonnel, Véronique Nordey et Solange Certain

1963
La Cuisine au beurre
Réalisation de Gilles Grangier
Bourvil dans le rôle d'André Colombey
Avec Fernandel, Henri Vilbert, Michel Galabru, Andrex, Claire Maurier et Anne-Marie Carrière

1964
La Grande Frousse
(ou *La Cité de l'indicible peur*)
Réalisation de Jean-Pierre Mocky
Bourvil dans le rôle de l'inspecteur Simon Triquet
Avec Jean-Louis Barrault, Francis Blanche, Victor Francen, Jean Poiret, Raymond Rouleau, Jacques Dufilho et Véronique Nordey

1964
Le Corniaud
Réalisation de Gérard Oury
Bourvil dans le rôle d'Antoine Maréchal
Avec Louis de Funès, Venantino Venantini et Beba Loncar

1965
Le Majordome
Réalisation de Jean Delannoy
Bourvil joue le fiancé de Geneviève Page
Avec Paul Meurice, Paul Hubschmid, Geneviève Page

1965
Guerre secrète
Réalisation de Christian-Jaque, Terence Young, Carlo Lizzani, Werner Klingler
Bourvil dans le rôle de Michel Lalande
Avec Henry Fonda, Peter Van Eyck, Mario Adorf et Annie Girardot

1965
La Grosse Caisse
Réalisation de Alex Joffé
Bourvil dans le rôle de Louis Bourdin
Avec Paul Meurisse, Daniel Ceccaldi, Roger Carel et Françoise Deldick

1965
Les Grandes Gueules
Réalisation de Robert Enrico
Bourvil dans le rôle de Hector Valentin
Avec Lino Ventura, Marie Dubois et Reine Courtois

1966
La Grande Vadrouille
Réalisation de Gérard Oury
Bourvil dans le rôle d'Augustin Bouvet
Avec Louis de Funès, Terry Thomas, Claudio Brook, Mike Marshall, Andréa Parisy, Marie Dubois, Colette Brosset et Mary Marquet

1966
Trois enfants dans le désordre
Réalisation de Léo Joannon
Bourvil dans le rôle d'Eugène Laporte
Avec Jean Lefebvre, Jean-François Maurin, Robert Dalban, Jacques Legras, Rosy Varte, Uta Taeger, Anne-Marie Carrière et Jeanne Colletin

1967
Les Arnaud
Réalisation de Léo Joannon
Bourvil dans le rôle du juge Henri Arnaud
Avec Salvatore Adamo, Michel de Ré, Christine Delaroche et Marcelle Ranson-Hervé

1968
Les Cracks
Réalisation de Alex Joffé
Bourvil dans le rôle de Jules Duroc
Avec Robert Hirsch, Michel de Ré, Patrick Préjean, Teddy Bilis et Monique Tarbès

1968
La Grande Lessive (!)
Réalisation de Jean-Pierre Mocky
Bourvil dans le rôle de Armand Saint Just
Avec Francis Blanche, Jean Poiret, Michael Lonsdale, Jean Tissier et Karin Balm

1969
Gonflés à bloc
(ou *Le Casse-cou du rallye de Monte-Carlo*)
Réalisation de Ken Annakin
Bourvil dans le rôle de M. Dupont
Avec Tony Curtis, Marie Dubois, Mireille Darc et Susan Hampshire

1969
Le Cerveau
Réalisation de Gérard Oury
Bourvil dans le rôle d'Anatole
Avec Jean-Paul Belmondo, David Niven, Eli Wallach et Silvia Monti

1969
L'Arbre de Noël
Réalisation de Terence Young
Bourvil dans le rôle de Verdun
Avec William Holden, Brook Fuller et Virna Lisi

1970
L'Étalon
Réalisation de Jean-Pierre Mocky
Bourvil dans le rôle de William Chaminade
Avec Francis Blanche, Michael Lonsdale, Jacques Legras, Noëlle Leiris et Solange Certain

1970
Clodo
Réalisation de Georges Clair
Bourvil dans le rôle de Gaston (rôle muet)
Avec Georges Clair, Roger Nicolas, Raymond Souplex, Arlène Clair, Colette Renard

1970
Le Mur de l'Atlantique
Réalisation de Marcel Camus
Bourvil dans le rôle de Léon Duchemin
Avec Peter McEnery, Jean Poiret, Terry-Thomas, Sophie Desmarets et Sara Franchetti

1970
Le Cercle rouge
Réalisation de Jean-Pierre Melville
Bourvil dans le rôle du commissaire Mattei
Avec Alain Delon, Yves Montand, François Périer, Gian Maria Volonté et Paul Crauchet

CRÉDITS ICONOGRAPHIQUES

Malgré tous nos efforts, il nous a été impossible de retrouver certains auteurs ou ayants droit pour solliciter l'autorisation de reproduction.
Nous avons indiqué la mention DR (droits réservés) pour ces documents. Nous invitons toute personne attestant détenir officiellement des droits sur les documents en question à se mettre en contact avec nos éditions.

La plupart des documents de cet ouvrage sont issus de la collection Association André Bourvil. Dans le cas contraire, les noms des collections concernées sont expressément mentionnés.

Collection Pascal et Annie Delmotte p. 28, 40, 95, 106 (en b.), 109 (en b.), 113, 115, 122-123, 125, 129, 137, 141 (en b.), 144, 151 (en h., au mil., en b.), 155, 168, 171 (en h.), 174, 178, 180 (en b.), 181 (en h. à g.), 189, 195, 199 (en h. à g.). Collection Michel Lorin p. 65. Collection Cinémathèque française p. 53, 74, 78, 104, 124, 150. © ADAGP Paris, 2010, Pierre Dannès, p. 36, Hervé Morvan, p. 58, René Ferracci, p. 191 et 193. © AFP p. 73. © AGIP p. 83, 90, 96, 104, 149 (à g. et à dr.), 177, 178, 181 (en b.), 186, p. 189, p. 192 (en h. à g.). © James Andanson/DR, p. 176, 177, 188, 192 (en b. à g.), 194 (en b. à g.). © James Andanson/Apis/Sygma/Corbis, p. 193. © APIS p.176, 177, 183, 188, 190 (en b. à g.), 192 (en b. à g.), 193, 194 (en b. à g.). © Paul Apoteker/DR, p. 186, 187, 203-204. © Arnaud Trives/DR, p. 170. © Beringola Foto/DR, p. 87. © Roger Berson/DR, p. 93. © Pierre Blidon/DR, p. 140. © Jean Boislème/DR, p. 1. © Giancarlo Bonora, Giancarlo Botti/DR, p. 110-111,124. © Joël Brunerie/DR, p. 105. © J.-L. Castelli/DR, p. 90. © CCP Charles Tordeur/Studio Carl-Alex (Bruxelles), p. 45 (en h.). © CDDS Enguerand Bernand, p. 76, 107, 162 (en h. à g. et à dr.), 199 (en b. à dr). © M. Chapiron/DR, p. 145. © Clérot et Hunziker/DR, pp. 8-9. © Robert Cohen/AGIP, p. 6. © Dalmas/DR, p. 131. © Doë/DR, p. 38. © Yves Dubost/DR, p. 177 (en h.). © Éditions Fortin, LES CRAYONS (ou l'inconnue) - 1948 Bourvil/Étienne Lorin, p. 29. © Éditions Fortin/Choudens, LES HIRONDELLES - 1947 Bourvil/Étienne Lorin, p. 34. © France Dimanche, p. 2. © Gamma : Photo Munch, p. 174, Photo André Sas, p. 172. © 1955, Gaumont/Roissy Films/Studiocanal, p. 77. © 1956, Gaumont (France)/Continental Produzione (Italie), p. 84. © 1958, Gaumont (France)/Celincom Spa (Italie), p. 98, 99 (en h.). © 1965, Gaumont/Les Films Monfort (France)/Kirchmedia GmbH & Co. KGAA (Allemagne)/Fair Film (Italie), p. 156. © 1959, Gaumont (France)/Medusa Cinematografica (Italie), p. 116, 117. © 1959, Gaumont (France)/Tempo Film/Medusa Cinematografica (Italie), p. 109. © 1960, Gaumont, p. 114 (en h.), 115 (en h.). © 1966 Gaumont, p. 164. © George Henri/DR, p. 55, 67. © George Henri/Lucien Lorelle/DR p. 36. © Giancolombo/DR, p. 89. © J. Houzel/DR, p. 102. © Nel Huc/DR, p. 33. © Image et reflets, p. 117. © Interpress, p. 48, 76 (au mil), 78, 191. © Studio Iskender, p. 86. © Keystone France, p. 37. © Philippe Lassalle/DR, p. 138. © Limot/DR, p. 129. © Studio Lipnitzki/Roger-Viollet, p. 44, 106 (en b.), 107 (en h. à dr. et en b.). © Lynx, p. 45 (en b.), 149, 168, 180. © Jean Mainbourg/Rapho, p. 108 (en b.). © Jacques Natteau, p. 116. © Guy-Gérard Noël/DR, p. 53, 109, 116. © Gérard Neuvecelle/DR, p. 195. © Henry Panay/DR, p. 25. © Parimage (L'Encyclopédie contemporaine), p. 158. © Pathé, p. 33, 38, 43, 65, 72, 75, 91, 97, 101, 108, 112, 118 (en b.), 120, 121, 122-123, 130, 137, 145, 150, 200. © Claude Poirier/Pathé Marconi, p. 109, p. 118. © Teddy Piaz /DR, p. 6, p. 79. © Y. Porqui/DR, p. 100. © Charles P. Raffin/DR, p. 38. © Reinoso/DR, p. 43. © William Richard/DR, p. 54. © Rivoire/DR, p. 70. © Roma's Press Photo, p. 154 (à g.). © Rue des Archives, p. 59, 152, 164. © A. Scarnati/DR, p. 103. © Schneider/DR, p. 11. © Len Sir/DR, p. 121. © Studio Star, p. 21. © Sunset Boulevard/Corbis, p. 191. © Sygma, p. 154 (à dr.). © Télé-Magazine/Photo Christian Allardet, p. 190. © Universal Photo, p. 144, 174. © Ch. Vandamme/DR, p. 36. © Jacques Verroust/DR, p. 137 (en h.). © Wik/DR, p. 74. © Würth/DR, p. 91.
Photos rabats extérieurs : Collection Association André Bourvil. Portrait de Bourvil : © Ch.Vandamme/DR. *La Jument verte* © 1959, Gaumont (France)/Medusa Cinematografica (Italie)/J.-L. Castelli/DR. **Photos rabats intérieurs** : Collection Association André Bourvil. *Par la fenêtre* © Keystone France. *Poisson d'avril* © Mondial Films. *Le Miroir à deux faces* © 1958, Gaumont (France)/Celincom Spa (Italie). Portrait de Jeanne et André Bourvil © Studio Star. **Photos 4e de couverture** : *Par la fenêtre* © Keystone France. *La Jument verte* © 1959, Gaumont (France)/Medusa Cinematografica (Italie)

CE FURENT DE TRÈS BELLES RENCONTRES...

Par leurs confidences, leurs anecdotes,
nos interlocutrices et interlocuteurs nous ont enrichis,
Annie et moi, et par là même le livre ;
qu'ils en soient ici chaleureusement remerciés.

Dominique Raimbourg et Françoise, Hugues et Judith (depuis 1995).

Philippe Raimbourg, son épouse **Nicole** et leur fils **Pierre** (depuis juillet 1997).

Marcel et Marie-Thérèse Ménard, leurs filles, Véronique, Monique, Elisabeth, gendres et petits-enfants, et aussi **Thérèse Bocquet**, **Gervaise et Denis Lemeteil-Bocquet**, (depuis la « Journée du Timbre Bourvil », à Prétôt-Vicquemare, en 1994). **Jean-François Bocquet et son épouse.**

Joseph Raimbourg, le cousin germain (2007, à Doudeville).

Pierrette Bruno (1997, 2000 lors de l'hommage rendu dans le cadre de l'Exposition Bourvil, et lors de la soirée de diffusion de *La Bonne Planque*, à Binche, 2002).

Michel et Huguette Lorin (juillet 2008 et février 2010).

Les Frères Bruno et Vincent Taloche (depuis 1995, au Théâtre de Mons, en Belgique).

Les Zig Zin Zin. Christian Marin, **Jeannette Batti et Henri Génès** (1995, au Studio 28, dans le cadre d'un hommage à Bourvil)

Salvatore Adamo (juillet 2000 et 5 janvier 2007), **Dany Boon** (janvier 2010, à l'Olympia, à Paris),

Antoine de Caunes et François Morel (2005, lors de l'émission « Le Plus grand Français de tous les temps »),

Annie Cordy (2003), **Françoise Deldick** (lors de l'Exposition Bourvil à Sotteville),

Danièle Delorme (2000, à Paris),
Marie Dubois et **Marcel Jullian** (1998),
Paulette Dubost (à Saint-Amand-les-Eaux), **Michel Galabru**,
Jean Lefebvre, **Mike Marshall** (2004),
Claire Maurier (mai 2005, chez elle),
Jean-Pierre Mocky (22 mai 2005, chez lui),
Michèle Morgan (juillet 2000),
Philippe Noiret (octobre 2004, au Théâtre de Mons),
Gérard Oury (juillet 2000, chez lui),
Patrick Préjean (2000 et 2009),
Roger Pierre (1997 et 2000),
Yves Robert (2000, à Paris),
Robert Rollis (2006, lors de l'Exposition Bourvil à Payerne, en Suisse),
Shirley et Dino (13 janvier 2008, à l'Olympia, à Paris),
Danièle Thompson (5 octobre 2009, chez elle),
Venantino Venantini (février 2009, au Festival International du Film d'Amour de Mons)

Ce livre n'aurait pu voir le jour sans **Dominique et Philippe Raimbourg** qui nous ont confié de précieux documents à présenter au public, qu'ils reçoivent toute notre gratitude.

Nous sommes redevables à **Gilles Verlant** de sa collaboration précieuse et documentée, de sa patience et de son sens de l'à-propos.

Gaëlle Lassée fut notre interlocutrice privilégiée et attentive, nous la remercions ainsi que l'équipe des Éditions Flammarion, Virginie Revault d'Allonnes et Lise Belperron, assistante de Gaëlle.

Par sa création artistique, **Serge Bilous** a éclairé les différentes pages de ce livre et va raviver la mémoire visuelle de nombreux d'entre nous.

Dany Boon, votre préface nous comble de joie parce qu'elle associe à travers le temps les deux artistes humanistes que vous êtes, André Bourvil et vous-même.

Nous tenons également à associer à la création de cet ouvrage nos parents, nos proches ami(e)s, sans eux rien n'aurait été aisé.

En premier lieu, **Julien et Nicolas**, pour votre patience, votre curiosité, votre aide de chaque instant et l'acceptation d'une vie originale et différente qui est la nôtre, soyez félicités. Nous sommes des parents comblés.

Les familles **Delmotte** et **Boucher**, **Firmin et Annette Delmotte**, **Gérard et Anne-Marie Boucher**, **Patrice et Anne**, **Philippe et Danièle**, **Philippe et Isabelle**, **Monique et Yves**, **Aurore**, **Sébastien et Frédérique**, **Olivier**, **Jenny et Loïc**, **Guillaume et Stéphanie**, **François**, **Thibaut**, **Stéphanie**, **Nick**, **Romain** et une petite pensée pour **Maman**, **Lucile Boucher** et pour nos grands-mères **Margot**, **Firmine et Lucienne**. **Annie et Bernard Yernault**, **Annie et Claude Guichart**, la famille **Tomezak**, **Patrick et Pascale**, **Adrien et Tatiana**, **Hélène. Philippe et Dominique Capelle**, **Carmen Bequet**, **Hortense Catinat**.

Chantale Delbauve et sa fille nous ont aidés à la réalisation de ces pages, qu'elles en soient remerciées.

Christian Warzée, dit Paddy, a mis généreusement son talent de photographe à notre disposition et nous lui en sommes reconnaissants.

Par vos encouragements, vos messages sympathiques, « vos bons tuyaux », le don de vos « bras » lors des expositions sur Bourvil, vous nous accompagnez parfois depuis 1987. Merci à vous : Mesdemoiselles, Mesdames et Messieurs.

Vincent et Bruno Taloche, nos parrains de l'exposition Bourvil. **André Lamy**, **Vincent Chapeau**, **Virginie Hocq**, **David Chassot**.

Thierry et Jocelyne Picard et leurs enfants, La municipalité de **Bourville**, La Société Royale « **Les Gilles du Centre d'Haulchin** » en Belgique et tous leurs membres, **Le Comité du Centre Culturel du Bicentenaire d'Haulchin** et les habitants d'**Haulchin** et d'**Estinnes. Julien Bolomé**, **Yann Grasland**, **Maryse Guérez**, **Marie-Christine Jean**, **Jocelyne Laurent**, **Alain et Annie Portion**, **Martine Scaut**, **Cyril Forthomme**, **Gérard Fras et son épouse**, **Laurent et Sandrine Lenormand**, **Sophie et David Leloup**, **Valérie Cotel** et **Franck Arditti** des « Productions du Chicon », **Pierre et Annie Dupont**, **Quindi Viviani**, **Thomas Léodet**, **Philippe Moral et son épouse**, **Marc Delaunois**, **Philippe et Sophie Capron**, **Jean-Pierre et Dany**, les nombreux Membres passés, présents et à venir de l'Association « **Les Amis de Bourvil** », **André Larchevêque**, **Étienne Piret** et aussi les chansons de **Jean Gabin**.

Les journalistes, animateurs de radio ou organisateurs de festivals : **André Ceuterickx**, **Serge Van Haelewijn** et **Jean-Claude Broncart** de la RTBF, **Guy Dewier** d'Antenne Centre, **Luc Honorez**, **Sophie Pottie**, **Esmeralda Labye**, **Emmanuel Morimont**.

Nous associons également à nos remerciements, les différentes personnes qui, à travers la Belgique, la France et la Suisse, font toujours vivre Bourvil par leurs actions culturelles.

Vous en rirez encore huit jours après !

Achevé d'imprimer en juillet 2010 par Korotan (Slovénie).